मासूमों का मसीहा

कैलाश सत्यार्थी

नोबेल शांति पुरस्कार विजेता

अशोक कुमार शर्मा

कृतिका भारद्वाज

डायमंड बुक्स

www.diamondbook.in

प्रकाशक: डायमंड पॉकेट बुक्स (प्रा.) लि.
X-30, ओखला इंडस्ट्रियल एरिया, फेज-II
नई दिल्ली-110020
फोन : 011-40712100
ई-मेल : wecare@diamondbooks.in
वेबसाइट : www.diamondbooks.in
संस्करण : 2025

Kailash Satyarthi
By: Ashok Kumar Sharma & Kritika Bhardwaj

विलक्षण कवि-साहित्यकार तथा हिमालय,
गंगा, आयुर्वेद और पर्यावरण सेवी सांसद
डॉ. रमेश पोखरियाल 'निशंक'
(पूर्व मुख्यमंत्री, उत्तराखंड) को समर्पित।

राष्ट्रपति प्रणव मुखर्जी के साथ
नोबेल पुरस्कार विजेता कैलाश सत्यार्थी

प्रधानमंत्री नरेन्द्र मोदी द्वारा विश्व शांति के भारतीय नायक का सम्मान

भूमिका

बाल दासता के नरक

2014 को सदा ही हिन्दुस्तान के समकालीन इतिहास का अविस्मरणीय साल माना जाएगा और उसे कोई अमन पसंद भारतीय कभी इसलिए भुला नहीं पायेगा, क्योंकि इसी वर्ष भारत में जन्मे तथा देश की माटी से जुड़े सामाजिक क्रांतिकारी कैलाश सत्यार्थी को विश्व शांति के क्षेत्र में संसार के सर्वोच्च सम्मान 'नोबेल पुरस्कार' से पुरस्कृत किए जाने का फैसला लिया गया। विश्व के सबसे महान सम्मान को हासिल करनेवाले इस महान भारतीय इंसान के बारे में ज़्यादातर लोग इसलिये नहीं जानते थे, क्योंकि उन्होंने जीवनभर आत्मप्रचार के आडम्बर से बचकर दीन-दुखियों की निःस्वार्थ सेवा की।

शांति के नोबल पुरस्कार विजेता कैलाश सत्यार्थी की जिंदगी और संघर्ष की दास्तान पर आधारित यह पुस्तक आपको, हमारी ही दुनिया में खास तौर से बच्चों के लिए बनाए गए, साक्षात नरक की हकीकत बताने की भी एक कोशिश है। जो लोग कैलाश सत्यार्थी के बारे में नहीं जानते हैं, उनको इस किताब को पढ़ने के बाद निश्चित रूप से बेहद सामान्य से लगनेवाले इस महान हिन्दुस्तानी इंसान पर गर्व की अनुभूति होगी।

पूरे विश्व में कमजोर और निम्न मध्यमवर्गीय समाज के पांच साल से अधिक उम्र के बच्चे बाल-दासता, शोषण और अकल्पनीय रूप से कुत्सित जघन्य व्यापारिक गतिविधियों में ठेल दिए जाते हैं। आपको यह जानकर और भी ज्यादा हैरत होगी कि इस कैंसर से अमेरीका तक पूरे तौर पर आजाद नहीं हो सका है। सबसे कटु सत्य तो यह है कि संसार में दो करोड़ दस लाख से अधिक स्त्री-पुरुष और बच्चे तरह-तरह की दासता में जी रहे हैं। इस किताब को लिखने से पहले खुद मुझको भी अनुमान तक नहीं था कि विश्व में बाल दासता के कितनी तरह के नरक हैं।

संयुक्त राष्ट्र महासभा ने 2 दिसंबर, 1949 को संसार के हर देश के साथ मानव-व्यापार, बाल दासता और वेश्यावृत्ति मिटाने की एक संधि अंगीकार की थी। इसके बाद 2 दिसंबर, 2004 को संयुक्त राष्ट्र महासभा ने 'अंतर्राष्ट्रीय दासता उन्मूलन दिवस' घोषित कर दिया। इस उद्घोषणा के बाद संयुक्त राष्ट्र महासचिव बान की मून ने एक संदेश में पिछले महीने ही यह स्वीकार किया कि विश्व में अब भी कम-से-कम 2.7 करोड़ लोग दासता के विभिन्न स्वरूपों के शिकार हैं। संसार में अब तक चले तमाम आंदोलन बाल दासता रूपी बीमारी का पूरी तौर पर सफाया नहीं कर पाए हैं। मून ने संसार के तमाम राष्ट्राध्यक्षों को भेजे गए अपने संदेश में स्वीकार किया कि दासता पर रोक के इतने दशकों बाद भी यह किसी-न-किसी पारंपरिक स्वरूप में ज़िंदा है और बाकायदा पनप रही है।

दासता के आधुनिक स्वरूपों की सबसे ज्यादा खतरनाक, व्यापक और संगठित स्थिति है बाल दासता, जिसमें बच्चों को विभिन्न जघन्य उद्देश्यों की खातिर फुसलाकर घिनौने कार्यों में लगाना, चुराकर-खरीदकर अथवा अपहरण करके बेचना, अंगों की तस्करी, बंधुआ मजदूरी, यौन दासता और मानव तस्करी शामिल है। पूरी दुनिया में यह कारोबार लगभग 8000 करोड़ रुपये सालाना कमाता है। अनुमान किया जा सकता है कि जिस कारोबार को सरकारें खत्म नहीं कर पायीं, उसमें कितने बड़े पैमाने पर माफिया का निवेश होगा और इस कारोबार के खिलाफ आवाज़ उठाने के खतरे कितने व्यापक हैं ?

अनुमान किया जाता है कि पूरे संसार में हर साल छह से आठ लाख लोगों की तस्करी की जाती है। इनमें सबसे ज्यादा लड़कियां और बालक होते हैं। उनके साथ जो कुछ होता है उसकी कल्पना तक नामुमकिन है। विश्व में इन अभागों के पुनर्वास से जुटे पुष्ट आंकड़े भी किसी सरकार के पास आज तक उपलब्ध नहीं हैं। यही कारण था कि जब 1980 के आसपास फटेहाल और विकास की दौड़ में तब तक फिसड्डी माने जाने वाले मुल्क हिन्दुस्तान में एक उच्च शिक्षित इंजीनियर कैलाश सत्यार्थी ने दासता के सबसे कमाऊ, आकर्षक तथा खतरनाक धंधे के खिलाफ अकेले मोर्चा लेना शुरू किया तो पूरी दुनिया का ध्यान स्वाभाविक तौर पर उनकी ओर गया। सत्यार्थी की यात्रा न तो आसान थी और न ही उनको समाज या सरकार से आरंभिक स्तर पर कोई सहयोग मिला। यह तो उनका जुनून था कि वह अपनी मंजिल की ओर अकेले चलते गए और उनकी विश्वसनीयता भी बढ़ती गयी ।

कैलाश सत्यार्थी को शांति का नोबेल पुरस्कार दिए जाने की घोषणा होते ही डायमंड बुक्स के चेयरमैन, नरेन्द्र वर्मा ने फैसला किया कि उन पर किताब छापी जाए। उनकी नज़र में महात्मा गांधी के बाद पहली बार संसार ने किसी हिन्दुस्तानी को इंसानियत का सच्चा पुजारी माना है। आज कैलाश सत्यार्थी विश्व स्तर पर बाल-दासता मुक्ति के महानायक बन चुके हैं।

यह स्वीकार करने में मुझे हिचक नहीं है कि इस पुस्तक को लिखने से पहले तक मैं भी कैलाश सत्यार्थी, उनके जीवन, कार्य, परिवार, संघर्ष, आदर्शों, आकांक्षाओं तथा मानवता के लिए अकल्पनीय त्याग के बारे में उसी तरह नहीं जानता था, जैसे किसी कुएं के मेढक को बाकी दुनिया के बारे में रत्ती भर अनुमान नहीं होता । डायमंड बुक्स के चेयरमैन, नरेंद्र वर्मा का मैं हृदय से आभारी हूं, जिन्होंने मुझे इस पुस्तक को लिखने के लिए प्रेरित किया। इसमें सुश्री कृतिका भारद्वाज ने सहयोगी लेखक की भूमिका निभायी है।

इसके बाद मेरे लिए इस विषय पर सामग्री जुटाने की समस्या खड़ी हो गयी। नोबेल पुरस्कार मिलने से पूर्व तक कैलाश जी को आम आदमी नहीं जानता था। इन्टरनेट या पुस्तकालयों में कैलाश सत्यार्थी पर पर्याप्त प्रामाणिक जानकारी उपलब्ध नहीं हो रही थी, जिसको लेकर एक संपूर्ण पुस्तक बनाई जा सके, जो रोचक भी हो। मैंने कैलाश जी से संपर्क करने की बहुत कोशिश की लेकिन संपर्क नहीं हो पा रहा था। उनसे संपर्क के सूत्र तलाश करने के लिए मैंने बहुत परिश्रम किया। मैंने फेसबुक, ट्विटर, गूगल प्लस, लिंक्डइन और उनकी निजी वेबसाइट समेत हर तरीके से उन तक पहुंचने की लगातार कोशिश की। उनके पुरस्कार तथा जीवन के बारे में अखबारों में खबर लिखने वाले पत्रकारों तक के फोन ढूंढकर उनसे भी मदद मांगी। सबने हाथ खड़े कर दिए। जब किसी भी तरीके से मेरा संपर्क नहीं हो पाया, तब मैंने इस उम्मीद से 'बचपन बचाओ आंदोलन' (Save The Childhood Movement) की वेबसाइट पर उपलब्ध उनके सात राज्य प्रभारियों के संपर्क के ब्यौरे निकाले और एक-एक कर सबसे संपर्क करना शुरू किया कि आखिर कहीं से तो उन तक पहुंचने का कोई मार्ग निकलेगा।

अंततः मेरी बात 'बचपन बचाओ आन्दोलन' के उत्तर प्रदेश प्रभारी उमाशंकर यादव से हुई। मैं उनका अत्यंत आभारी हूं कि उन्होंने मुझे

कैलाश सत्यार्थी तथा उनकी सहधर्मिणी सुमेधा कैलाश तक पहुंचा ही दिया। मेरी बहुत ही विस्तृत वार्ता सुमेधा जी से हुई, जो राजस्थान के दौरे पर थीं। उन्होंने मुझे फोन पर ही बहुत विस्तार से एक साक्षात्कार दिया, जिसके आधार पर मैंने सत्यार्थी दंपति के प्रेम, विवाह और परिवार के अज्ञात पहलुओं पर एक पूरा अध्याय लिखा है। बाद में सत्यार्थी जी का फोन खुद ही मेरे मोबाइल पर आया। उन्होंने भी काफी देर बात की और मुझे बहुत-सी जानकारी दी। मजेदार बात यह रही कि जब मैंने उनको किताब में शामिल सामग्री के बारे में बताया तो कई बिन्दुओं पर वह खुद हतप्रभ रह गए और इतना ही बोल पाए, 'कमाल है, वास्तव में आपने मुझ पर रिसर्च ही कर ली है।' मैं उनकी उदारता और अनुकम्पा का भी अत्यंत आभारी हूं। कैलाशजी की सासूमां पंडिता राकेश रानी और विदिशावासी उनके बाल सखा, समाजवादी पार्टी के सांसद चौधरी मुनव्वर सलीम से भी मुझे आवश्यक जानकारी मिली। मैं उनके सहयोग का अत्यंत आभारी हूँ।

मैंने यह पुस्तक अपनी पत्नी रंजना के हिस्से के वक्त से, समय निकाल कर लिखी है, सो सदा की तरह, इस बार भी उनके इस त्याग के प्रति कृतज्ञ हूं ।

जीवन में मैंने कोई भी पुस्तक सह-लेखन में नहीं लिखी। परन्तु इस पुस्तक की तैयारी तथा संशोधन में मेरी बेटी से भी छोटी एक प्रतिभावान लेखिका कृतिका भारद्वाज ने मेरी सहायता की है, सो उनका इस किताब के यश तथा सफलता में अपने समान ही श्रेय मानता हूं। हिंदी संस्करण के शीर्षक के हिस्से 'मासूमों का मसीहा' का नाम सुझाने के लिये 'आलमी सहारा' के ब्यूरो प्रमुख डॉ. हमीदुल्लाह सिद्दीकी का आभार।

इस पुस्तक में प्रस्तुत सामग्री, संकलन और शोध का कार्य अधिकतर समाचार पत्रों, विभिन्न पत्रिकाओं, इन्टरनेट पर उपलब्ध जानकारियों पर आधारित है। सभी सन्दर्भ प्रामाणिक और स्वाभाविक हैं। पूरी जानकारी किसी भी स्तर से बहुत प्रयास के बावजूद न मिलने से, वैधानिक कारणों से, कुछ स्थानों पर कुछ व्यक्तियों की पहचान छुपाने के लिए नाम तथा पात्र उजागर न करके कल्पना का भी रचनात्मक प्रयोग किया गया है। इस पुस्तक में किसी का जान-बूझकर अपमान करने से पूरी तरह बचने की कोशिश के बावजूद, यदि किसी को भी कोई आपत्ति होगी तो उसका

संज्ञान लेकर आगामी संस्करणों में बिना शर्त सुधार कर दिया जाएगा। इस पुस्तक का किसी भी प्रकार का पारिश्रमिक न तो मैं प्राप्त कर रहा हूं और न प्रकाशक इसके मुनाफे का संस्थान में प्रयोग करेंगे, उन्होंने यह सारी राशि विकलांग बच्चों के पुनर्वास हेतु एक संस्था को भेंट करने का निर्णय किया है। यह पुस्तक विभिन्न सूत्रों पर आधारित कैलाश सत्यार्थी के जीवन और संघर्ष की घटनाओं का एक सरसरी दस्तावेज़ है और किसी भी रूप में कोई आत्मकथा नहीं मानी जानी चाहिए।

सत्यार्थी जी के जीवन और संघर्ष के बारे में पढ़कर शायद पहली बार आपको अहसास होगा कि संसार में बाल दासता के कितने आयाम हैं। संसार में बच्चों से जुड़ी जितने किस्म की सामाजिक कुरीतियां हैं, उन सबसे जूझने के लिए हर देश में कैलाश सत्यार्थी के एक अलग ही स्वरूप को जाना-माना जाता है। बाल दासता मुक्ति, बाल अधिकार आन्दोलन, बाल शिक्षा, बाल यौन शोषण मुक्ति, बाल रक्षा सामाजिक जागरुकता और इन सब विषयों पर लेखों, साक्षात्कारों तथा रेडियो-टेलीविजन वार्ताकार के रूप में हर बार दुनिया एक नए कैलाश सत्यार्थी से रूबरू होती है। आप भी जानिये भारत के इस सपूत और उनसे जुड़े लोगों को।

-अशोक कुमार शर्मा

प्रधानमंत्री नरेन्द्र मोदी के साथ विश्व शांति दूत
कैलाश सत्यार्थी : ऐतिहासिक क्षण

कांग्रेस अध्यक्ष श्रीमती सोनिया गांधी से
बधाई स्वीकार करते कैलाश सत्यार्थी

अनुक्रम

शांति के नोबेल पदकों के साथ अमन के आधुनिक फ़रिश्ते

नोबेल समारोह में शाही परिवार, प्रमुख राजनयिकों और अति विशिष्ट मेहमान सत्यार्थी-मलाला के आगमन का स्वागत करते

1

पुनर्जन्म की कथा

'कैलाश सत्यार्थी' नोबल पाने वाले इस व्यक्त्वि को दुनिया आज भले ही किसी नाम से जाने, लेकिन उनके बड़े भाई नरेंद्र कुमार शर्मा के मुताबिक बरसों पहले राजा राम की नगरी ओरछा में रहने वाले एक धार्मिक प्रवृत्ति के तहसीलदार कैलाश नारायण तिवारी का पुनर्जन्म ही कैलाश सत्यार्थी के रूप में हुआ है।

नरेंद्र कहते हैं कि दुनिया माने या नहीं माने, लेकिन हमारा परिवार कैलाश को उसी तहसीलदार का पुनर्जन्म मानता है, जिसके नाम पर कभी खुद भगवान राजा राम ने ओरछा स्थित अपने प्राचीन मंदिर में तीन भूखे महात्माओं को खाना खिलाया था। कैलाश वास्तव में भगवान श्रीराम जी का चमत्कार हैं।

घटना इस प्रकार बतायी जाती है कि कैलाश सत्यार्थी के पिता पुलिस कांस्टेबल रामप्रसाद शर्मा, अपने बड़े बेटे सुरेंद्र की 1952 में असामयिक मौत होने के बाद दिन-रात बेचैन रहने लगे। वह कई-कई दिन तक खाते-पीते नहीं थे और उदास रहते थे। वह एक बेहद पूजापाठी, ईमानदार और संस्कारी व्यक्ति थे। भगवान् श्रीराम उनके आराध्य देव थे। उन्होंने अपने घर में भी श्रीराम दरबार की स्थापना कर रखी थी। बड़े पुत्र की मृत्यु का सदमा उनको समझ में नहीं आया। वह अपने साथियों से, मित्रों से और मिलने-जुलने वाले लोगों से भी एक ही बात पूछते कि भगवान् ने मुझे किस बात की सज़ा दी? मैंने कौन-सा पाप किया? पिछले जन्म का अगर कोई लेना-देना है तो इस जन्म से उसका क्या नाता है? मुझे क्या मालूम पिछले जन्म में मुझसे क्या त्रुटि हुई थी?

राम राजा मंदिर का प्रवेश द्वार

अपने दोस्तों के समझाने- बुझाने पर राम प्रसाद ओरछा स्थित विख्यात राम राजा के मंदिर गये। ओरछा मध्य प्रदेश का एक प्रमुख धार्मिक स्थान है। यह हमेशा से पर्यटन केंद्र के रूप में विख्यात रहा है। पूरे संसार में सिर्फ ओरछा में ही राम जी की पूजा एक न्यायाधीश और महाराज के रूप में की जाती है और यह माना जाता है कि इस मंदिर में निःसंतानों की हर किस्म की मुराद पूरी होती है।

राम राजा के मंदिर की स्थापना की भी बड़ी अद्‌भुत कहानी है। लोकश्रुतियों के अनुसार ओरछा के राजा मधुकर शाह भगवान श्रीकृष्ण के भक्त थे, जबकि उनकी पत्नी गणेश कुंवरी भगवान श्रीराम की उपासना करती थीं। राजा सदा ही अपनी रानी को भगवान श्रीकृष्ण की उपासना करने की सलाह देते थे, लेकिन रानी केवल श्रीराम का ही नाम जपती रहती थीं।

एक बार रानी ने किसी भाववश यह प्रतिज्ञा कर ली कि वे ओरछा में भगवान श्रीराम के भव्य मंदिर की स्थापना करके रहेंगी। इस उद्देश्य से वह कुछ परिजनों तथा सैनिकों को साथ लेकर राजा को बिना बताए, अयोध्या के लिए निकल गईं। अयोध्या के लिए प्रस्थान करने से पहले उन्होंने अपने नौकरों को यह आदेश दिया कि वे महल के पास मैदान में भूमि पूजा कराकर एक भव्य चतुर्भुज मंदिर का निर्माण शुरू करवाएं, इसी मंदिर में अयोध्या से वापस लौटकर भगवान श्रीराम तथा उनके परिवार की प्रतिमाओं की प्राण प्रतिष्ठा की जाएगी।

अयोध्या पहुंचकर रानी ने राम मंदिर में भगवान श्रीराम के नाम से कई दिन उपवास रखा। कहा जाता है कि उनकी इस भक्ति को देखकर स्वयं भगवान श्रीराम उनके सामने प्रकट हो गए । लोककथा के अनुसार, उस समय रानी के साथ गए परिजनों, सैनिकों और पूजा करा रहे महंतों को भी कुछ अलौकिक आभास हुआ। रानी ने भगवान राम द्वारा वरदान मांगने के आदेश के उत्तर में, उनसे अपने साथ ही ओरछा चलने का आग्रह किया। इस पर भगवान श्रीराम तैयार तो हो गए, लेकिन इसके लिए उन्होंने रानी के सामने तीन शर्ते रखीं- मैं ओरछा बाल रूप में ही जाऊंगा, मेरे ओरछा पहुंचने के बाद वहां मेरे सिवा न कोई राजा होगा और न कोई रानी और मंदिर की स्थापना पुरुष नक्षत्र में होगी।

रानी ने भगवान श्रीराम की सभी शर्तें मान लीं। रानी जब श्रीराम के बालरूप के साथ ओरछा पहुंचीं, तब स्वयं राजा ने भी बड़े धूमध ाम से उनका स्वागत करने का मन बनाया। लेकिन रानी ने अपना स्वागत अस्वीकार कर दिया और श्रीराम के बालरूप को साथ लेकर अपने महल में चलीं गईं। अगले दिन जब उन्होंने पुरोहितों से भगवान राम को चतुर्भुज मंदिर में स्थापित करने का शुभ मुहूर्त निकलवाया, तब भगवान श्रीराम ने महल से बाहर जाने से ही इनकार कर दिया और कहा कि मैं तुमको माता मानकर साथ आया हूं और अपनी मां का आंचल छोड़कर यहां से कहीं भी नहीं जाऊंगा।

वास्तव में इसके बाद रानी ने भी भगवान राम की प्राण प्रतिष्ठा चतुर्भुज मंदिर में करने का निर्णय त्याग दिया और इसके बाद से ही ओरछा की रानी का महल ही राम राजा के मंदिर के रूप में विश्व विख्यात है। प्रतिदिन यहीं राम राजा की पूजा होती है और यह विश्वास किया जाता है कि वे भक्तों के साथ न्याय करने के उपरान्त रात्रि आरती पश्चात् सोने के लिए

ओरछा का चतुर्भुज मंदिर

हनुमान जी के साथ अयोध्या चले जाते हैं, जहां से वे प्रत्येक अगले दिन वापस ओरछा दरबार लगाने आते हैं।

तो बात हो रही थी कैलाश सत्यार्थी के पिता राम प्रसाद शर्मा की। वह भी राम भक्त थे और अपनी ज़िद के पक्के थे। वह राम राजा की प्रतिमा के आगे बैठकर बाकायदा भगवान् से झगड़ा करने लगे कि हमारा सुरेंद्र हमको वापस लौटा दो।

खुद राम प्रसाद शर्मा ने अपने परिजनों को बताया था कि संयोगवश जब वे भगवान से उनके अन्याय की शिकायत कर रहे थे, उसी समय ओरछा के तहसीलदार कैलाश नारायण तिवारी भी वहां पूजा के लिए आए हुए थे। उन्होंने कहा कि पंडितजी, भगवान् ने आपकी सुन ली है; अब झगड़ा बंद कीजिए; दो वर्ष के भीतर आपके कुल में एक पुण्यात्मा पुत्र जन्मेगा, जो आपके कुल और देश का नाम पूरे विश्व में ऊंचा करेगा।

कैलाश सत्यार्थी के बड़े भाई नरेंद्र शर्मा के अनुसार स्वयं उनके पिताजी ने बताया था कि यह घटना संभवत: 1952-53 की है। जब वह ओरछा के मंदिर के कपाट बंद होने के समय बाहर निकले तो उसी समय तीन संन्यासी भी राम राजा के दर्शन के लिए कहीं से आए। तीनों संन्यासी भूखे थे। उन्होंने कहा कि राम राजा की नगरी में तो कोई भूखा नहीं सोता, लेकिन हमको भोजन कहां मिलेगा? तभी एक चौकीदार वहां आया और साधुओं से बोला आप लोग भूखे हैं तो कुछ व्यवस्था की जाएगी। इसके बाद वह चौकीदार साधुओं को मठिया नामक एक महिला के भोजनालय ले गया और एक उसे एक पर्ची देकर कहा कि इन तीनों साधुओं को तहसीलदार तिवारी साहब ने खाना खिलाने का आदेश दिया है, भुगतान हो जाएगा। उस उधार पर्ची पर तहसीलदार के हस्ताक्षर और मुहर थी। मठिया ने तीनों को भर पेट खाना खिला दिया। सुबह जब वह अपना भुगतान लेने तहसीलदार के पास पहुंची तो अपने हस्ताक्षर तथा मुहर की पर्ची देखकर वे भी भौचक्के रह गए।

राम राजा मंदिर की प्रतिमाएं

राम राजा मंदिर का विहंगम दृश्य

तहसीलदार ने मठिया से कहा कि मेरा चौकीदार तो निरंतर मेरी सेवा में मेरे साथ था और मेरे आवास-कार्यालय के दरवाजे बंद थे। मैंने किसी भी पर्ची पर न तो कल से कोई हस्ताक्षर किए न मुहर लगाई, फिर यह पर्ची मेरे द्वारा जारी कैसे हो गयी? अंततोगत्वा तहसीलदार ने उस औरत मठिया को साधुओं के भोजन का भुगतान कुछ ज्यादा ही कर दिया। इसके बाद तहसीलदार राम राजा के भव्य मंदिर में फरियादें लेकर आने वाले दर्शनार्थियों की खुलकर मदद करने लगे। वह बार-बार राम प्रसाद के स्वप्न में आकर उनको धीरज बंधाते थे कि राम राजा के न्याय पर भरोसा रखो, तुम्हारा पुत्र तुमको शीघ्र ही वापस मिलेगा। कुछ दिन बाद उनकी पत्नी चिरौंजी बाई को गर्भ ठहर गया। इसके बाद अकस्मात ही राम प्रसाद के स्वप्न में तहसीलदार का आना भी बंद हो गया ।

11 जनवरी, 1954 की सुबह, करीब पांच बजे ही राम प्रसाद की पत्नी को प्रसव पीड़ा शुरू हो गयी। उस समय तक अधिकांश महिलाओं के प्रसव घर पर ही हुआ करते थे। सो राम प्रसाद शर्मा ने भी जान-पहचान की महिलाओं और दाइयों को बुलवा लिया, दो घंटे बाद ऐतिहासिक विदिशा नगर के किला अन्दर क्षेत्र में वीर, हक़ीक़त मार्ग के एक साधारण मकान में तुला लग्न में, शनि-बुध की युति और मेष राशि में दशम कर्म भाव में, उच्चस्थ बृहस्पति गुरु की छाया में एक पुत्र का जन्म हुआ।

नरेंद्र शर्मा के अनुसार, उस दिन जब कैलाश का जन्म हुआ तो पिताजी ने कहा कि हमारा सुरेंद्र वाकई वापस आ गया। राम राजा ने हमारे साथ न्याय कर दिया। उन्होंने अपने दिवंगत पुत्र की स्मृति में, अपनी आस्था और विश्वास के मुताबिक नवजात बालक का नाम सुरेंद्र ही रखा, लेकिन जब यह सुरेन्द्र दो-ढाई साल का हुआ और थोड़ा बोलने लगा, तब उसने खुद को सुरेन्द्र मानने या कहे जाने पर ही इनकार कर दिया। टूटे फूटे शब्दों में उसने बताया कि मैं सुरेन्द्र नहीं हूं। मैं तो ओरछा का कैलाश नारायण तिवारी हूं। यह सुनकर पिता के साथ पूरा परिवार ही हैरत में पड़ गया। बाद में तो यह एक खेल-सा ही हो गया, रिश्तेदार घर आते और बालक को सुरेन्द्र कहकर बुलाते तो वह तमक कर बोलता- 'कौन सुरेन्द्र, मैं तो ओरछा का तहसीलदार हूं। रामराजा की मर्जी से ही तुम्हारे घर आया हूं। मुझे सुरेन्द्र मत कहा करो। बाद में राम प्रसाद ओरछा गए और लोगों से तहसीलदार के बारे में पता किया, तो पता चला कि कुछ महीने पहले दतिया के समीप सड़क दुघर्टना में तहसीलदार की अचानक मौत हो गई थी। धीरे-धीरे सुरेन्द्र के जाने के दुःख को परिवार ने भुलाने में सफलता पायी।

2 

सुरेन्द्र बना कैलाश

बालक कैलाश बड़ी ही अजीब प्रवृत्ति का था। उसे घर में नंगा घूमने में शर्म आती थी। बंद घर में भी खुले आंगन में शौच करना अच्छा नहीं लगता था। मोहल्ले के बच्चों द्वारा पिल्लों और बिल्लियों के गले में सुतली बांधकर घसीटने पर उसे गुस्सा और रोना आता था। अपने भाइयों से दुनिया भर के सवाल पूछने का उसे शौक था। माता का बहुत लाडला होने के बावजूद वह अपने पिता का भक्त था। परिवार या बड़े भाइयों के साथ कहीं भी घूमने जाते समय, बड़े-बुजुर्गों और मंदिरों को देखकर बिना सिखाए प्रणाम करता था।

तीन साल की उम्र तक गाहे-बगाहे वह अपने ओरछा के तहसीलदार होने की बात करके सबको चौंका दिया करता था और जब भी कोई उसे सुरेन्द्र कहता तो नाराज़ हो जाता था। इस बात से अगर घर का कोई प्राणी सख्त नाखुश था तो वह उनकी मां ही थी। उनको अपने सबसे छोटे और सबसे प्यारे पुत्र की यह पूर्वजन्म की चर्चा ही सख्त नागवार लगती थी। मानो कोई उनके नन्हें बेटे को उनसे छीनकर ओरछा ले जाएगा।

धीरे-धीरे उन्होंने एक तरीका अपना लिया कि जैसे ही किसी मौके पर नन्हा बालक पूर्वजन्म की यादों में खोने की मुद्रा में आता, वे उसे किसी-न-किसी बहाने से बहलाकर उसका ध्यान किसी और गतिविधि में लगा देतीं थीं। बालक भी धीरे-धीरे अपनी माता की अप्रसन्नता को भांप गया और बाद में उसने अपने तहसीलदार होने, राम राजा मंदिर या ओरछा के रिश्तों की चर्चा ही बंद कर दी। यह बात और है कि वह तब भी खुद को सुरेन्द्र कहलाना पसंद नहीं करता था।

बड़े भाई जगमोहन शर्मा बताते हैं कि एक ईमानदार और अत्यंत अनुशासन प्रिय पुलिसकर्मी होने के बावजूद, हमारे पिता धर्मपरायण तथा परिवार से प्यार करने वाले थे। हमारी माता चिरौंजीबाई केवल एक गृहिणी ही थीं। सबसे बड़े भाई चंद्रभान शर्मा केवल पढ़ाई और मौका मिला तो खेलकूद में दिलचस्पी लेते थे। बड़े होकर वह शिक्षा विभाग में नियुक्त हो गये और डीआईओएस पद से रिटायर हुए। चंद्रभान पर ही पहले पूरे परिवार की आर्थिक जिम्मेदारी थी। उनके बाद मेरा जन्म हुआ। मैं घर का कामकाज तो निभा लिया करता था, मगर पढ़ाई या नौकरी में मेरी इच्छा नहीं थी, आज मैं माधवगंज में अपना छोटा-सा कारोबार संभालता हूं। मेरे बाद पैदा हुए तीसरे क्रम के भाई नरेंद्र शर्मा आजकल एक शिक्षक हैं। कैलाश हम सबसे छोटे और चौथे क्रम के भाई थे। हमारी एक बहन भी हुई, जिनका नाम है लीला शर्मा। जाहिर-सी बात है। पिता, माता और भाइयों सबका लाड़-प्यार सबसे ज्यादा उसके हिस्से में ही आया, मगर कैलाश बचपन से ही अपनी सीमाओं में रहने वाला और मौके का फायदा न उठानेवाला बच्चा रहा।

बचपन में एक बार उसे बड़े भाई चंद्रभान शर्मा शहर में दीवाली की सजावट दिखाने, अपने किसी दोस्त के साथ ले गए। बेतवा नदी के तट पर स्थित ऐतिहासिक बाढ़ वाले गणेशजी का मंदिर है। एकबार विदिशा में आई भयानक बाढ़ में गणेश जी के इस प्राचीन मंदिर का जब कुछ भी नहीं बिगड़ा, तब से स्थानीय लोगों ने इसे बाढ़वाले गणेशजी के रूप में प्रतिष्ठा दी है। मंदिर से दर्शन के बाद सभी लोग वापस आ रहे थे कि रास्ते में चन्द्रभान के किसी दोस्त के माता-पिता आते हुए मिल गए। बड़े भाई के साथ शालीन, सुशील और सुन्दर बालक को देखकर दोस्त के पिता ने बालक से पूछा, 'तुम्हारा नाम क्या है?, फिर जैसे कुछ याद करते हुए कहा, 'तुम सुरेन्द्र हो न? राम प्रसाद जी बता रहे थे...।'

इसी बीच पहली बार चंद्रभान ने अपने नन्हें भाई को किसी बड़े की बात अनसुना करते नोटिस किया जब उसने बात काटते हुए कहा, 'कैलाश, बस मेरा नाम कैलाश है।' चंद्रभान ने लौटकर यह घटना घर में बताई तो उसी दिन से सबने तय किया, कि भविष्य में कोई भी उसको सुरेन्द्र नहीं कहेगा । चार साल का होने पर जब वह वर्णमाला और अंकों को पहचानने लगा, तो यह तय किया गया कि अगले वर्ष उसे घर के पास ही स्थित दुर्ग प्राथमिक शाला (पाठशाला) में भरती करा दिया जाए।

विदिशा में किले के अंदर इलाके की इमारतों और गलियों की संरचना संभवत: कभी यह सोचकर की ही नहीं गयी थी कि कभी ऐसा दौर भी आएगा कि लोग पैदल चलना पसंद नहीं करेंगे। कभी घोड़े-तांगों, रिक्शों, साइकिलों, तमाम तरह के दुपहियों और चार पहिया वाहनों की भरमार होगी। इसी क्षेत्र में नन्हें कैलाश के घर से कुछ ही दूर पर मुगलटोला मस्जिद के पीछे एक गली थी, जिसे विदिशा के लोग चोर गली कहते थे। यह गली आज भी बेहद संकरी है और इसी गली के एक छोर पर स्थित थी प्राथमिक दुर्ग शाला।

शायद 9 जुलाई, 1959 गुरुवार के दिन पहली बार कैलाश को दुर्ग प्राथमिक पाठशाला भेजा गया। उसे पहली कक्षा में प्रवेश मिला और पहले दिन ही उसने बवाल खड़ा कर दिया।

चन्द्रभान शर्मा के मुताबिक, उस दिन उनके पिता तो अपनी ड्यूटी पर जा चुके थे, इसलिए कैलाश को स्कूल पहुंचाने का जिम्मा उन्हें सौंपा गया।

उन दिनों भी स्कूल में साफ़ नाख़ून, कायदे से काढ़े गए बाल, स्कूली ड्रेस पहनकर, स्कूल बैग में किताब-कापियों के साथ बच्चों का आना तय था। यही कारण होता था कि पैदल स्कूल आनेवाले छात्र-छात्राएं भी स्कूल में घुसने से पहले या तो अपने स्कूल बैग से जूता साफ करने का कपड़ा निकालकर जूता चमकाते थे या फिर स्कूल के बाहर बूट पालिश करनेवाले को एक पैसा देकर जूता चमकवाते थे।

शायद यही प्रमुख वजह रही होगी कि अन्य स्कूलों की तरह दुर्ग प्राथमिक पाठशाला के बाहर भी एकाध जूता पालिश करनेवाला बैठा ही रहता था। बालक कैलाश ने स्कूल में घुसते-घुसते गौर किया कि लकड़ी की एक छोटी-सी पेटी में तरह-तरह के ब्रश, पॉलिश क्रीम की शीशियॉ और लाल-काली चेरी ब्लॉसम पॉलिश की डिब्बियां सजाए एक बच्चा खुद नंगे पैर बैठा था। उसके साथ बैठे करीब 55 साल के पिता ने जरूर मैली-कुचैली और घिसी हुई चप्पलें पहन रखीं थीं। पॉलिशवाला बच्चा बड़ी ललचाई नजरों से साफ-सुथरी ड्रेस और जूते पहने छात्रों को देख रहा था। यह देखकर न जाने उसने क्या महसूस किया कि बस्ता थामे-थामे ही उस बच्चे के पास बैठे बुजुर्ग पिता के पास पहुंच गया। कैलाश ने कहा, 'तुम भी स्कूल चलो।' तभी स्कूल शुरू होने की घंटी बज गई और बड़े भाई ने कैलाश को जैसे-तैसे भीतर धकेल दिया।

कैलाश सत्यार्थी का पुश्तैनी मकान

विदिशा नगर पालिका के नियंत्रण में संचालित, नाममात्र की फीस लेनेवाले दुर्ग प्राथमिक पाठशाला में स्कूली दिन की शुरुआत अनिवार्य प्रार्थना सभा से होती। यह वह दौर था जब स्कूलों में नैतिक शिक्षा प्रत्येक दिन की दिनचर्या का सबसे पहला हिस्सा हुआ करती थी। तब की प्रमुख प्रार्थनाएं गीत की रूप में होती थी और उनमें स्कूल के संगीत शिक्षक हारमोनियम बजाकर अप्रत्यक्ष रूप से छात्रों को सामूहिक रूप में सस्वर गायन की भी शिक्षा देते थे। प्रधानाचार्य समेत सभी शिक्षक तथा स्कूली कर्मचारी भी इन प्रार्थना सभाओं में भाग लेते थे।

कैलाश को भी उन प्रार्थना सभाओं में बहुत आनंद आता था, परन्तु पहले दिन ऐसा नहीं हुआ। बालक कैलाश की निगाहों के आगे तो बूट पॉलिशवाला लड़का घूम रहा था। प्रार्थना सभा समाप्त होते ही उसने बच्चों की कतारें बनवाकर सबको अलग-अलग कक्षाओं में भेज रहे एक शिक्षक से पूछा, 'बाहर बैठा बूट पालिश करनेवाला बच्चा स्कूल में अंदर क्यों नहीं आ सकता?'

शिक्षक ने बालक के सवाल को अनसुना करते हुए कहा, 'बेकार के प्रश्न मत करो। अपनी कक्षा में जाओ।' वहीं खड़े पाठशाला के प्रधानाध्यापक ने कैलाश को अपने पास बुला लिया। उन्होंने बच्चे को पास आने दिया। उनको प्रणाम करके कंधे से बार-बार नीचे सरकते स्कूल बैग को थामे नन्हें कैलाश ने पूछा, 'गुरूजी, क्या बूट पॉलिशवाला भैया यहाँ नहीं पढ़ सकता?'

प्रधानाध्यापक बाल मनोविज्ञान की समझ रखनेवाले अनुभवी शिक्षक थे, उन्होंने कैलाश के सर पर हाथ फेरते हुए कहा, 'उस बच्चे के

माता-पिता अगर उसे पढ़ाना चाहें तो वह अवश्य पाठशाला आ सकता है। जो नहीं पढ़ना चाहता उसे कौन पढ़ाएगा? जग में ऐसा ही होता है।'

स्कूल की छुट्टी के समय कैलाश की माँ चिरौंजी देवी उसे लेने आई। माँ को देखकर कैलाश कक्षा से भागता हुआ बाहर निकल गया। दिन भर पढ़ाई के बाद उसे ज़ोरों की भूख भी लगी थी। वह अपनी मां के साथ हंसता-खेलता वापस चला गया। उसने ध्यान ही नहीं दिया कि जूता पॉलिश करनेवाला बच्चा वहां था या चला गया था!

कैलाश का स्कूल में दूसरा दिन, शुक्रवार था। तब शुक्रवार के दिन स्कूल इंटरवल तक ही लगा करते थे और चार पीरियड ही पढ़ाई होती थी। यह व्यवस्था मुस्लिम शिक्षकों को नमाज़ वगैरह पढ़ने की सुविधा देने के लिए होती थी। उस दिन भी कैलाश को स्कूल छोड़ने के लिए घर का कोई बड़ा ही उसके साथ गया। इस बार कैलाश जूते पॉलिश करनेवाले बच्चे को देखकर पास बैठे उसके पिता के पास जा पहुंचा। उसने उनसे पूछा, 'इसे पढ़ने के लिए स्कूल आने दो।'

जूता पॉलिशवाला नन्हें कैलाश को अवाक् देखता रह गया, फिर कुछ सोचकर उसने जवाब दिया, 'देखो बाबू, न तो मैं कभी स्कूल गया और न मेरे बाप-दादा। इसलिए यह भी नहीं जा रहा है। हम तो मजूरी और दूसरों की सेवा करने के लिए ही पैदा हुए हैं।'

नन्हें कैलाश पर जूता पॉलिश करनेवाले बच्चे के पिता के उस जवाब का क्या असर हुआ, इसका जवाब किसी के पास नहीं है। यह बात और है कि बाद में वह कभी भी स्कूल जाते या स्कूल से वापसी के वक्त कभी भी उस बच्चे के पास नहीं रुका। शायद मन-ही-मन उसने कुछ ठान लिया हो, या उस बच्चे के पिता से नाराज़ हो या उसे अहसास हो गया था कि वह इस प्रकार के मामलों में अभी कुछ कर ही नहीं सकता। कोई जान नहीं पाया कि कैलाश ने इस घटना को किस तरह से लिया। उससे क्या सीखा?

कैलाश ने दुर्ग प्राथमिक पाठशाला में पांचवीं तक शिक्षा हासिल की। छात्र के रूप में वह बहुत अधिक प्रतिभा संपन्न माने जाते थे। एक बार उन्होंने अपने भतीजे उमेश शर्मा को बताया था कि दुर्ग प्राथमिक पाठशाला से छुट्टी होने के समय बादलों वाले मौसम में स्कूल की गली अंधेरी और काफी डरावनी लगती थी, इसलिए ज्यादातर बच्चे अनजाने डर के मारे समूची गली को चीखते-चिल्लाते और एक-दूसरे को डराते हुए पार करते थे ।

3 

बाल इंकलाबी

राज्यसभा सांसद चौधरी मुनव्वर सलीम के अनुसार, 'दद्दा कैलाश सत्यार्थी मुझसे बड़े हैं और मैं छः साल की उम्र से उनके संपर्क में लगातार रहा हूं। बचपन से ही दद्दा गज़ब के थे। सबसे अलग, सबसे बढ़कर और सबसे अनूठे। इंजीनियरिंग की पढ़ाई के दौरान और उसके बाद की तो सभी घटनाएं तो याद हैं, मगर पहले की बहुत ज्यादा याद नहीं, कुछ बातें बताता हूं।

निहायत ही शरीफ़ और ईमानदार माता-पिता के सबसे छोटे बेटे थे दद्दा। घर की आर्थिक स्थिति अच्छी नहीं थी, मगर घर के सबसे छोटे बच्चे की ख्वाहिशें पूरी करने का बूता बड़े भाइयों में था। शायद ही किसी को यकीन आए कि वह बचपन में खिलौनों, कीमती कपड़ों और खाने-पीने की कीमती चीज़ों की फ़रमाइश न करनेवाला अनोखा बच्चा था।

ज़रा ख़्याल कीजिए एक ऐसे बच्चे का, जो बस्ता लादे अपने स्कूल जा रहा हो और तकरीबन हर दूसरे-तीसरे दिन रास्ते में भीख मांगते किसी-न-किसी बच्चे को अपने खाने के डिब्बे से परांठा-सब्जी निकालकर दे देता है। कितना बूता चाहिए बचपन की उस भूख को बर्दाश्त करने का? मगर मेरे दद्दा ऐसे ही थे।

कौन-सा बच्चा होगा, जिसे शरारतों में, झूलों में, छिपने-छुपाने में, हंसने-हंसाने में और कहानी-किस्सों में मज़ा न आता हो। दद्दा को भी आता था। रामलीला देखने जाते थे तो उनको राम का चरित्र और मां-बाप के लिए कुर्बानी का जज्बा बहुत भाता था। मुहर्रम के मेलों में दद्दा ने शरबत के प्याऊ लगाए। शायद 11 साल के रहे होंगे, तब वे एक ठेला लेकर पास होनेवाले बच्चों की किताबें इकठ्ठा करते और ज़रूरतमंद बच्चों में मुफ्त बांटते थे।

सत्यार्थीजी की बड़ी भाभी रति देवी शर्मा के मुताबिक, बचपन में तो मुसीबत ही थी। घर पर भीख़ मांगने अगर किसी भिखारी के साथ

सांसद मुनव्वर सलीम

बच्चा आ गया तो कैलाश उसे खाना खिलाने की ज़िद करता। उसको अपनी किताब-कॉपी दे देता और उसे पढ़ने के लिए कहता। एक बार किसी झुंझलाहट में मैंने उसे सज़ा के तौर पर धूप में खड़ा कर दिया। बहुत देर तक धूप में खड़े रहने से बेचारे के पैर में फफोले पड़ गए थे।

उसे कोई भी महंगा शौक नहीं था। सादा खाना पसंद था उसको। टिक्की खाने का बहुत शौक था। चटनी और आटे से बने देहाती व्यंजन 'खीचले' भी उसे बहुत पसंद थे। जब भी घर में टिक्की बनती तो वह बड़े ही चाव से खाता।

सांसद मुनव्वर सलीम याद करते हैं, दद्दा के दोस्तों की जमात बहुत बड़ी नहीं थी। मगर जिन बच्चों के लिए उनका दिल धड़कता था, उनकी तादाद अनगिनत थी, जो खत्म ही नहीं होती। बचपन में भी हम उन पर फख्र किया करते थे। पढ़ाई में वह बहुत मेधावी थे।

'एक वाकया याद आता है। जब वह 14-15 साल के थे, तो एसएसएल जैन स्कूल में नौवीं क्लास में पढ़ रहे थे। उस समय उन्होंने पहली बार गौर किया कि होटलों और ढाबों में छः से बारह साल की उम्र तक के लड़के ही कप-प्लेट धोते हैं। उन्होंने अपने हमउम्र बच्चों की तब एक टीम बनाई। ये बच्चा पार्टी ऐसे होटलों के सामने जाकर विरोध में शोर मचाती थी। इनके विरोध के डर से विदिशा के ज्यादातर होटल-ढाबे वाले उन बच्चों के मां-बाप को भी साथ में काम पर रखा करते थे, ताकि बच्चा पार्टी को समझाया जा सके।

एक और वाकया है कि विदिशा के अफसरों की सरकारी गाड़ियां उनके घर की रोज़मर्रा की खरीददारी के लिए परिवारों को लेकर बाज़ार जाया करतीं थीं। साहब लोग खरीदारी किया करते थे और सरकारी गाड़ियों में भूखे-प्यासे बैठे उनके ड्राइवर परेशान होते रहते थे। बाज़ार में आना-जाना भी मुश्किल हो जाता था। दद्दा ने सरकारी गाड़ियों के गैरकानूनी इस्तेमाल पर रोक लगाने की मुहिम चलाई। इस अभियान का इतना असर हुआ कि अफसरों ने सरकारी गाड़ियों का खुले-आम निजी इस्तेमाल बंद कर दिया। यह बात और है कि वे बाज़ार आते रहे होंगे, गाड़ियां भी इस्तेमाल करते होंगे, मगर चोरी छिपे!

जैसे-जैसे दद्दा बड़े होते गए, उनके हौसले भी बुलंद और मजबूत होते गए। एक वाकया और ध्यान आता है, तब शायद वह बारहवीं में थे। तब उनके पास एक साइकिल आ गयी थी, जिस पर मैं भी खूब बैठा हूं।

एक बार, शहर के बाहर बसी मलिन बस्ती में किसी वजह से आग लग गयी। बस्ती में बहुत से मकान बिना नक्शा पास कराए बने थे और इस लिहाज़ से गैर कानूनी थे। वहां आग बुझाने वाली फायर ब्रिगेड की गाड़ी तक नहीं पहुंची। यह जानकारी मिलने पर दद्दा वहां पहुंचे और लोगों को बचाने में जुट गए। उनको देखकर दूसरे लोग भी आ जुटे। देखते-देखते ही आग पर काबू पा लिया गया। जब सब मामला शांत हुआ, तब लोगों ने महसूस किया कि लोगों को आग से बचाने के दौरान, दद्दा के दोनों हाथ जल गए थे।

दद्दा के मां-बाप उनके इंकलाबी तौर-तरीकों और समाज में नाइंसाफी को दूर करने की दिली तड़प को पूरी तरह से समझने के बावजूद हमेशा उनके लिए फिक्रमंद रहते कि कहीं वे किसी मुसीबत में न फंस जाएं। स्कूल-कॉलेज में भी वह क्लास के कमज़ोर बच्चों की हर तरह से मदद करते।

कैलाश सत्यार्थी की भाभी रतिदेवी शर्मा भी बताती हैं कि कैलाश बचपन में अपने मोहल्ले के कमज़ोर बच्चों की मदद किया करते थे। जैसे-जैसे बच्चें बड़े हुए, उन्होंने समाज के हर वर्ग के गरीब, ज़रूरतमंद, वंचित और सताए हुए बच्चों की मदद करनी शुरू कर दी। यह बात और है कि घर की आर्थिक दशा इतनी कमज़ोर थी कि कैलाश ने स्कूल-कॉलेज, इंजीनियरिंग कॉलेज की पढ़ाई, पुस्तकालय की किताबों से की। कभी-कभी तो हम लोग यह सोचकर परेशान हो जाते थे कि वह ज़िंदगी में वह क्या करेगा?

सांसद चौधरी मुनव्वर सलीम कहते हैं कि जब कैलाश युवा हुए तो उन्होंने इंजीनियरिंग की पढ़ाई की पूर्व प्रवेश परीक्षा पास कर ली। उनके नम्बर इतने अच्छे आए कि उनकी पहली वरीयता के मुताबिक उनको सम्राट अशोक प्रौद्योगिकी संस्थान, विदिशा (एसएटीआई) में बी. टेक इलेक्ट्रिकल इंजीनियरिंग में दाखिला मिल गया।

परायों का हाथ थामने वाले कैलाश ने अपने मित्रों को कभी नहीं बिसराया। इंजीनियरिंग कॉलेज के समय के ज़्यादातर दोस्त कैलाश के आज तक मित्र हैं। इनमें से एक, प्रकाश सोनी के मुताबिक, कैलाश को इन्साफ़ दिलाने और अन्याय के नाम पर कहीं भी हो रही, किसी भी गतिविधि और आंदोलनों में भाग लेने का शौक था। सो पढ़ाई में विघ्न भी पड़ता रहता था। पढ़ाई पूरी नहीं की, उपस्थिति कम हो गयी तो इम्तहान कैसे दें, सो कई मौकों पर सेमेस्टर भी ब्रेक किया। इस पर कैलाश घर में बड़े भाई-भाभी द्वारा खूब डांटे जाते।

विदिशा के इसी स्कूल में पढ़ते थे कैलाश सत्यार्थी

उनके एक और मित्र अशोक वर्मा बताते हैं कि कॉलेज से इंजीनियरिंग कॉलेज तक उन्होंने शोषण, असमानता, अन्याय और भेदभाव के हर मुद्दे पर जमकर हड़ताल की, मोर्चे निकाले, आंदोलन किए। जयप्रकाश आंदोलन में हम साथ-साथ रहे। इसी दौरान महंगाई के ख़िलाफ़ एक आंदोलन में हमने धारा 144 तोड़ने पर जेल की सज़ा भी काटी।

एसएटीआई की स्थापना 1958 में हुई थी और उस समय से आज तक इस इंजीनियरिंग कॉलेज की भव्यता, शिक्षण स्तर तथा मानकों में कोई अंतर नहीं आया है। आरम्भ में इस इंजीनियरिंग कॉलेज में केवल डिग्री स्तर की ही पढ़ाई होती थी, लेकिन 1970 से इसमें भोपाल के बरकतउल्लाह विश्वविद्यालय से मान्यता तथा सम्बद्धता के बाद पोस्ट ग्रेजुएट डिग्रियों का शिक्षण भी अनुमन्य हो गया ।

उनके पुराने सहपाठी वेद प्रकाश शर्मा बताते हैं कि गरीबी कभी उन्हें डिगा नहीं सकी। इंजीनियरिंग कॉलेज में पढ़ाई के दौरान वह होटल में खाना खाने के बजाय एक चपटे चिकने पत्थर पर आटा गूंथकर रोटी बनाया करते थे। तब उनके पास आटा गूंथने के लिए बर्तन नहीं था। पहली बार कैलाश अखबारों की सुर्खियों में तब आए, जब उन्होंने विदिशा में महात्मा गांधी की प्रतिमा के पास सफाई जमादारों से भोजन बनवाया था। उनके इस गांधीवादी कदम ने विदिशा में तब नई बहस को जन्म दिया।

4 

प्रेम, विवाह और संघर्ष

दिल्ली के बेहद घनी आबादीवाले इलाके करोलबाग में आर्य समाज रोड, गुरुद्वारा रोड और हरध्यान सिंह रोड, जहां एक-दूसरे को काटती हैं, वहीं आर्य समाज आन्दोलन के प्रचार-प्रसार का कार्य कर रहे दयानंद संस्थान की मासिक पत्रिका 'जनज्ञान' के सम्पादकीय कार्यालय में शनिवार, 2 अक्टूबर, 1976 की दोपहर को लगभग 22 वर्षीय एक लम्बे कद के युवक ने प्रवेश किया। उसके चेहरे पर स्थायी मुस्कान के साथ ही हल्की दाढ़ी थी। गांधी जयंती के अवकाश के कारण कार्यालय में एकाध सहयोगी ही बैठे काम निपटा रहे थे। उनमें से किसी से उस युवक ने कहा, 'मैं कैलाश। पिछले अंक में समाज की दशा और दिशा पर मेरा लेख छपा था...।'

यह सुनते ही अपनी मेज पर फैली डाक निपटा रहीं जनज्ञान की वरिष्ठ उपसंपादक सुमेधा ने चौंक कर ऊपर देखा। एक पल कुछ सोचा और फैसला सुनाया, 'हो ही नहीं सकता। आप कैलाश जी हैं ही नहीं।'

'क्यों? मेरे माथे पर लिखा है मेरा नाम ?' बदस्तूर मुस्कुराते हुए उस युवक ने सवाल पूछा और बिना अनुमति सुमेधा के सामने पड़ी दो कुर्सियों में से एक पर बैठ गया। युवक के सवालिया जवाब पर सुमेधा का माथा घूम गया। उसने फौरन ही कार्यालय के दूसरे भाग में मौजूद अपने वरिष्ठ सम्पादकीय सहयोगी से बात की। थोड़ी ही देर में दयानंद संस्थान के अध्यक्ष पंडित भारतेन्द्र नाथ ने उस युवक को अपने पास बुलवा लिया।

जो लोग पंडित भारतेन्द्र नाथ को नहीं जानते, उनको बताते चलें कि भारत में चारों वेदों का सर्वप्रथम हिंदी में व्याख्या करके उनका

जनज्ञान पत्रिका के मुखपृष्ठ पर पंडित भारतेन्द्र नाथ

प्रकाशन करनेवाले तथा भारत में आर्यसमाज के स्तंभों में गिने जानेवाले भारतेन्द्र जी अनेक भाषाओं के जानकार और बहुत ही बड़े साहित्य मर्मज्ञ विद्वान थे ।

सुमेधा बतातीं हैं, पंडित जी और खुद को जनज्ञान के उस लेख का लेखक बतानेवाले उस युवक के बीच बहुत देर तक बातचीत चलती रही। सम्पादकीय विभाग में बैठी सुमेधा को पता ही नहीं चला कि उनकी बैठक कब तक चली और किन विषयों पर बातचीत हुई। वह शाम से पहले दिल्ली की सीमान्त आवासीय कालोनी, सूर्यनगर में स्थित अपने आवास चली गयी थी।

यह बात तो मैं बताना भूल ही गया कि सुमेधा पंडित भारतेन्द्र जी की पांच बेटियों में सबसे बड़ी बेटी ज्योत्सना से दो साल छोटी थी। अपने पिता के काम में हाथ बंटाने के लिए सुमेधा दिन-रात काम करती। लेखकों से पत्राचार, पाठकों के पत्रों में से उत्तर दिए जाने योग्य और पत्रिका में स्थान पाने योग्य पत्रों का अंतिम चयन तथा समय से पत्रिका के प्रकाशन का जिम्मा उसी का था। सुमेधा से 13 माह छोटी आभा से 10 साल छोटी थी ऋचा और सबसे लाडली और सबसे छोटी दिव्या उस समय सिर्फ पांच साल की ही थी। पांच बहनों की माता 'पंडिता' उपाधि से सुशोभित राकेश रानी आर्य समाज के सामाजिक कार्यक्रमों के साथ ही पत्रिका संपादन-मुद्रण-प्रकाशन में भी हाथ बंटाती थीं। भारतेन्द्र जी के निधन के बाद आज भी 80 वर्ष से अधिक की अवस्था में भी वह आर्य समाज के प्रचार-प्रसार, दयानंद संस्थान और जनज्ञान पत्रिका का काम देखती हैं। इस कार्य में सबसे छोटी बहन दिव्या और उनके पति कृष्णकांत कोटपाल उनकी मदद करते हैं।

उस रात लगभग साढ़े नौ बजे उनके पिता पंडित भारतेन्द्र नाथ आर्य घर लौटे तो और दो व्यक्ति उनके साथ थे, जिनमें खुद को कैलाश बताने वाला वह युवक भी था। घर में घुसते ही पिताजी ने घोषणा की- 'ये हैं कैलाश शर्मा 'सत्यार्थी'। बहुत सच्चे, बहुत अच्छे और बहुत ही उच्च विचारों वाले युवा विद्वान। साथ में इनके घनिष्ठ मित्र हैं ओम प्रकाश श्रीवास्तव। ये हमारे साथ ही रात्रि भोजन करेंगे।'

सत्यार्थी परिवारः 25 साल पहले

इसके बाद पूरा घर अतिथि सत्कार में लग गया। खाने की मेज पर हम लोग एकत्र हुए तो हमारे घर में पहली बार आए, उस युवा लेखक कैलाश ने तो जैसे सबको मंत्रमुग्ध कर दिया। मेरी सभी बहनों को बहन कहने के बावजूद, जब मुझसे आमना-सामना हुआ तो किसी को भी नि:शस्त्र करने का सामर्थ्य रखनेवाली अपनी मुस्कान के साथ मुझे बहन का संबोधन दिए बिना पूछा, 'कहो कैसी हो?'

खाना समाप्त होने के बाद भी कैलाश और उनके साथ आया उनका मित्र उठने का नाम ही नहीं ले रहे थे और उनकी बातों का आनंद ले रहीं मैं भी अपने माता-पिता की ही तरह उकता ही नहीं रही थी। आधी रात के बाद पिता जी ने आदेश दिया कि मेरे कमरे के पासवाले कक्ष में इनके शयन की व्यवस्था करो। उन दिनों माता-पिता की चाय मैं बहुत सुबह ही बनाती थी। सुबह उठकर देखा तो वे लोग बातों में लगे थे। चाय पीकर और मेरे माता-पिता को प्रणाम करके कैलाश वापस चले गए। मुझे बहुत खला था कि जाते समय उन्होंने मुझसे कुछ क्यों नहीं कहा था। हम लोगों ने पूरे एक साल तक उनको दोबारा नहीं देखा। तब मुझे पता तक नहीं था कि आगे चलकर उनसे ही मेरा विवाह होगा। आज जीवन के पांच दशक बीत जाने के बाद सोचती हूं कि पहली ही नज़र में उस युवक को जनज्ञान कार्यालय में देखकर मेरे मन में ख़याली पुलाव जैसा कुछ हुआ तो था। लगा तो था कि कितना सजीला है यह! मैं उस

युवा कैलाश सत्यार्थी

वक्त इतनी छोटी थी कि ठीक से अपने ही मन को नहीं समझी और बिना वजह उनसे भिड़ गई

ठीक एक साल बाद, उसी दिन 2 अक्टूबर को कैलाश दोबारा मेरे कार्यालय आए, मुझसे बिना कुछ कहे वह सीधे पिताजी के कक्ष में चले गए और फिर दोनों ने खूब बातें कीं। उनके मित्र ओम प्रकाश श्रीवास्तव बीच-बीच में आते रहते थे और कैलाश जी की नित नई उपलब्धियों का लेखा-जोखा बताते रहते थे। मुझे पता ही नहीं चला, कब वह जान-पहचान और उनका आना-जाना बढ़ता गया और ख़याली पुलाव के बजाय हम दोनों के बीच वाकई दो-तरफा खिचड़ी पकने लगी। एक दिन मां ने पूछ ही लिया कि तुम लोगों के मन में शादी करने जैसा कुछ हो तो बता दो।

कैलाश न जाने किस मिट्टी के बने इंसान हैं। उन्होंने एक दिन मुझसे प्रश्न कर डाला, 'मैं समाजसेवा करना चाहता हूँ। आसान काम नहीं है। क्या मेरा साथ दोगी?' मैंने भी उनकी ही शैली में जवाब दिया, यह भी कोई पूछने वाली बात है!

इस बीच आर्य समाज जगत में हमारे विवाह की बात फैलने लगी। सभी जानते हैं कि आर्य समाज में वैदिक मंत्रोच्चार के साथ यज्ञ-हवन की परम्परा है। उधर समाज सुधारने की धुन में विदिशा में इंजीनियरिंग कॉलेज में पढ़ाई के दौरान कैलाश ने सड़कों और मुहल्लों में कूड़े को एकत्र करके, उसका हवन शुरू करा दिया था। इस प्रयास के कारण अनेक आर्य समाजी लोग उनसे नाराज़ थे। दूसरी ओर कैलाश साम्यवाद की बात भी करते थे। लोहिया को आदर्श बताते थे। कैलाश के अनेक मुस्लिम मित्र थे और वह कट्टर हिंदुत्व के प्रबल विरोधी भी थे। इस तरह के तमाम कारणों ने मिलकर मेरे पिता पर भी एक दबाव बनाना शुरू कर दिया कि वे इस विवाह की अनुमति न दें।

दूसरी ओर कैलाशजी गरीब बच्चों, मजदूरों और नागरिक हितों का इतना काम कर चुके थे कि उनके समर्थन में गरीब बच्चे और कैलाश के पुराने मित्र, मुनव्वर सलीम (अब सांसद) की अगुवाई में हिन्दू-मुसलमान

सब इकट्ठा हो गए। आर्य समाजियों को मेरी माँ ने भी समझाया कि विरोध क्यों कर रहे हो, हमें कैलाशजी जैसा ही दामाद चाहिए।

सुमेधा जी की सासूमां पंडिता राकेश रानी ने मुझे इस प्रेम कहानी की पृष्ठभूमि की वह घटना बतायी, जो किसी को भी आज तक मालूम नहीं है। उन्होंने बताया, 'जनवरी 1976 के आस-पास पंडित जी (भारतेन्द्र नाथ) विदिशा में आर्य समाज के किसी आयोजन में आमंत्रित थे। उसी समय किसी ने बताया कि विदिशा में एक होनहार ब्राह्मण लड़का है, कैलाश शर्मा। उसने इंजीनियरिंग की डिग्री प्राप्त की है और उसका बड़ा नाम है। मेरे पति, अपने एक पत्रकार मित्र बनारसी सिंह के साथ विदिशा गए और लड़के का परिवार वगैरह देख आए। जब शादी की बात तय होने वाली थी, तभी विदिशा से हमारे यहाँ अनेक हिन्दू और आर्य समाजी नेताओं के पत्र आने शुरू हो गए कि कहां अपनी पुत्री को धकेल रहे हो? हम ठहरे बेटी वाले सो भ्रम में पड़ गए।

कैलाश मन, वचन और कर्म हर प्रकार से एक उत्कृष्ट तथा अद्वितीय इंसान हैं। उन्होंने तो सुमेधा को देखा तक नहीं था। जब उनको विवाह विरोध का पता लगा, तब वह दिल्ली आए और पंडित जी से बात करके लौट गए। यह वही मुलाकात थी, जिसमें कैलाश और उनके साथ आए

विदिशा का रेलवे स्टेशन

मित्र ने हमारे घर पर भोजन किया था। कैलाश को पहली ही नजर में सुमेधा भा गयी और उसे कैलाश पसंद आ गए।

आज हमको मालूम है कि कैलाश के एक मित्र ओम प्रकाश श्रीवास्तव ने ही सुमेधा और उनकी मैत्री बढ़ाने का काम किया था। कैलाश से सुमेधा के विवाह के विरोध की स्थिति यहां तक पहुंची कि जब कुछ समय बाद मन बनाकर मैं और पंडित जी विदिशा गए, लेकिन अंगूठी पहनाए बिना ही वापस आ गए। कैलाश के ही एक मित्र अभय श्रीवास्तव ने हम लोगों से कहा था कि वह तो बड़ा बवाली है। नित नए आंदोलन करता फिरता है, शासन-प्रशासन की परवाह नहीं करता और भीख मांगनेवाले, घरेलू, दुकानों तथा कारखानों में काम करनेवाले बच्चों को पढ़ने के लिए भटकाकर, झंझटों में पड़ता रहता है। आपकी बेटी परेशान हो जाएगी। कैलाश का बड़प्पन है कि उन्होंने कभी हमारी उनसे विवाह सम्बन्ध के बारे में अस्थिरता को किसी पर उजागर नहीं किया। जब हम लोग विदिशा से लौटे तो सुमेधा को अंगूठी न पहनाए जाने का पता चला और उसने मुझसे दो-टूक शब्दों कहा कि वह कैलाश जी को मन-ही-मन अपना पति मान बैठी है और अगर आप लोगों ने मेरा विवाह, उनके सिवाय किसी और से किया तो मैं आत्महत्या करना पसंद करूंगी।

इस पर मैंने कैलाश के उसी मित्र को बुलाकर पूछा कि क्या कैलाश शराब पीता है? लड़कियों का पीछा करता है या उसकी उठ-बैठ लफंगों के बीच है? मेरे हर सवाल के जवाब में उस मित्र ने इनकार किया तो हमने माथा पीट लिया। हमारी लड़की कैलाश से शादी न होने पर आत्महत्या की बात कह रही थी और विदिशा से हम लोग अंगूठी पहनाए बिना आ गए। अब बात कैसे बनेगी? इसके बाद हौसला जुटाकर पंडित जी, मेरे सबसे बड़े दामाद प्रो. धर्मवीर आर्य (अजमेर) और बड़ी बेटी ज्योत्सना को लेकर पूरी तैयारी से विदिशा गए। उन लोगों ने हमारा मान रखा और धर्मवीर ने कैलाश को अंगूठी पहनाकर रिश्ता पक्का कर दिया।

सुमेधा जी के अनुसार, अंततः 8 अक्टूबर, 1978 को आर्य समाज के अनेक दिग्गजों और धर्म के ठेकेदारों के विरोध के बावजूद, दोनों के परिवारों की सहमति तथा आशीष से यह विवाह करोलबाग के आर्यसमाज मंदिर में संपन्न हुआ। एक वर्ष बाद दिल्ली में मेरे बेटे भुवन ऋभु का 25 जुलाई, 1979 को दोपहर 12.10 बजे करोलबाग स्थित तिब्बिया कॉलेज

सुमेधा-कैलाश विवाह का दुर्लभ चित्र

अस्पताल में और उसके छः साल बाद 30 अगस्त, 1985 को सुबह 11.15 बजे मेरी पुत्री अस्मिता का जन्म हुआ। भाग्य की अगर बात कहें तो हमारे पुत्र का लालन-पालन हमारे संघर्ष के दिनों में हुआ है और वह आज एक बेहद कामयाब एडवोकेट है। बिटिया के जन्म के बाद हमने कभी पीछे मुड़कर नहीं देखा।

कैलाश सत्यार्थी की पत्नी सुमेधा कैलाश के अनुसार, '1978 में उनसे विवाह के बाद मैं विदिशा में ही लगभग ढाई साल रही। तब वह कॉलेज में इलेक्ट्रिकल इंजीनियरिंग के छात्रों को पढ़ाते थे। दो साल तक उन्होंने इंजीनियरिंग कॉलेज में पढ़ाया और इसी दौरान सोचा कि बच्चों को शोषण और अन्याय से बचाने की सुनियोजित कोशिश शुरू की जाए। इस बीच हमारे एकमात्र पुत्र भुवन ऋभु का जन्म 25 जुलाई, 1979 को दोपहर करीब 12 बजे हुआ था। भुवन के जन्म से कुछ पहले ही मैं दिल्ली अपने मायके चली गई थी। विदिशा में प्रवास के दौरान मैंने उनके बचपन, स्कूल और कॉलेज के दौरान समाज के कमजोर वर्गों की मदद और भेदभाव-शोषण को खत्म करने की उनकी कोशिशों को नज़दीक से समझा, मगर किसी से कभी भी यह नहीं सुना कि कभी भी बालक,

किशोर या युवा के रूप में उन्होंने किसी को भी सताया, परेशान किया अथवा नुकसान पहुंचाया हो।

उनके बचपन का कोई फोटो मेरे पास नहीं है। वैसे भी एक ईमानदार और अत्यंत संघर्षशील परिवार के बच्चों की स्मृतियां फोटो अलबमों में नहीं मिलती। घर में बहुत मुश्किल से, मेरे स्वर्गीय ससुर रामप्रसाद शर्मा का एक फोटो था, जिसे किसी मित्र को ठीक कराने को दिया गया था और उनसे कहीं खो गया। पुराने जमाने में लोग घरों में कैमरा नहीं रखते थे, इसलिए मेरे पति के बचपन के फोटो शायद ही बहुत खोजबीन से कहीं मिलें।

डॉ. राम मनोहर लोहिया के विचारों से प्रभावित होकर उन्होंने सन् 1971 में विदिशा में युवा शाखा समाजवादी युवाजन सभा का गठन किया, जिसके वे जिला महामंत्री थे। समाजवादी पार्टी से सांसद बने चौधरी मुनव्वर सलीम इसी नाते कैलाश सत्यार्थी को अपना राजनीतिक गुरु भी मानते हैं। वह कहते हैं कि 1975 से 80 तक हमने पहचान बनाने के लिए बहुत संघर्ष किया। इसके बाद कैलाश सत्यार्थी दिल्ली चले गए।

5

बाल दासता मुक्ति की जिद

विदिशा में ही लाल परेड क्षेत्र के निकट वरुण वीथि कॉलोनी में रहनेवाले जीव विज्ञान प्रवक्ता डॉ. डी. के. शर्मा, कैलाश सत्यार्थी के भतीजे हैं। उनके अनुसार, आरम्भ से ही गांधी, राममनोहर लोहिया व जयप्रकाश नारायण से प्रभावित होने के कारण चाचा 1977 में जयप्रकाश नारायण के आंदोलन में सक्रिय रहे। उनको जेपी ने चुनाव लड़ाने की भी सोची थी मगर उनका झुकाव सोशलिस्ट विचारधारा के अपने दोस्तों की मदद की तरफ ज्यादा था और अपने लिए कुछ नहीं चाहते थे। उनकी उम्र भी बहुत कम थी। इसके बाद 1980 में वह दिल्ली में बंधुआ मजदूरी के आंदोलन में स्वामी अग्निवेश के साथ कंधे से कंधा मिलाकर सक्रिय रूप से काम करते थे। इसी दौर में उन्होंने 'संघर्ष जारी रहेगा' नामक एक पत्रिका भी प्रकाशित की। इसके बाद 1980 में देश की राजधानी दिल्ली में पहली बार कैलाश सत्यार्थी ने स्वामी अग्निवेश के साथ कंधे से कंधा मिलाकर सक्रिय रूप से काम करना शुरू किया। बंधुआ मुक्ति आंदोलन के इस संगठन के अध्यक्ष स्वामी अग्निवेश और महामंत्री कैलाश सत्यार्थी हुआ करते थे। इससे पहले दोनों ने मिलकर 1980 में 'संघर्ष जारी रहेगा' नामक एक पत्रिका भी प्रकाशित की।

1980 में उन्हें एक समाजसेवी घूरन महतो ने पलामू के नगरऊटारी में हो रही बंधुआ मजदूरी और बच्चों के शोषण के बारे में जैसे ही बताया, वे अपने साथियों समेत वहां जा पहुंचे। दबंगों ने उलटे उन पर ही हमला कर दिया। उन्होंने कुछ समय बाद पलामू के नगरऊटारी गांव से दिल्ली तक बंधुआ मजदूरी के ख़िलाफ़ पदयात्रा करके दबंगों को जवाब दिया। पूरी दुनिया को पता चल गया कि नगरऊटारी में क्या चल रहा था। शायद यह घटना ही बाद में 'बचपन बचाओ आंदोलन' का आधार बनी।

अस्सी के दशक में ही अपनी जान पर खेलकर, उन्होंने मिर्जापुर और भदोही के कालीन उद्योग से बाल मजदूरों को मुक्त कराना शुरू किया, तो उन्हें पता चला कि अधिकतर बच्चे बिहार के सहरसा, सुपौल, मधेपुरा आदि जिलों के हैं। इसके कारणों की तलाश में उन्होंने इन जिलों का दौरा भी किया। वे बिहार के कई गांवों में गए। उन्होंने राजगीर के एक संस्थान में काम कर रही 11 लड़कियों को मुक्त कराया और एक महीने के अंदर बिना किसी सरकारी मदद के उनके पुनर्वास की व्यवस्था भी की। नवादा जिले के हिसुआ में उनके संगठन ने लगातार काम किया और इस क्षेत्र को अंततः बिहार का पहला बाल मजदूर मुक्त इलाका होने का दर्जा हासिल हुआ।

सुमेधा कैलाश ने अपने पति तथा परिवार की तीन दशक पुरानी संघर्ष यात्रा और पुराने दिनों को याद करते हुए बताया कि 'संघर्ष जारी रहेगा' में प्रकाशनार्थ हमारे पास पूरे देश से रिपोर्ट, समस्याएं और जानकारियां आतीं थीं ।

उन्होंने बताया कि सबसे बड़ा मामला हमारे पास चंडीगढ़ से आया, जिसमें वासल खां नामक एक व्यक्ति ने जानकारी दी थी कि उसकी रिश्ते की एक 14-15 साल की छोटी लड़की और दूसरे कई बच्चों को एक ईंट भट्ठे का ठेकेदार, बंधुआ गुलामों की तरह इस्तेमाल कर रहा है। उन्हें बेचने की तैयारी चल रही है। यह सुनकर उनका खून खौल उठा। वे अपने कुछ साथियों और एक फोटोग्राफर को साथ लेकर ईंट भट्ठे पर पहुंच गए। कारख़ाने में कैद उस लड़की को आज़ाद कराया और भट्ठे के चौकीदार को डरा-धमकाकर सारे बंधुआ मजदूरों को ट्रक में बैठा लिया। उसी समय वहां भट्टा मालिक स्थानीय पुलिस के साथ आ धमका। उसने उनके साथियों को अंततः फटकारकर वहां से भगा दिया। इस खींच-तान में उनके लोगों के साथ गए कैमरामैन का कैमरा भी टूट गया, लेकिन किसी तरह पहले से खींची गई तस्वीरों की तीन रीलें बच गयीं। इसके बावजूद कैलाश हिम्मत नहीं हारे। उन्होंने सभी तस्वीरें अखबारों में छपने के लिए दे दी और स्वयं उच्च न्यायालय चले गए। अदालत ने उनकी चिंताओं को समझा और 48 घंटे के भीतर उन बंधुआ मजदूरों को आज़ाद करने का हुक्म दिया।

उनकी पत्नी के अनुसार, 'आरम्भ में उनका सारा ध्यान बंधुआ मुक्ति अभियान पर था, लेकिन चंडीगढ़ वाली घटना के बाद, उनके मन में बाल दासता से सुनियोजित जंग लड़ने की बात घर कर गयी और उन्होंने कुछ साथियों के सहयोग से लम्बे समय तक इसपर काम किया, फिर 1986 तक वह बचपन बचाओ आंदोलन में कूद गए। इस दौरान उन्होंने बच्चों के

लिए काफी संघर्ष भी किया और होटल, ईंट-भट्ठे, पटाखे सहित कांच की फैक्ट्री आदि में काम करने वाले बच्चों को छुड़ाकर उनके परिवारों से मिलाने के लिए संघर्षरत रहे। इस दौरान उन पर कई जानलेवा हमले भी हुए। स्थिति यह थी कि वह नाम बदलकर काम कर रहे थे, भेस बदल कर काम कर रहे थे। कई बार तो मैं सोचती थी कि वे वापस भी आएंगे या नहीं? पांच साल के भीतर ही उन पर सात बार हमले हो चुके थे। बाल दासता माफिया उनके प्राणों का प्यासा बना हुआ था लेकिन अपार जन सहयोग के बूते वह थके या रुके नहीं। उनका यह अभियान आग की तरह पूरे देशभर में फैला।'

'बचपन बचाओ आन्दोलन' बाल दासता, मानव तस्करी और बंधुआ मजदूरी जैसे संवेदनशील मुद्दों को लेकर शुरू हुआ भारत का पहला संगठन था, जिसने समाज का ध्यान विकासशील देशों में विकराल रूप से व्याप्त बाल दासता की ओर खींचा और बंधुआ ज़िंदगी जी रहे बच्चों को बचाकर सामान्य तथा स्वस्थ जीवन देने की शुरुआत की। इसकी कामयाबी के तीन साल के भीतर ही विभिन्न उद्योगों में पिस रहे बच्चों को आजाद कराने और साउथ एशियन कोलिशन अर्थात् ऑन चाइल्ड सर्वीट्यूड(साक्स) के गठन की भूमिका निभाई। इसने एक और नई जिम्मेदारी को जन्म दिया कि बाल दासता से मुक्त कराए गए बच्चों को पुनर्वासित कैसे किया जाए?

पूर्वांचल में कई दशकों से बंधुआ मजदूरों की मुक्ति के आंदोलनों के अगुआ रमा शंकर चौरसिया बताते हैं, 'कैलाश जी में असहाय गरीबों के मासूम बच्चों को बचपन जीने, पढ़ने और खेलने की आजादी दिलाने के अपने लक्ष्य को पाने का जबर्दस्त जुनून था। जब दिल्ली में कैलाश जी ने 1980 से 'संघर्ष जारी रहेगा' पत्रिका निकालनी शुरू की तो वही उसके संपादक, लेखक, प्रूफ रीडर, कंपोजीटर और वितरक हुआ करते थे। कम लोग जानते हैं कि जिस वासल खां की बेटी को पंजाब के ईंट-भट्टे से उन्होंने दूसरे मजदूरों के साथ आजाद कराया था, उसे रिहा कराने तक उसकी हालत बिगड़ गयी थी। उसकी मौत के बाद कब्रिस्तान में ही उन्होंने बाल मुक्ति के लिए ही काम करने की कसम खाई थी। इसके एक साल बाद उन्होंने पलामू में बंधुआ मजदूर मुक्ति चौपाल आयोजित की। इस मौके पर हजारों बच्चों के मां-बाप ने बताया कि उन्हें किन हालातों में जीना पड़ रहा है। बाल दासता से कैलाशजी की जंग यहीं से शुरू हुई। हालात इतने

खराब थे कि मिर्जापुर-भदोही कालीन बेल्ट में ही 22 लाख मजदूर काम कर रहे थे। इनमें 2 लाख से अधिक मासूम बच्चे थे, जिनकी उम्र 14 साल से कम थी। इसके बाद उन्होंने अथक परिश्रम करके पत्थर खदानों, कांच के कारखानों, कूड़ा बीननेवालों, ईंट-भट्टा और तमाम कारखानों में बंधुआ मजदूरी करने वाले बच्चों को बचाने का मोर्चा खोल दिया।

ऐसे अनगिनत मासूमों का जीवन संवारा कैलाश सत्यार्थी ने

1990 के दशक में दक्षिण एशिया के कालीन उद्योग में बच्चों की गुलामी के मुद्दे पर उन्होंने एक जबर्दस्त सकारात्मक व रचनात्मक अभियान चलाया। बाल श्रम के संवेदनशील मुद्दे को मानव अधिकार का मुद्दा बनाना और बाल-शिक्षा को मानवाधिकार की परिधि में ले आना उनकी असाधारण समझ तथा कुशल प्रबंधन का ही उदाहरण है ।

न जाने कितने और क्षेत्र हैं, जिनमें कैलाश सत्यार्थी का नाम किसी-न-किसी पहल के कारण पूरे विश्व में सम्मान से लिया जाता है। वे समाजसेवा के इतिहास के शायद अकेले शख्स होंगे, जिन्होंने चुनौतियों को अवसरों में बदल दिया। 1992 में जब उनको यह जानकारी मिली कि भदोही-मिर्ज़ापुर में तमाम कल-कारखानों, ईंट भट्ठों, होटल-ढाबों सहित सभी कालीन कंपनियों द्वारा आठ से चौदह साल के बच्चे-बच्चियों को बंधुआ बनाकर, उनसे 10 से 12 घंटे तक लगातार काम कराया जाता है, तो उन्होंने ताबड़तोड़ छापामारी शुरू कर दी। उनके इस अभियान से खिसियाए फैक्ट्री ठेकेदारों ने अखिल भारतीय कालीन निर्माता संघ के सभागार में उनकी बेरहमी से पिटाई की। लेकिन कैलाश सत्यार्थी कतई हिम्मत नहीं हारे और अपने सहयोगी चौरसिया के साथ मिलकर अपना छापामार अभियान चलाते रहे। उनका यह अभियान समाचार पत्रों की प्रमुख खबरें हुआ करता था। कैलाश सत्यार्थी पर हिंसक हमले से अंतर्राष्ट्रीय

निर्यात-आयात जगत दहल गया और इस घटना के बाद तो अचानक ही 'बचपन बचाओ आंदोलन' को जैसे पंख ही लग गए। पहली बार इस आंदोलन की धमक अमरीका, यूरोप और आस्ट्रेलिया में भी सुनाई दी। नतीजा यह निकला कि भदोही के कालीनों का अमेरिका सहित पूरे यूरोप ने बहिष्कार कर दिया। रातों-रात कालीन माफिया का आतंक, मनमानी और अहंकार आसमान से ज़मीन पर आ गिरा। बहिष्कार के चलते 50 फीसदी से अधिक कारपेट निर्यात घट गया। घटते निर्यात और मिट्टी में मिलती साख से तिलमिलाए कालीन निर्यातकों ने विदेशी संगठनों की मदद लेनी चाही और बीच का रास्ता निकालने की कोशिश की।

इस पूरी घटना को याद करते हुए चौरसिया बताते हैं, 'उन दिनों कालीन उद्योग में बड़े पैमाने पर बंधुआ बाल मजदूरी की सूचना जब कैलाश सत्यार्थी को मिली तो वह उन्हें लेकर भदोही पहुंचे। हम लोग ज्ञानपुर के एक कालीन कारखाने गए, जहां काफी संख्या में बंधुआ बच्चे बताए गए थे। जब सत्यार्थी जी ने कारखाना मालिक को बताया कि 14 साल से कम उम्र के बच्चों से काम लेना अपराध है, तो वह उलटा हम लोगों पर ही बरस पड़ा। ताव में आकर उसने हम पर ही हमला कर दिया।

बाद में जब कैलाश सत्यार्थी ऑल इंडिया कारपेट मैन्युफैक्चरिंग एसोसिएशन सभागार पहुंचे तो वहां चल रही बैठक के सारे कालीन उद्यमी हमारे ख़िलाफ़ हो गए। सत्यार्थी जी समेत हम सबको धक्का मारकर बाहर कर दिया गया। फिर भी वे निराश नहीं हुए और बचपन बचाओ आन्दोलन जारी रखा। इस दौरान वह कहीं अपने सहयोगियों तो कहीं जिला प्रशासन की मदद से बंधुआ बच्चों को एक-न-एक कालीन कारख़ाने से मुक्त कराते रहे।

कालीन जगत में बाल बंधुआ मजदूरी की शिकायतों पर उन्होंने 1993 में जगदीशपुर स्थित एक कालीन कारखाने में तत्कालीन तहसीलदार के साथ छापेमारी कर गढ़वा (बिहार) व सोनभद्र (मध्य प्रदेश) के 62 बाल श्रमिकों को मुक्त कराया। इसके बाद 1996 में ऊंज स्थित एक कारखाने पर छापेमारी कर बिहार के 25 व 1997 में पूरे विश्वनाथ गांव स्थित कारखाने से सात बाल श्रमिकों को मुक्त कराया।

'बचपन बचाओ आंदोलन' में अपने छात्र जीवन में सहभागिता करने वाले बड़ौत निवासी डॉ. अनुराग मित्तल बताते हैं कि इस दौरान ही कैलाश सत्यार्थी की देखरेख में मिर्जापुर-भदोही का कालीन उद्योग हो या

फिरोजाबाद का कांच उद्योग या फिर शिवाकाशी में पटाखा उद्योग, इन सभी उद्योगों को बाल श्रम मुक्त कराने में 'बचपन बचाओ आंदोलन' की खासी भूमिका रही।

चौरसिया का दावा है कि 1994 से 1999 के बीच ही कैलाश सत्यार्थी की छापेमार कार्रवाई में ही समूचे पूर्वांचल के कल-कारखानों, कालीन उद्योग और होटल-ढाबों से तकरीबन दस हजार से अधिक बंधुआ बच्चों को मुक्त कराया गया था। उनकी ताबड़तोड छापामारी से कालीन निर्यातकों में हड़कंप मच गया था। कालीन निर्यातक जहां कहीं भी सत्यार्थी का नाम सुनते, उन्हें मारने के लिए दौड़ पड़ते थे।

निर्यातकों के भारी विरोध के बाद भी वह अपने आंदोलन में जुटे रहे। बात खरीददार देशों अमेरिका तथा यूरोप तक पहुंच गई। बाल बधुंआ मजदूरी वहां के मीडिया एवं पत्रिकाओं की सुर्खियां बन गई। हालात यहां तक पहुंच गए कि खरीदारों ने कालीन खरीदने से मना कर दिया। निर्यात दर में लगातार गिरावट के बाद निर्यातकों में हाहाकार मच गया। सरकार के तमाम प्रयास के बाद भी कुछ न हो सका। बाद में कैलाश सत्यार्थी ने 'रगमार्क' की स्थापना कराई। शर्त रखा गया कि अब वही कालीन इक्सपोर्ट होगा, जिस पर 'रगमार्क' का लेबल लगा रहेगा। इस लेबल का मतलब होता है कि यह कालीन बच्चों के हाथ से नहीं बनी है।

इस मौके पर विदेशी निर्यातकों और कई देशों की सरकारों की पहल पर भारत से कालीन मंगाने वाले लोगों ने यह रास्ता निकाला कि यदि किसी तरह से यह प्रमाणित हो जाए कि हिन्दुस्तानी कालीनों-दरियों तथा दस्तकारी के सामान में बच्चों से दासता नहीं कराई जाती, तो आयात पर प्रतिबन्ध हटा लिया जाए।

इस परिस्थिति ने कैलाश सत्यार्थी को ही इन्साफ करने का मौका दिया, क्योंकि उनका मकसद भारतीय कालीन उद्योग को खत्म करना नहीं,

कालीन निर्माण में लगे बच्चे

बल्कि बच्चों को दासता से बचाना था। उन्होंने बाल अधिकारों की सुरक्षा के लिए यूरोप, भारत के मानवाधिकार संगठनों, यूनिसेफ-इंडिया और भारत-जर्मन निर्यात प्रोत्साहन परिषद् से सलाह करके एक ऐसे कार्यक्रम का विकास किया, जिसका मूल उद्देश्य आयातक देशों को यह भरोसा दिलाना था कि उनके द्वारा खरीदी गई कालीनें बनाने के दौरान किसी भी रूप में बच्चों का शोषण नहीं किया गया है। यह कार्यक्रम 1994 के अंत में भारत में शुरू हुआ और दो साल के भीतर नेपाल तक फैल गया। इसके बाद जर्मनी, नेपाल, भारत और अमरीकी विचार-विमर्श का नतीजा 'रगमार्क इंटरनेशनल' के रूप में सामने आया। मई 1998 में बाल-श्रम को दस्तकारी उद्योग से समाप्त करने के उद्देश्य से एक स्वयंसेवी संस्था के रूप में रगमार्क अंतर्राष्ट्रीय का जन्म हुआ, जिसे 2009 से 'गुडवीव' के नाम से जाना जाता है।

कैलाश सत्यार्थी की विश्वसनीयता का यह आलम था कि दुनियाभर के कालीन खरीददार बिना 'गुडवीव' चिन्ह लगी कालीन लेते ही नहीं हैं। इन सब अभियानों से काफी हद तक कालीन उद्योग से बाल मजदूरी खत्म हो गयी, लेकिन शायद इक्का-दुक्का मामलों में चोरी-छिपे आज भी शायद कुछ कालीन निर्यातकों के कारखानों में बाल मजदूरी कराई जा रही होगी।

बाल मजदूरी की समाप्ति के लिए लोक जागरण व जन आंदोलनों के साथ ही मजबूत कानून व सरकारी योजनाओं की मांगों को लेकर उनके नेतृत्व में अनेक यात्राएं की गई। बाल दासता के बारे में पूरी दुनिया को आगाह करने के लिए सबसे पहले उन्होंने 'बचपन बचाओ आंदोलन' के अंतर्गत 1993 में कालीन उद्योगों में बाल मजदूरी के खिलाफ नगर उटारी (बिहार) से दिल्ली के बीच करीब 2000 किलोमीटर लम्बी पद यात्रा का आयोजन किया। इसके फौरन बाद ही उन्होंने 1994 में कन्याकुमारी से दिल्ली तक की यात्रा की। फिर 1995 में उन्होंने कलकत्ता से काठमांडू तक की यात्रा की। 1996 में पूरी दिल्ली में बाल श्रम जागरूकता यात्रा आयोजित की।

1998 में उन्होंने बाल दासता, शोषण और बंधुआ बाल-श्रम मुक्त विश्व के लिए 103 देशों से होकर गुज़रने वाले तकरीबन 80 हजार किलोमीटर लम्बे वैश्विक मार्च (ग्लोबल मार्च अगेंस्ट चाइल्ड लेबर) का आयोजन किया। इस मार्च में दुनिया के तमाम देशों के राजनेताओं और

संगठनों ने भाग लिया और संसार भर में मीडिया ने इस मार्च की जमकर सराहना की। जनवरी से जून तक चलने वाली 80 हजार किलोमीटर की इस यात्रा में अमेरिकी राष्ट्रपति बिल क्लिंटन, ब्रिटिश प्रधानमंत्री टोनी ब्लेयर, फ्रांस के राष्ट्रपति शेराक, भारत के राष्ट्रपति के. आर. नारायणन सहित 70 से अधिक देशों के राष्ट्रपतियों, प्रधानमंत्रियों, राजा-रानियों आदि ने भी भाग लिया। कुल 72 लाख से अधिक बच्चे, महिलाएं और पुरुष इसमें शामिल हुए। एक साल बाद ही अंतर्राष्ट्रीय श्रम संगठन ने बच्चों को जोखिम और शोषण वाले काम से बचाने का कानून भी अंगीकार कर लिया ।

उल्लेखनीय है कि 1999 तक बच्चों की गुलामी और खतरनाक हालातों की बाल मजदूरी को रोकने के लिए संसार में कोई अंतर्राष्ट्रीय कानून नहीं बना था। ऐसे किसी कानून की मांग उठाने वाले पहले व्यक्ति सिर्फ कैलाश सत्यार्थी ही थे। उन्होंने व्यर्थ लिखा-पढ़ी के बजाय एक असाधारण ऐतिहासिक पहल की, जो हमेशा विश्व जन आंदोलन के इतिहास की सबसे प्रभावशाली घटनाओं में गिनी जाएगी।

2001 में बाल मित्र ग्रामों की अनोखी परिकल्पना ने कैलाश सत्यार्थी को एक नयी अंतर्राष्ट्रीय पहचान दी। इस मॉडल की खासियत यह थी कि बाल मजदूरी प्रभावित ग्रामों में वे बच्चों की पंचायत गठित करके बच्चों को ही उनके मामलों में नेतृत्व करने का मौका देते थे। 2006 में कैलाश सत्यार्थी ने मुक्ति-कारवां की स्थापना की। पहियों पर बाल-मुक्ति का यह प्रयोग भी बेमिसाल था। इसमें बाल मजदूरी से छुड़ाए गए और प्रशिक्षित किए गए बच्चों से ही लोक कलाओं तथा नुक्कड़ नाटक के ज़रिये समाज को बाल-मजदूरी के विरुद्ध आगाह किया जाता था। 2007 में बाल व्यापार विरोधी दक्षिण एशियाई यात्रा के ज़रिये, शिक्षा को मौलिक अधिकार बनाने में भी उनका बहुत बड़ा योगदान रहा है।

कैलाश सत्यार्थी के अथक प्रयासों की बदौलत ही अंतर्राष्ट्रीय स्तर के साथ ही भारत में भी बाल-श्रम, बाल-दासता, बाल-शोषण और बाल-तस्करी जैसे खतरनाक मुद्दों पर अस्तित्वमान बाल श्रम कानूनों में विभिन्न कठोर संशोधन तथा प्रावधान किए गए।

उनकी पहल के पूर्व बाल मजदूरी और बाल दासता पर किसी का ध्यान भी नहीं जाता था। ये बुराइयां हमारे समाज में कोई मुद्दा नहीं

थी। न तो सरकार और न ही कोई गैर सरकारी संगठन इस विषय पर काम कर रहा था। कैलाश जी को ही इस बात का श्रेय जाता है कि भारत सहित विश्व के 144 से अधिक देशों में स्वयं जा-जाकर; उन्होंने वहां भी बाल दासता को सामाजिक, राजनीतिक व कानूनी मुद्दा बनाया।

कैलाश सत्यार्थी आज विश्वभर में बाल दासता तथा बाल मजदूरी के विरुद्ध संघर्ष के पर्याय हैं। वे बाल दासता विरोधी विश्व आंदोलन 'ग्लोबल कैम्पेन फॉर एजुकेशन' के संस्थापक अध्यक्ष हैं। वे भारत में 'बचपन बचाओ आंदोलन' के प्रणेता भी हैं। ये दोनों संगठन अलग-अलग लगभग 150 देशों में सक्रिय हैं। अब तक वे अत्यंत जोखिम भरी गुप्त छापामार कार्रवाईयों द्वारा लगभग 84 हजार बच्चों को बाल दासता, शोषण तथा बंधुआ जीवन से मुक्त कराके, पुनर्वास से भी लाभान्वित करा चुके हैं। यह तादाद लगातार बढ़ती जा रही है।

उनका जीवन हमेशा खतरों में ही रहा है, क्योंकि दुनिया भर में मासूम बच्चियों और बच्चों की तस्करी व व्यापार करने वाले तथा बच्चों से गुलामी कराने वाले माफिया, उन्हें अपना सबसे बड़ा दुश्मन मानते हैं। उनके प्रयासो के परिणामस्वरूप सर्वोच्च न्यायालय एवं उच्च न्यायालयों द्वारा ऐसे दर्जनों ऐतिहासिक फैसले दिए गए हैं, जिनसे बंधुआ मजदूरी, बच्चों की गुमशुदगी, बाल दुर्व्यापार, बालश्रम के कई घिनौने आयामों एवं शिक्षा का पुनर्वास के महत्त्वपूर्ण मुद्दों को पारिभाषित किया गया है। इन फैसलों से देश के लाखों बच्चों को सीधे तौर पर फायदा पहुंचा है, साथ ही केन्द्र और राज्य सरकारों को व्यापक नीति परिवर्तन करने पड़े।

पहली बार संयुक्त राष्ट्र संघ के आईएलओ अधिवेशन में गैर सरकारी संगठनों, साधारण व्यक्तियों व बच्चों को हिस्सेदारी दी गई। कैलाश सत्यार्थी ने इसके आरंभिक सत्र को संबोधित किया था और विश्व की सभी सरकारों से बाल दासता रोकने हेतु अंतर्राष्ट्रीय कानून की मांग की। एक साल के अंदर ही विश्व भर की सरकारों ने इस कानून पर हस्ताक्षर किए व आज 178 देशों की संसद, अपने यहां पर इसे पारित कर चुकी

दासता को मजबूर बचपन

हैं। दुनिया के करोड़ों बच्चों को इसका लाभ मिला।

वे पहले गैर सरकारी व्यक्ति हैं, जिन्हें सन् 2000 में संयुक्त राष्ट्र महासभा के अधिवेशन को संबोधित करने का मौका मिला। महाधिवेशन के दौरान चलने वाली समानांतर बैठकों और कार्यक्रमों में तो विशेषज्ञ लोग हिस्सा लेते रहे, किंतु महासभा के मुख्य अधिवेशन को सिर्फ प्रधानमंत्री या राष्ट्रपति ही संबोधित कर सकते हैं। 2009 का विशेष सत्र बाल अधि कारों पर केन्द्रित था। इसलिए संयुक्त राष्ट्रसभा ने अपने प्रोटोकॉल में परिवर्तन करके श्री सत्यार्थी को बोलने का अवसर दिया। उन्हें अमेरिका, ब्रिटेन, जर्मनी, इटली आदि देशों की संसदों की विशेष बैठकों को संबोधित करने का भी मौका मिला है। वे बाल मजदूरी और शिक्षा पर संयुक्त राष्ट्र संघ की कई महत्त्वपूर्ण समितियों के सदस्य हैं। उन्हें ऑक्सफोर्ड, हार्वर्ड, प्रिंसटन जैसे अनेकों विश्वविद्यालयों में व्याख्यान देने हेतु आमंत्रित किया जाता रहा है।

बाल दासता को संसार के नक्शे से मिटाने की ज़िद कैलाश सत्यार्थी को यहां तक यूं ही नहीं ले आई। उन्होंने मनसा-वाचा- कर्मणा इस जीवन शैली को अंगीकार किया है। उन्होंने अपनी इस जद्दोज़हद की शुरुआत 1980 में 'संघर्ष जारी रहेगा' पत्रिका से की थी। बाल श्रम-दासता-शोषण मुक्त विश्व में, इस क्रान्ति को लाने को अपना धर्म माननेवाले सत्यार्थी जी ने 'क्रांति-धर्मी' नामक हिंदी पत्रिका, 'वर्कर्स पोलिडरिटी' व 'फ्रीडम नाउ' नामक अंग्रेजी पत्रों का वर्षों तक संपादन किया है।

6 

विवादों का दौर

जैसे ही कैलाश सत्यार्थी को शान्ति का नोबेल पुरस्कार दिए जाने की घोषणा हुई, एक साथ बहुत से लोगों को मिर्ची लग गई। जिस शख़्स को हिन्दुस्तान में मीडिया और सियासत ने बमुश्किल तवज्ज़ो दी होगी, वह विश्व के सर्वोच्च अंतर्राष्ट्रीय सम्मान का हकदार माना गया था। 17 साल की पाकिस्तानी लड़की मलाला को 60 साल के कैलाश सत्यार्थी के बराबर आंका गया, इस पर किसी ने कोई ऐतराज नहीं जताया। दूसरी ओर कैलाश सत्यार्थी को नोबेल दिए जाने पर सोशल मीडिया पर टिप्पणियां करके और ईमेल, फैक्स तथा पत्र भेज-भेजकर लोगों ने ओस्लो स्थित नार्वेजियन नोबेल पुरस्कार कमेटी की नाक में दम कर दिया। कई लोगों ने तो अनेक जगहों पर शांतिपूर्ण प्रदर्शन तक कर डाले।

नोबेल समिति की पुनर्विचार बैठक के अध्यक्ष थोर्बजोर्न जग्लैंड ने अपना निर्णय सुनाते हुए कहा, 'आतंकवाद और हिंसा की धारा में बहने से बेहतर है कि बच्चों को स्कूल जाने दिया जाए और ये काम दोनों ही देशों में ऐसे ही लोग कर सकते हैं। खासतौर से तनावग्रस्त क्षेत्रों में अगर बच्चे भटक जाएं तो हिंसा की आग में पीढ़ियां-दर-पीढ़ियां तबाह हो जाती हैं।'

सवाल पैदा होता है कि जिस नोबेल विजेता का सम्मान करते हुए देश के प्रधानमंत्री नरेंद्र मोदी ने खुद को गौरवान्वित बताया, उसे लेकर भारत में विरोधाभास और विवाद क्यों उपजे? विरोध और समर्थन वाले अलग-अलग दलीलें दे रहे थे।

पहला तर्क- सत्यार्थी और उनके बाल श्रम, शोषण और दासता मुक्ति सम्बन्धी अभियान वस्तुतः भारतीय दस्तकारी उद्योग को समाप्त करने की साजिश करनेवाले पश्चिमी देशों के दबाव समूह की कठपुतली हैं। कुछ

आलोचकों के मन में संदेह था कि सत्यार्थी ने विकसित देशों से फंडिंग पाने के लिए भारत में बालश्रम की समस्या को बढ़ा-चढ़ाकर पेश किया। इस बिंदु पर तमाम आलोचकों के स्वर भी एक जैसे ही थे, जैसे दक्षिण णपंथी न्यूज साइट 'नीति सेंट्रल' के संक्रात सानू ने कहा, 'मैं इसे क्रूर नग्नता कहता हूं। ...यह पश्चिम के लोगों द्वारा अहसान लादने जैसा है।' सेंटर फॉर द स्टडी ऑफ डेवलपमेंट सोसायटीज़ की प्रोफेसर मधु किश्वर का मानना था कि भारतीयों को नोबल जैसा पुरस्कार तभी मिलता है, जब वे अमेरिकी या यूरोपीय एनजीओ की सहायता प्राप्त कृतज्ञता सूची में शामिल हों। उन्होंने ग्लोबल पोस्ट से वार्ता में कहा कि 'ऐसे सम्मानों को पाने और विश्वचर्चित होने या लक्ष्य साधने का आसान तरीका है कि फोर्ड फाउंडेशन से वित्तीय सहायता पाने वाले की सूची में शामिल हो जाए।' हालांकि फोर्ड फांउडेशन ने इस पर कोई त्वरित प्रतिक्रिया दी ही नहीं। उन्होंने कहा कि यदि वे मिशनरी एजेंसियां तथा चर्च द्वारा समर्पित एवं प्रोत्साहित इकाईयां हो। ऐसे लोग भारत की छवि को ऐसे देश के रूप में पेश करते हैं, जिसे अभी भी सभ्य होने की ज़रूरत है। ये गैर-सरकारी संगठन इन्हीं तथाकथित सभ्य मिशनों को आगे बढ़ाते हैं, जो 1947 तक ब्रिटिश साम्राज्य पूरा नहीं कर सका था। अधि कतर एनजीओ, विशेषकर सहायता प्राप्त एनजीओ बहुत ही भ्रष्ट संस्थान बन गए हैं।

यूनेस्को में खुशी का महौल

बाल दासता के खिलाफ संघर्ष का दौर

कुछ लोगों को सत्यार्थी और उनके संगठन द्वारा बाल दासता मुक्ति का श्रेय लेने पर आक्रोश और संदेह था। इस बारे में एक पत्रकार मेघा बाहरी ने कहा कि सत्यार्थी के 'बचपन बचाओ आंदोलन' संगठन के एक सहकर्मी ने उन्हें सम्बन्धित कहानी देने के लिए उनके सामने फर्जी बाल श्रमिकों को पेश करने की कोशिश की। भारत के ही एक पुराने तथा प्रतिष्ठित समाचारपत्र पायनियर के संपादक, अमिताभ शुक्ला ने दावा किया कि 1990 के अंतिम दौर में प्रेस कांफ्रेंस में, जिन दो बाल श्रमिकों को छुड़ाने का दावा पेश किया गया था, उन्हें मीडिया को अपनी कहानी सुनाने के लिए जबरन सिखाया गया था। नीति सेंट्रल के सानू ने पूछा, 'लोग पूछ रहे हैं कि अब तक कितने बच्चों को छुड़ाया गया है और कितनों को कई बार गिना गया है?' ...यहां ऐसे बच्चों को बार-बार गिनने का खास सवाल है। बच्चों को एक बार छुड़ाया गया। फिर उनको बेसहारा निराश्रय छोड़ दिया और वे बच्चे वापस उसी दुनिया में लौट गए, जिससे फिर उन्हीं बच्चों को कुछ सप्ताह बाद दोबारा छुड़ाया जा सके।

कुछ को इस बात पर नाराज़गी थी कि नोबेल समिति ने भारत की समस्याओं को पाकिस्तान से जोड़ा। ब्रिटेन के सबसे बड़े उपनिवेश अविभाजित भारत के 1947 में भारत और पाकिस्तान के विभाजन के

बाद ये दोनों ही देश अब तक तीन बड़े युद्धों में आमने-सामने आ चुके हैं। भारत की उत्तरी सीमा पर कश्मीर को विभाजित करने वाली नियंत्रण रेखा पर उत्पन्न तनाव का लाभ उठाते हुए नोबेल समिति ने इन दोनों संघर्षरत पड़ोसी देशों को दुनिया के सामने रखा। नोबल समिति ने अपनी घोषणा में कहा था, 'नोबेल समिति एक हिन्दू और एक मुसलमान, एक भारतीय और एक पाकिस्तानी के लिए इसे महत्त्वपूर्ण समझती है कि वे शिक्षा और आतंकवाद के विरुद्ध एक साझा लड़ाई लड़ें।'

विश्व विख्यात नोबल मेडल

इससे भारत में इन दोनों मुद्दों को पूरी तरह अलग मानने वाले लोगों में गुस्सा बढ़ गया। ऐसे वातावरण में ही मधु किश्वर ने पूछा, 'क्या 2009 में नोबेल शांति पुरस्कार की घोषणा करते हुए उन्होंने ओबामा को ईसाई कहकर बुलाया था? तो अब इस सम्मान में हिंदुत्व और इस्लाम कहां से आ गया?' स्वयं सत्यार्थी हिंदू धर्म का पालन नहीं करते तो फिर एक नकारात्मक छवि को उजागर करने के लिए धर्म को क्यों बीच में लाया गया? बालश्रम का धर्म से कोई सम्बन्ध नहीं है। वास्तव में भारत में बालश्रम की जो तसवीर विश्व में पेश की गई है, वह ईसाई मिशनरियों की मिथ्या धारणा है।'

कुछ आलोचकों का मानना था कि पश्चिमी देशों में भारत में बालश्रम के मुद्दे को गलत रूप में पेश किया गया है और सत्यार्थी के अभियान ने भारतीय अर्थव्यवस्था को क्षति पहुंचाई है। नोबेल समिति के आलोचक भी मानते हैं कि भारत में बालश्रम एक बड़ी समस्या है, किंतु वे कहते हैं कि समस्या को बताने और वास्तविकता में काफी अंतर है। सत्यार्थी ने 'रगमार्क' नामक एक अभियान चलाया था, जिसे बालश्रमिकों द्वारा बनाए गए कालीनों के अंतर्राष्ट्रीय स्तर पर बहिष्कार के लिए चलाया गया था। किश्वर का कहना था, 'यदि बच्चे स्कूल से घर आकर अपने पिता के साथ कालीन बुनाई में हाथ बंटाते हैं और हुनर सीखते हैं तो मुझे इसमें कुछ भी गलत नहीं लगता। किसानों के बच्चे भी तो कम उम्र में ही

खेती-किसानी में अपने परिवार की मदद करने लगते हैं। क्या वह बाल श्रम नहीं है? भारतीय उद्योगों का बायकॉट करना इसका कोई हल नहीं है।'

कुछ लोगों ने माना कि इस सम्मान ने कुछ मध्यवर्गीय भारतीय परिवारों के उस दिखावे को उजागर किया है, जो बच्चों को घरेलू नौकरों के रूप में रखते हैं। यूनिसेफ द्वारा 2001 में की गई जनगणना के अनुसार भारत में उस वर्ष 1,80,000 से ज्यादा बच्चे घरेलू नौकर के रूप में काम करते थे। कुछ टिप्पणीकारों को आशा है कि यह सम्मान बच्चों को नौकरों के तौर पर रखने की प्रवृत्ति को रोकने के लिए, कदम उठाने के लिए भारत सरकार को प्रेरित करेगा। अंतर्राष्ट्रीय श्रम संगठन कहता है कि पूर्णकालिक काम करने से पहले बच्चे की आयु कम-से-कम 15 वर्ष अवश्य होनी

बालश्रम के खिलाफ ग्लोबल मार्च

चाहिए। हिन्दुस्तान टाइम्स में शिवानी सिंह ने लिखा था- कई समृद्ध भारतीयों का मानना है कि 10 वर्ष से ज्यादा आयु होने पर कोई भी बच्चा नहीं रहता। उनका कहना है कि अल्पायु वाले बच्चे को घरेलू कामों में लगाना, उनका कल्याण करना नहीं है, जैसा कि हम में से अधिकतर ऐसा समझते हैं।

नार्वे की नोबेल समिति ने पूर्व में अनेक ऐसे लोगों को भी यह पुरस्कार दिया है, जिससे उसकी काफी आलोचना भी हुई और समिति की

कैलाश सत्यार्थी अपनी पत्नी सुमेधा के साथ

चयन प्रक्रिया पर उंगलियां भी उठी, किंतु इस बार ऐसा लगा कि समिति ने ऐसे लोगों को नोबेल शांति पुरस्कार देने का इरादा त्याग दिया है। शिक्षा और इंसानियत की सेवा के पैरोकार कैलाश सत्यार्थी और मलाला यूसुफ़ज़ई को शांति पुरस्कार दिया जाना ज्यादातर लोगों की निगाह में एक सही निर्णय था। जो लोग इस पुरस्कार की घोषणा पर आनंदित थे, वे कैलाश सत्यार्थी को जानते तक नहीं थे। सोशल मीडिया पर बहस छिड़ी हुई थी कि आखिर 17 साल की एक बच्ची को क्यों नहीं नोबेल पुरस्कार मिलना चाहिए और कैलाश सत्यार्थी में ऐसी कौन-सी खामी है, जो उनको मिले सम्मान पर किसी को भी ऐतराज़ हो। आम युवा कह रहा था- सत्यार्थी जैसे लोग हमेशा अच्छाई के पक्ष में खड़े रहते हैं, तो उनको सम्मान मिलना राष्ट्रीय गौरव बढ़ाने जैसा है, हालांकि दोनों ही दो ऐसे देशों के बाशिंदे हैं, जिनकी सीमा बेवजह हुए कई रक्तरंजित संघर्षों की गवाह रही हैं। इस इतिहास से बेपरवाह दोनों ने अपना-अपना काम तो शानदार तरीके से किया, अब इसे तौलना कैसा?

वस्तुत: कैलाश सत्यार्थी को नोबेल पुरस्कार मिलना भले ही बहुतों के लिए अनापेक्षित था, मगर यह भी हकीकत है कि उनका नाम अनेक वर्षों से इस पुरस्कार के लिए नामित किया जाता रहा था। न केवल विश्व में बल्कि भारत में ही वह असंख्य लोगों के लिए गुमनाम हस्ती थे। नोबेल

की घोषणा के साथ ही लोग उनके बारे में जानने को बेताब हो उठे। कुछ तो खुशी से, तो कुछ उनकी कमियां तलाशने के लिए, लेकिन देश के लिए यह वास्तव में गौरवपूर्ण उपलब्धि थी कि कोई व्यक्ति भारत में जन्मे और भारत में ही रहते हुए भारत के लिए नोबेल सम्मान प्राप्त करे। इससे पहले के ज्यादातर नोबेल सम्मान उन भारतीयों को मिले थे, जो भारत में रहते ही नहीं थे।

बारह वर्ष पूर्व बाल श्रम के विरोध में अभियान चलाने के लिए सत्यार्थी को जर्मन और अमरीकी संगठनों ने भी वित्तीय सहायता प्रदान की थी, ठीक वैसे ही जैसे अन्य संगठनों को दी जाती है। यह संकेत था कि अपनी धुन के धनी सत्यार्थी की संघर्ष गाथा वैश्विक संगठनों के कानों में पहुंच चुकी थी और उनकी काबिलियत के कारण ही उन्होंने खुले दिल से सत्यार्थी को सहयोग दिया। सत्यार्थी पर हर समय आलोचनात्मक दृष्टि लगाए लोग इस उपलब्धि को पचा नहीं पाए कि उन्हें विदेशी संगठनों से सहायता और सहयोग मिले। उल्लेखनीय है कि मिशनरी ऑफ चैरिटी की मुखिया और नोबल शांति पुरस्कार प्राप्त मदर टेरेसा को भी विदेशी एजेंसियां वित्तीय सहायता प्रदान करती थीं, लेकिन उनकी ओर किसी ने उंगली नहीं उठाई। यह एक सत्य ही है कि आलोचक सहयोग नहीं करते, केवल आलोचना किया करते हैं। मदर टेरेसा की तरह ही सत्यार्थी पर भी ऐसी आलोचनाओं का रत्ती भर भी प्रभाव नहीं पड़ा और वे निरंतर अपने मिशन में लगे रहे।

किसी व्यक्ति, संस्था, क्षेत्र, प्रदेश या देश को विदेशी सहायता प्राप्त होना कोई नया विषय नहीं है। वर्षों से विभिन्न विदेशी संस्थाएं और सरकारें अल्प विकसित, अविकसित देशों को विभिन्न कारणों से वित्तीय सहायता देती रही हैं। अब तो सरकार द्वारा भी रक्षा सहित विभिन्न क्षेत्रों तक में सीधे विदेशी निवेश का खुलकर समर्थन किया जा रहा है, तो ऐसे में गैर सरकारी संस्थाओं को मदद मिलने पर कैसा ऐतराज़? सत्यार्थी के सतत् संघर्ष का ही परिणाम है कि वे देश में विदेशी सम्मान से सर्वाधिक सम्मानित संभवतः एकमात्र व्यक्ति होंगे, जो नोबल विजेता भी बन गए हैं। अंततः आलोचकों ने भी सत्यार्थी को नोबल पुरस्कार मिलने का विरोध त्याग दिया और यह माना कि भारत में बाल श्रम वास्तव में एक गंभीर समस्या है और कारपेट उद्योग में यह कुप्रथा ज्यादा प्रचलित नज़र आती है।

लोग नोबेल समिति पर अकसर लॉबिंग के आरोप भी लगाते रहे हैं कि

पुरस्कार समिति के सदस्य विवादों पर मीडिया को सफाई देते हुए

जो व्यक्ति नार्वे या नोबेल समिति की सदस्यों से किसी प्रकार के संपर्क में रहता है, उन्हें प्रभावित करता है, उसके नाम चयन की संभावनाएं बढ़ जाती है और ऐसा कई मामलों में प्रमाणित भी हुआ है। किंतु सत्यार्थी को मिला नोबल सम्मान उनकी कर्मठता का फल माना गया, क्योंकि नोबेल समिति ने एशिया महाद्वीप के दो पड़ोसी देशों में से एक-एक मानवतावादी को चुना, जिनके देशों के मध्य परस्पर संघर्ष की स्थिति निरंतर बनी रहती हैं। यद्यपि नोबेल समिति की इस टिप्पणी की काफी आलोचना हुई कि '...हमने भारत और पाकिस्तान से, एक मुस्लिम और एक हिंदू को चुना है, जो एक ही उद्देश्य हेतु काम कर रहे हैं...।'

आलोचकों के मुताबिक मलाला और कैलाश सत्यार्थी के नामों ने दुनिया को इसलिए भी अधिक चौंकाया, क्योंकि उनको नोबेल के लिए चुना जाना एक मायने में अल्फ्रेड नोबेल द्वारा निर्धारित मापदंडों से इतर था। दोनों ने ही न तो दो राष्ट्रों के बीच मानवता के लिए कोई श्रेष्ठ कार्य किया और न ही सीमाओं पर खड़ी सेनाओं को पीछे हटवाया था और न ही क्षेत्र में दोतरफा शांति की स्थापना या प्रचार-प्रसार के लिए कोई काम किया था।

नार्वेजियन नोबेल पुरस्कार समिति का इस पर यह मत था कि बालशिक्षा और बालश्रम दोनों ही वैश्विक समस्याएं हैं, जो देशों पर नहीं सीधे विश्वशांति पर प्रभाव डालने का बूता रखती हैं और इस तरह से हर

देश के भविष्य पर दूरगामी प्रभाव डालने में सक्षम हैं।

यह भी दुखद तथ्य है कि जिस इंसान ने लगी लगाई नौकरी छोड़कर भारत के माथे से बाल दासता का कलंक मिटाने की कोशिश की, उसको भारत के किसी नेता, संसद या संगठन ने नोबेल पुरस्कार देने की सिफारिश नहीं की थी, बल्कि यूरोपियन संसद ने संस्तुति की थी। सत्यार्थी को अब तक नौ अंतर्राष्ट्रीय सम्मान मिले हैं लेकिन भारत में एक भी बार कोई बड़ा सम्मान नहीं मिला है। उन्हें अब तक जो भी सम्मान मिले हैं; वे भी अमरीका, इटली, जर्मनी और स्पेन आदि देशों ने ही दिए हैं। भारत ने सत्यार्थी के संघर्ष, उनकी प्रतिभा और उनकी उपलब्धियों की ओर कभी ध्यान नहीं दिया तो उन्हें प्रोत्साहित करने की अपेक्षा हतोत्साहित करना भी दुर्भाग्यपूर्ण है। शर्मनाक है कि पूर्व अमरीकी राष्ट्रपति बिल क्लिंटन जैसी हस्तियाँ उनका सम्मान करने भारत आए, मगर हमारे यहां इस मुद्दे पर बहस ही बंद नहीं हुई।

कई मायनों में अंतर्राष्ट्रीय स्तर पर कैलाश सत्यार्थी को अब तक के तमाम शांति पुरस्कारों को हासिल करने के बराबर ही आंका गया। नार्वेजियन समिति के मुताबिक सत्यार्थी केवल भारत में ही बाल श्रम, बाल दासता, बाल शोषण, बाल तस्करी और बाल-अधिकारों के लिए ही काम नहीं कर रहे हैं, बल्कि वे संसार के कम-से-कम 128 देशों की विविध सामाजिक समस्याओं के समाधान में भी कारगर भूमिका निभाते आए हैं, जैसे अशिक्षा, नारी अधिकार, मानव तस्करी, वेश्यावृत्ति, मादक पदार्थों का व्यापार तथा बाल अपराध आदि।

भारत में कालीन उद्योग को तबाह करने का जो आरोप सत्यार्थी पर लगता रहा है, उसका जवाब मुंबई के नामी जनसंपर्क विशेषज्ञ राजेश जैन यूं देते हैं, 'यदि कैलाश सत्यार्थी द्वारा बाल श्रमिकों द्वारा तैयार कालीनों के बहिष्कार आन्दोलन से भारत का कालीन निर्यात कम हो गया तो यह अपने आप में सबसे बड़ा सबूत था कि सत्यार्थी के आरोप में सच्चाई थी। सत्यार्थी सही थे कि भारत के कालीन उद्योगों में बंधुआ बाल मजदूरों से काम लिया जा रहा था।' वस्तुतः कालीन उद्योगों में बच्चों द्वारा काम न होने का विधिवत प्रमाणन होने की शुरुआत के साथ ही कालीन उद्योग का कारोबार कई गुना बढ़ गया और उसकी प्रतिष्ठा भी निखरी।

7

सवालों का चक्रव्यूह

बालश्रम मुक्त भारत बनाने में कैलाश सत्यार्थी के आज विश्व भर में मशहूर 'बचपन बचाओ आन्दोलन' के बारे में कैलाश सत्यार्थी के साथ असंपादित बातचीत को यहां हूबहू प्रस्तुत किया जा रहा है। इस बातचीत में सत्यार्थीजी ने उन सभी सवालों के जवाब खुद दिए हैं, जो आप जानना चाहते होंगे।

श्री कैलाश सत्यार्थी विश्व के सर्वाधिक प्रसिद्ध और चर्चित बाल-श्रम विरोधी सक्रिय कार्यकर्ता हैं, जिन्होंने इस अपराध के विरुद्ध एक विश्वव्यापी अभियान छेड़ा हुआ है। जिज्ञासु श्रोता और प्रश्नकर्ता पत्रकारों के साथ मुक्त रूप में बातचीत करते हुए श्री सत्यार्थी बाल श्रम के पीछे बनने वाले कारणों, इस समस्या के बारे में फैली हुई भ्रान्तियों पर विशद चर्चा कर यह सुझाते हैं कि कैसे इसको समाप्त करने के लिए ठोस कदम लेकर बच्चों के प्रति ज्यादा दोस्ताना समाज का निर्माण किया जा सकता है। इस सारगर्भित एवं उन्मुक्त वार्तालाप में श्री सत्यार्थी सारे 10 प्रश्नों का पूरे विस्तार से उत्तर देते हैं, जिससे बाल-श्रम को रोकने के लिए कारगर कदम उठाए जा सकें।

प्रश्न 1 : यदि गरीबी से त्रस्त परिवारों के बच्चों को काम करने की अनुमति नहीं दी जाएगी तो वे जी कैसे पाएंगे? उनकी कौन देखभाल करेगा और पालन-पोषण कर पाएगा, क्योंकि उनके अपने मां-बाप तो वयोवृद्ध, बीमार या किसी शारीरिक अक्षमता के शिकार होते हैं।

उत्तर : मैं आपकी चिन्ताओं को समझता हूं। अब आप मुझे इन मुद्दों पर विवरण सहित प्रकाश डालने दीजिए। यह पहले समझ लीजिए कि यदि गरीब बच्चों को बाल-श्रमिक बनने की छूट देंगे तो वह सदैव गरीब,

निरक्षर रहेंगे, जिनको वृद्धि और प्रगति का कोई लाभकारी अवसर मिल ही नहीं पाएगा। फिर ये बालश्रमिक बड़े होकर भी कमजोर एवं असहाय व्यक्ति ही बनेंगे, जो निरक्षरता, बेरोजगारी, गरीबी और शारीरिक बीमारियों के शिकार होने के विषमचक्र से कभी निकल ही नहीं पाएंगे। उनकी आने वाली पीढ़ियां भी ऐसी ही रहेंगी।

दूसरी बात, बाल-श्रमिकों के मां-बाप प्रायः बेकार या बेरोजगार होते हैं। भारत में साढ़े छह करोड़ बेरोजगारों के लगभग 6 करोड़ बाल श्रमिकों के घर हैं। ज्यादातर मालिक लोग वयस्कों के बजाए बच्चों को ही काम पर लेना पसन्द करते हैं, क्योंकि बच्चे सस्ते में काम कर देते हैं, इस महत्त्वपूर्ण तथ्य को अपने संज्ञान में अवश्य लेना चाहिए कि बच्चा वस्तुतः एक वयस्क की एवज में काम करता हैं। इस तथ्य को कई अध्ययनों में बार-बार उभारा गया है। विश्व के अन्य देशों के मुकाबले भारत में उपलब्ध परिदृश्य में कोई फर्क नहीं है। विश्व भर में 21.5 करोड़ बाल-श्रमिक हैं और बीस करोड़ वयस्क अभी भी बेरोजगार हैं। इन आंकड़ों के आलोक में बच्चों के मां-बाप को आपने बच्चों को रोजगार देने के लिए मारे-मारे फिरने के तर्क में कोई औचित्य नहीं हैं।

वयस्कों की बेरोजगारी का आंकड़ा उन क्षेत्रों में खास तौर पर नीचे लुढ़क जाता है, जहां ज्यादा हैं। क्योंकि काम देने वालों को भी सुभीता रहता है बच्चों के रोजगार देने में, इसलिए बच्चे ज्यादा धन भी नहीं चाहते

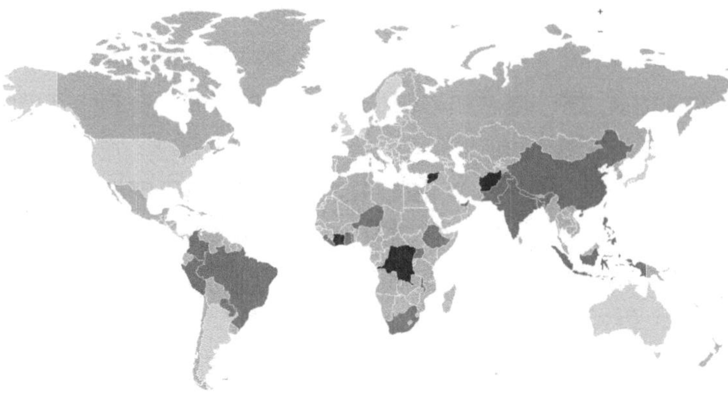

बाल दासता से ग्रस्त क्षेत्र

और प्रायः रहने-खाने के एवज में मुफ्त काम करने को भी तैयार हो जाते हैं। ऐसी हालत में बच्चों के मां-बाप अपने लिए सही रोजगार प्राप्त करने में असमर्थ ही रहते हैं और इस प्रकार गरीबी के विषम चक्र में उलझे ही रह जाते हैं। इस संदर्भ में एक और भ्रांति दूर करना आवश्यक है कि बच्चे काम कर पैसा कमाकर घर भेजते हैं, जिससे घर की आमदनी में सहायक हो सके। कभी-कभी तो बच्चों का ऐसा शोषण होता है कि बच्चा अपना खर्चा भी मुश्किल से निकाल पाता है, मां-बाप को आर्थिक सहायता करना तो दूर की बात है।

यह भी जानना जरूरी है कि आंकड़ों के अनुसार हर 1000 बाल श्रमिकों में 3 बच्चे यतीम होते हैं, इसलिए सभी के लिए यह कहना उचित नहीं है कि बच्चे इसलिए काम करते हैं, क्योंकि उनके मां-बाप जीवित नहीं है। जहां तक इन कुछ यतीम बच्चों का प्रश्न है, क्या हमारे राज्य, सभ्य समाज या धार्मिक संस्थानों की यह जिम्मेदारी नहीं बनती कि उनकी शिक्षा-दीक्षा का ख्याल करें और उन्हें भली प्रकार जीने का मौका दें? यदि ऐसे बच्चों को कम-से-कम यह सहायता भी उपलब्ध नहीं कराई जा सकती तो ऐसे दातव्य संस्थानों और सरकारो का औचित्य ही क्या है? ऐसे बच्चों को जीवन की मूलभूत जरूरत पूरी करने की सुविधाएं देने की गारंटी दी जानी चाहिए और साथ में उनको मौका भी दिया जाना चाहिए कि उन्हें अपने संवैधानिक अधिकारों के उपयोग हेतु पूरी सुविधाएं मिलें, जिनके वह योग्य हों। यहां उल्लेखनीय है कि कई आश्रमों, वृद्धों और गरीबी रेखा के नीचे जीवनयापन करने वालों के लिए कई कल्याण योजनाएं चालू हैं। क्या यह उचित नहीं होगा कि बजाय बाल-श्रम की हिमायत करने के इन चालू योजनाओं के सही कार्यान्वयन के लिए काम किया जाए?

वैसे आपके प्रश्न का उत्तर देते हुए मैं यह कहना चाहता हूं कि मैंने तो अभी तक कोई ऐसा 70 वर्ष का बाप नहीं देखा, जिसके 10 वर्ष का एक लड़का भी हो। वयोवृद्ध मां-बाप के कोई बहुत कम आयु की संतान हो, ऐसी संभावना नहीं के बराबर है। अतः इस स्थिति का साधारणीकरण नहीं किया जा सकता। मैं आपका ध्यान उन खतरों, परेशानियों की तरफ खींचना चाहता हूं, जिनको बाल श्रमिक प्रायः भुगतते रहते हैं। वयस्कों की तुलना में चोट-चपेट खाने की संभावना बच्चों के मामले में ज्यादा होती

है और बच्चे ही व्यावसायिक खतरों के भी जल्दी शिकार हो सकते हैं। लम्बे समय तक धूल, रसायनों, कीड़ा मारक दवाइयों और गर्मी के माहौल में काम करने से वे कई असाध्य रोगों के शिकार हो सकते हैं। खानों और पत्थर निकालने वाली खदानों में काम करने वाले बच्चे भारी वजन ढोने की वजह से प्राय: चोटिल हो जाते हैं, जबकि खेत-खलिहानों में काम करने वाले बच्चे जहरीली भाप और कीड़ा मारक दवाइयों के माहौल में काम करने से कई श्वसन बीमारियों के शिकार हो जाते हैं। मैंने ऐसे कई बच्चों को देखा है, जो बिना किसी जानकार की देखभाल के या सुरक्षा-साधनों के काम करने के फलस्वरूप तीखे औजारों इत्यादि से चोट खाकर जीवन भर को अपंग हो गए थे। मैंने कई बच्चों को बेहद सुदूर एकान्त में लगातार लगभग 24-24 घंटे काम करने से बचाया है। वहां निर्बाध दिनभर 12 से 14 घन्टे काम करना, वह भी बेहद खराब एवं अनियंत्रित हालात में, जिससे उनकी आंखें, गुर्दे, फेफड़े और अन्य नाजुक अंगों पर बेहद बुरा असर पड़ता है। कई बच्चे तो ऐसी बीमारियों के शिकार हो जाते हैं कि बाकी जिन्दगी भर अपनी कुल पूंजी इलाज में ही लगाते रहते हैं। कई बच्चे व्यावसायिक खतरों के शिकार होकर निर्ममता से उनके मालिकों द्वारा बाहर निकाल दिए जाते हैं, जब उन्हें लगता है कि वे किसी काम के नहीं रहे। मालिकों की तिजोरी भरने वाला बच्चा एकाएक तुरन्त ही उनके लिए जीवन भर ढोने वाला भार बन जाता है और इसलिए वे निर्दयी लोग, उन्हें जीवन भर अभिशाप भुगतने के लिए निकाल देते हैं।

कई लोगों का विचार है कि यदि गरीब बच्चा मेहनत कर अपनी भूख और अन्य जरूरतों की पूर्ति के लिए काम करता है, तो इसमें अजब बात क्या है? वह तो अपने घर की सहायता ही कर रहा है- इसमें गलत क्या है? इसके अलावा निरक्षर और गरीब समुदायों का यह भी मानना है कि जितने ज्यादा बच्चे होंगे, उतने ही ज्यादा काम करने वाले हाथ उपलब्ध होंगे। यह समझ प्रच्छन्न रूप से ज्यादा संतानें प्राप्त करने की ललक बढ़ाती है और इस प्रकार गरीबी, भुखमरी और बाल-श्रम की संभावना बढ़ती जाती है।

कई जन-सांख्यकी विश्लेषणों से यह सिद्ध हो चुका है कि आबादी बढ़ने की दर उन क्षेत्रों में कहीं ज्यादा है, जहां बाल-श्रम करवाया जाता है या जहां बच्चों की अवैध्न रूप से अदल-बदल होती है, बनिस्बत अन्य क्षेत्रों के।

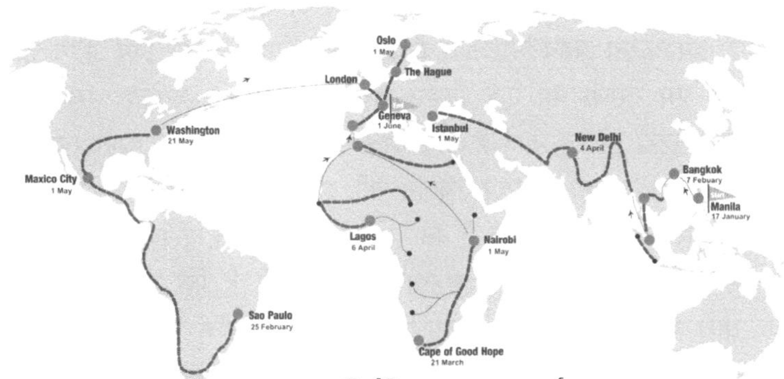

बाल दासता मुक्ति वैश्विक यात्रा 1998 का मार्ग

मैं अब आपको उन पुर्नवास योजनाओं के बारे में बताऊंगा, जो बन्धुआ मजदूरों या बाल-श्रमिकों के हित के लिए केन्द्रीय या प्रान्तीय सरकारों ने चालू की हुई है। इनके अलावा भारत के माननीय सुप्रीम कोर्ट तथा अन्य हाईकोर्टों के कई युगांतकारी फैसले भी हैं, जो बालश्रम के विरुद्ध सुनाए गए थे। बॉन्डेड लेबर सिस्टम (एबोलीशन) एक्ट 1976 (बन्धुआ मजदूर तंत्र के निमूर्लन हित 1976 का बनाया गया कानून) के अनुसार, जो बंधुआ बाल मजदूर इसके अन्तर्गत छुड़ाए गए, वे बीस हजार रुपये के कानूनी मुआवजे के हकदार हैं, जो केन्द्रीय व प्रान्तीय सरकारों द्वारा समान मात्रा में प्रायोजित किए जाते हैं। ऊपर उल्लेखित कार्यों के अतिरिक्त इन बच्चों के मां-बाप को सरकारी नौकरी या कल्याणकारी गृह योजनाओं में काम पाने में तरज़ीह भी दी जाती है। उसके अलावा चाइल्ड लेबर (प्रोहीबिशन एण्ड रेगुलेशन) एक्ट अनुबन्ध करता है कि मालिकों के चंगुल से छुड़ाए गए बाल मजदूरों के मालिकों को प्रति बालक की दर से 20,000 रु. का भुगतान करना होगा। यह दण्ड-राशि उस चाईल्ड वेलफयर फण्ड में जमा कर दी जाएगी, जो इन बच्चों की शिक्षा एवं अन्य जरूरतें पूरी करने के लिए खर्चे करता है या उनको अन्य सहूलियतें देता है। एक सक्रिय सिविल सोसाइटी, यह सुनिश्चित कर सकती है कि बाल कल्याण के लिए बने कानून उचित रूप से इन बच्चों के सर्वाधिक हित की रक्षा कर रहे हैं या नहीं।

प्रश्न 2 : क्या यह संभव है कि हमारे देश मेंगरीबी का उन्मूलन होने तक बाल श्रम पूरी तरह खत्म कर दिया जाए?

उत्तर : वस्तुतः गरीबी और बाल श्रम में अण्डे और चूजे जैसा सम्बन्ध है। यह तय करना बेहद मुश्किल है कि कौन पहले आया और कौन बाद में। बाल श्रम गरीबी का एक विषम-चक्र बना देता है, क्योंकि ऐसे बच्चे बिना पढ़े-लिखे ही रह जाते हैं और अक्षमतापूर्ण वही काम दुहराते रहते हैं, जो भविष्य में उनको रोजगार मिलने की संभावना को क्षारित करते रहते हैं। यहां मेरा यह सुझाव नहीं है कि गरीबी उन्मूलन के लिए प्रयत्न करना ही बन्द कर दिया जाए। मेरा कहना तो मात्र यही है कि दोनों मुद्दों पर एक साथ निशाना साधा जाना चाहिए। गरीबी तब तक नहीं हट सकती, जब तक कि बाल श्रम का सफाया न हो जाए। इसी प्रकार बालश्रम को पूरी तरह खत्म नहीं किया जा सकता, जब तक कि उन बच्चों के मां-बापो की गरीबी दूर न हो जाए।

अब बाल श्रमिकों के भले की बात कर ली जाए। एक बाल श्रमिक केवल 15 रु. प्रतिदिन के हिसाब से भी काम करता है तो 6 करोड़ बाल श्रमिक एक दिन में 90 करोड़ रुपया कमा सकते हैं, जो हमारे देश की कुल आमदनी का एक बटा पांचवां भाग है। लेकिन यदि बच्चे की जगह कोई वयस्क काम करता है तो वह उससे आठ गुना ज्यादा कमाई कर सकता है। एक रोजगाररत वयस्क आसानी से अपने रोज का खर्चा भी चला सकता है और अपने बच्चों को शिक्षा भी दिलवा सकता है। इससे सिर्फ बेरोजगारी और इसके साथ जुड़ी गरीबी ही नहीं घटेगी, इससे उसके बच्चों का भविष्य भी उज्ज्वल होता जाएगा। इसके अलावा इससे समाज में सामाजिक न्याय का बोध भी जागेगा और समानता का भाव भी पैदा होगा। यदि विशद संदर्भ में देखा जाए तो बाल-श्रम और शिक्षा के आपस में जुड़े मुद्दे तब ज्यादा स्पष्ट समझ में आएंगे, जब हम केरल एवम् उत्तर प्रदेश के उदाहरणों को देखें। इन दोनों प्रान्तों में विगत वर्षों में गरीबी का प्रसार-क्षेत्र लगभग एक-सा ही था लेकिन केरल में 100 प्रतिशत साक्षरता दर है तो उत्तर प्रदेश इससे बहुत पीछे रह गया है- इसकी एक तिहाई आबादी अभी भी पढ़ने-लिखने में अक्षम है।

हाल ही में संयुक्त राष्ट्र संघ की एक संस्था, इन्टरनेशनल लेबर ऑर्गेनाइजेशन द्वारा किए गए एक अध्ययन के बाद यह सुझाव है कि आज बाल श्रम को हटाने के लिए खर्चा गया हर रुपया अगले बीस वर्षों में सात रुपयों का लाभ देगा।

प्रश्न 3 : बालश्रम के पीछे मुख्य कारण क्या है?

उत्तर : मेरे विचार में बच्चों के प्रति हमारी विरक्ति और असम्मान का भाव बाल श्रम की हालत पैदा करने के लिए सबसे ज्यादा जिम्मेदार है। हमारा यह बर्ताव कई रूपों में प्रकट होता रहता है, जिसमें शामिल है हमारा उन बच्चों के प्रति सामाजिक प्रतिसाद का निम्नतम स्तर, जो पैदा होता है हमारी गरीब और उपेक्षित बच्चों की तरफ सरोकारों के पूर्ण अभाव से। दूसरा कारण है राजनीतिक इच्छाशक्ति की कमी, जो प्रतिफल है सामाजिक सुरक्षा की योजनाओं के अपर्याप्त रूप में चालू रहने एवं उपलब्ध श्रम-संबंधी कानूनों के कमजोरी से लागू किए जाने के कारण। सरकारें आवश्यक धन राशि का आवंटन ही शिक्षा, स्वास्थ्य एवम् बालश्रम हटाने के लिए नहीं करतीं, जब वे अपना वार्षिक बजट बनाती हैं। तीसरा कारण है ग्रामीण विकास एवम् गरीबी उन्मूलन की योजनाओं का ढीला कार्यान्वयन; यह तय न करना कि वयस्क को कम-से-कम कितना मेहनताना दिया जाए; किसानों को अपनी उपज का सही और उचित मूल्य न दिया जाना तथा मुफ्त और गुणवत्ता पूर्ण शिक्षा का अभाव, जिससे बालश्रम की संभावनाएं बढ़ती हैं। सामाजिक त्रुटियों यथा लिंग-भेद आधारित असमानताएं और जात-पांत संबंधी भेदभाव इस अपराध को और हवा देते हैं। बिना यह सोचे कि बालश्रम कितना नुकसान करता है, हमारा समाज बच्चों को निर्लिप्त भाव से काम में लगाता रहता है। अपनी रोटी-रोजी चलाने के लिए पुश्तैनी खेतों पर काम करते बच्चे खूब दिखाई पड़ते हैं। वयस्कों की जगह बच्चों को काम पर लगाने को तरजीह देने के एक से अधिक कारण हैं जैसे बच्चे बहुत ही कम भत्ते पर काम करने को तैयार हो जाते है, वे अमानवीय हालात में काम करते हुए भी कभी उफ! तक नहीं करते। बच्चे वयस्कों की तरह यूनियनबाजी कर अपने मालिकों पर दबाव भी नहीं डालते। बच्चों को रात को भी नाममात्र के भुगतान या मुफ्त भी, घन्टों काम करने के लिए बाध्य किया जा सकता है। प्राय: यह देखा गया है कि बच्चों को जड़-पदार्थ के रूप में समझा जाता है और अपनी कार्यशालाओं की अमानवीय हालत में ही रहने को मजबूर किया जाता है।

यह भी देखा गया है कि उन क्षेत्रों में जहां प्राकृतिक आपदाएं, यथा बाढ़, अकाल, भूकम्प आते रहते हैं, वहां बच्चों की गैर-कानूनी

इस तरह के दृश्य हर शहर में सरेआम दिखते हैं

अदला-बदली करने वाले सबसे ज्यादा सक्रिय रहते हैं। ऐसे में वे बच्चों का अपहरण कर भीख मांगवाने व शारीरिक धन्धा करवाने वाले गिरोह के हाथों बेच देते हैं।

प्रश्न 4 : यह तो स्पष्ट है कि बाल श्रम के कारणों से निबटना एक मुश्किल काम है। ऐसी हालत में इसको कैसे मिटाया जा सकता है?

उत्तर : यहां मेरा आपसे मतैक्य नहीं है। लगभग एक शताब्दी पूर्व बाल श्रम करीब-करीब हर देश में एक समस्या थी। इन देशों में वे देश भी शामिल हैं, जहां औद्योगिकीकरण हो चुका था-यथा इंग्लैण्ड, नार्वे, स्वीडन, फ्रांस, जर्मनी और जापान। इन देशों ने महसूस किया कि बाल श्रम सामाजिक न्याय को पुनर्स्थापित करने के लिए एक बड़ी अड़चन है - इससे शिक्षा सुनिश्चित करना, उत्पादकता बढ़ाना संभव नहीं हो पाता और आर्थिक स्थायित्व भी कायम नहीं हो पाता। अतः इन देशों ने व्यवस्थित ढंग से इस रुकावट को दूर करने का प्रयत्न शुरू किया। जागरुकता, सामाजिक सुरक्षा, कल्याणकारी योजनाएं शुरू की गईं, कानूनों को सख्त किया गया और शिक्षा में गुणवत्ता बढ़ाई गई। इन प्रयासों से ये देश बाल श्रम मुक्त समाज की तरफ बढ़ने लगे। कुछ अन्य देश यथा तुर्की, ब्राजील, चीन, दक्षिणी अफ्रीका एवम् श्रीलंका ने बाल श्रम मिटाने की दिशा में उल्लेखनीय प्रगति की है। हम लोग भारत में केरल का ही उदाहरण ले सकते हैं, जहां आज लगभग हर बच्चा स्कूल जाता है। इस प्रान्त की यह एक विशिष्ट उपलब्धि है, जो मजबूत राजनीतिक इच्छाशक्ति, सामाजिक जागरुकता तथा सरकार की मुक्त एवं मुफ्त शिक्षा प्रदान करने के जोर का

ही प्रतिफल है। अन्य प्रदेश यथा उत्तरांचल, हिमाचल प्रदेश, तमिलनाडु और गुजरात भी बाल श्रम को मिटाने की दिशा में निरंतर प्रगतिवान हैं। बिहार में भी इस दिशा में सशक्त प्रयास जारी हैं।

एक दिलचस्प तथ्य यह भी है बाल श्रम का प्रसार-क्षेत्र, उन प्रान्तों में तुलनात्मक रूप से अन्य प्रान्तों से काफी कम है, जहां मनरेगा (महात्मा गांधी नेशनल सरल इम्प्लॉयमेन्ट गारंटी एक्ट) सर्व शिक्षा अभियान, मध्य-दिवस भोजन सदृश योजनाएं चालू हैं या जहां ग्रामीण विकास प्रभावी रूप में कार्यान्वित किया जा रहा है। सक्रिय ट्रेड यूनियनवाद भी बाल श्रम को काफी हद तक सीमित रखने में सफल रहा है। अतः वैश्विक परिप्रेक्ष्य में यह समझना महत्त्वपूर्ण है कि उच्च व्यवस्थित सेक्टर और अनौपचारिक अर्थव्यवस्था बाल श्रम के पनपने के प्रमुख क्षेत्र हैं। यदि ईमानदारी से और सामूहिक रूप से प्रगतिशील प्रयास किए जाएं, इस समस्या- बाल श्रम से जूझने के लिए, तो इस अपराध को जड़ से निकाल फेंकना कोई असंभव काम नहीं होगा।

मैं यहां कुछ उदाहरण उद्धृत करना चाहूंगा। कुछ वर्ष पूर्व ब्राजील की सरकार ने एक 'बोल्सा एस्कोला' नामक कल्याण योजना प्रारंभ की थी। बाद में इस योजना का सीमा क्षेत्र और प्रभावी क्षेत्र बढ़ाकर इसे 'बोल्सा फैमिलिया' कहा जाने लगा। 'बोल्सा फैमिलिया' के तीन आधार स्तंभ हैं : कैश ट्रांसफर, साथ में सन्नद्ध शर्तें तथा पूरक क्रियाएं। कैश ट्रांसफर (नकद स्थानान्तरण) से देश की गरीब जनता को तुरन्त राहत मिलती है। आमदनी की असमानताओं के कारण साथ जुड़ी शर्तें आबादी के मूलभूत सामाजिक अधिकार यथा शिक्षा, स्वास्थ्य और सामाजिक सुरक्षा पहुंच को मजबूती प्रदान करती है तथा पूरक प्रोग्रामों का उद्देश्य रहता है परिवारों के विकास में धनात्मक प्रोत्साहन के माध्यम से उनके बच्चों को स्कूल भेजने के लिए तत्पर रखना और यह भी सुनिश्चित करना कि उन बच्चों की सेहत का सही ख्याल रखा जाए, जो एक प्रकार से भविष्य में उनकी गरीबी घटाने का एक तरीका है। असल में मूल उद्देश्य रहता है उस ढर्रे से निजात पाना, जिसमें यदि कोई गरीब परिवार से आता है तो वह लाजिमी तौर पर गरीब ही रहेगा।

इसका सीधा परिणाम यह हुआ कि लगभग 60 लाख बच्चे अपना काम छोड़कर स्कूलों में दाखिला चुके हैं। यह तरीका मैक्सिको, पेरू,

तंजानियां और श्रीलंका में भी अति सफल रहा है। केन्या, तंजानियां और मालावी सदृश देश बच्चों की शिक्षा मुफ्त उपलब्ध कराकर व उसकी गुणवत्ता सुधार कर अपने यहां बाल श्रम की संभावनाओं को काफी हद तक कम करने में सफल रहे हैं।

बांग्ला देश में गरीब बच्चों के खाद्यान्न का वितरण, भारत में सरकारी सहायता द्वारा मध्य-दिवस भोजन की योजनाएं और कन्याओं को दर्जा देकर या साइकिल प्रदान करने जैसे प्रोत्साहनों द्वारा काफी उल्लेखनीय और बेहतर परिणाम प्राप्त हुए हैं। मैं बाल श्रमिक द्वारा उत्पादित माल के प्रति उपभोक्ता की जागरुकता और प्रतिक्रिया के प्रभाव को भी यहां रेखांकित करना चाहूंगा। विकासशील देशों में उपभोक्ता अब ज्यादा जागरूक हो गए हैं और बच्चों द्वारा बनाये माल का बहिष्कार करने में भी गुरेज नहीं करते। इसी प्रकार मीडिया ने भी काफी महत्त्वपूर्ण भूमिका इस दिशा में निभाई है -उन तानाशाही हालातों को दिखाकर जिनमें बच्चों को काम करने के लिए मजबूर होना पड़ता है।

ऐसी वैश्विक आपूर्ति की पूरी एक श्रृंखला कार्यरत है। उपभोक्ता की बढ़ी हुई जागरुकता और मीडिया की सक्रिय दखलंदाजी ने कारपोरेट सेक्टर को यह मानने पर मजबूर कर दिया कि इन आपूर्ति श्रृंखलाओं में, कम-से-कम कुछ मामलों में, मानव अधिकार का उल्लंघन होता है, जिससे उन्होंने कुछ ऐसे 'कोड' बनाए हैं, जो कतिपय अंतर्राष्ट्रीय आपूर्ति करने वालों के लिए मानना मजदूरी बन गया है। यद्यपि बड़ी संख्या में कारपोरेट हाउस पहल नहीं करते यह सुनिश्चित करने में कि इन कोडों का अनुपालन आपूर्ति श्रृंखला के अंतिम बिन्दु तक सही रूप में हो रहा है या नहीं, पर यह भी सत्य है कि इस आपूर्ति श्रृंखला के कुछ हिस्सों की सही निगरानी की जाती है जिससे मानव अधिकार के उल्लंघन करने की बहुत हद तक संभावना ही नहीं रहती। उदाहरण के लिए, लगभग डेढ़ दशक पूर्व बनारस, भदोही, मिर्जापुर के कालीन उद्योगों में लगभग 3 लाख बच्चे काम पर लगाए जाते थे, जिनमें से अधिकतर पास के क्षेत्रों, बिहार और नेपाल से लाए जाते थे। ये बच्चे कालीन बुनने की इकाइयों में बन्धुआ मजदूरों की तरह काम करते थे। बचपन बचाओ आन्दोलन ने एक उपभोक्ता जागरुकता अभियान सम्पूण र्ा विश्व में छेड़ा और एक सामाजिक लेबलिंग तंत्र ईजाद किया, जिसे

'रगमार्क' (अब यह गुडवीव' के नाम से जाना जाता है।) नाम दिया। इस पहल के अंतर्गत हर कालीन पर एक लेबल लगाया जाता था, जो बताता कि यह बालश्रम मुक्त कालीन है। इस प्रयास से एवम् यूनिटों पर धावा बोलने तथा सामाजिक प्रोत्साहनों के कारण इस पट्टी में बाल श्रम करीब 30 प्रतिशत कम हो गया। यह लेबल लगाने की योजना साउथ एशिया में भी कालीन-निर्माण उद्योग में चलाई गई, जहां भारत, नेपाल और पाकिस्तान के लगभग 10 लाख बच्चे इस उद्योग में फंसे थे। परिण ामस्वरूप, 'रगमार्क' के अंतर्गत दक्षिण एशिया में बाल श्रमिकों की संख्या में 70 प्रतिशत की कमी आई है।

एक और अवसर पर स्कूली बच्चों की सहायता से 'बचपन बचाओ आंदोलन' ने बाल श्रम के विरुद्ध एक देशव्यापी अभियान छेड़ा है- पटाखा उद्योग के क्षेत्र में। इसमें कई बच्चे बेहद अमानवीय हालातों में शिवकाशी और विरुदनगर में पटाखा-फैक्ट्रियों में काम करते थे। हमारे इस दखल से बाल श्रमिकों की पटाखा-उद्योग में संख्या काफी घट गई। गैर सरकारी संस्थानों और विश्व-भर के ट्रेड यूनियनों ने मिलकर बाल श्रम को उन्मूलित करने में सक्रिय कदम खास तौर पर ज्ञान, नीति और प्रथाओं के क्षेत्र में उठाए हैं।

प्रश्न न. 5: आपने शिक्षा पर जोर दिया है पर ऐसी शिक्षा का क्या उपयोग, जो बेरोजगारी बढ़ाती हो? यदि गरीब परिवारों के बच्चे अपनी भूख दूर करने के लिए काम कर पैसा कमाना चाहते हैं तो पहली बात, वे पढ़ें ही क्यों?

उत्तर : आपका यह प्रश्न एक गहरी पैठी हुई सामाजिक भ्रांति की उपज है। दुर्भाग्य से इस प्रकार की गलत समझ हमारे समाज में व्याप्त अन्याय का सबसे बड़ा कारण है। हम आराम से नए-नए परिप्रेक्ष्य विकसित करते रहते हैं और समाज के विभिन्न खंडों के लिए दुहरे मापदण्ड इस्तेमाल करते रहते हैं और हम इनको अपनी मर्जी से ऐसे लागू करते हैं कि असमानता एवम् दुभांति को लगातार ईंधन प्राप्त होता रहता है। हम यह समझ नहीं पाते कि हम जो मानक अपने बच्चों के मामलों में इस्तेमाल करते हैं, वही हमें गरीबों के बच्चों के लिए करना चाहिए। यदि आपकी मान्यता है कि शिक्षा बेरोजगारी को बढ़ाती है, तो आप अपने बच्चों की पढ़ाई के लिए इतना धन क्यों खर्च करते हैं? किसी खेल के नियमों में

इतना फर्क नहीं लाया जा सकता कि वह समाज के विभिन्न वर्गों के लिए अलग-अलग नतीजे दे।

यह तो वैश्वीकरण का दौर है, जो सूचना और प्रौद्योगिकी के बल पर फलता-फूलता है। पिछले 25 वर्षों में शिक्षा की अवधारणा में भी पूर्ण परिवर्तन आया है। पहले कहा जाता था 'शिक्षा रोजगार के लिए'-आज का नारा है: 'शिक्षा सशक्तीकरण के लिए' आज के ज्ञान, अर्थ और पूंजीवादी युग में अपनी अस्मिता और अस्तित्व कायम रखने के लिए शिक्षा ही एक महत्त्वपूर्ण औजार है। हमें यह नहीं भूलना चाहिए कि शिक्षा एक अंतर्राष्ट्रीय स्तर पर माना गया मानव अधिकार है। वस्तुत: शिक्षा तो बाकी सब अधिकारों की चाबी है। यदि शिक्षा का निषेध किया जाएगा तो यह सारे मानव अधिकारों के निषेध के समान है।

मैं यहां एक बात और स्पष्ट करना चाहता हूं: हमारे विद्यमान शिक्षा-तंत्र में गुणवत्ता, सामाजिक सरोकार, समता और मानव मूल्यों की प्राय: अनदेखी की जाती है। मैं पूरे जोर से चार आयामों वाले शिक्षा तंत्र की अनुशंसा करता हूं - वह शिक्षा जो मुफ्त हो, जरूरी हो, समाज में समता का भाव पैदा करे, गुणवत्ता पूर्ण एवम् रोजगार देने वाली हो। यदि मेरे इस कथन पर आपको कोई ऐतराज है तो मुझे बताएं।

प्रश्न 6. आपका स्पष्टीकरण आश्वस्तकारी है, पर क्या आप कुछ ठोस उदाहरण दे सकते हैं?

उत्तर: मैं अपनी बात ज्यादा उदाहरण देकर स्पष्ट करने का निश्चित प्रयास करूंगा। उदाहरण के लिए मैं नहीं समझता कि भारत में आर्थिक समृद्धि केवल सरकार या राजनीतिक नेतृत्व से प्राप्त होती है। इसका श्रेय कुछ मुट्ठी-भर विदग्ध भारतीय युवकों को भी जाता है, जिन्होंने औषधि, सॉफ्टवेयर, सूचना-प्रौद्योगिकी एवम् अन्य कई उच्च ज्ञान के क्षेत्रों में अपना उत्कर्ष दिखाकर अपने देश को गौरवान्वित किया है। आज विश्वपटल पर कहीं सार्वभौमिक आर्थिक प्रभाव की चर्चा हो तो वह भारत, चीन, ब्राजील, टर्की, दक्षिण, अफ्रीका और दक्षिण कोरिया के उल्लेख के बिना पूर्ण ही नहीं हो सकती। यह केवल ज्ञान और शिक्षा के कारण ही संभव हो पाया है। मैं आपसे कुछ आर्थिक शोधों के बारे में साझा करना चाहता हूं।

किसी प्राइमरी स्कूल में बिताया एक वर्ष लोगों की कमाई में 5 से 15 प्रतिशत लड़कों के लिए देता है - लड़कियों के लिए तो और

ज्यादा। इसके बाद हर अतिरिक्त साल सेकेण्डरी स्कूल में बिताने पर एक व्यक्ति की आमदनी 15 से 25 प्रतिशत बढ़ जाती है। जब तक कम-से-कम 40 प्रतिशत वयस्क साक्षर न हों, तब तक किसी भी देश की त्वरित आर्थिक वृद्धि लगातार कायम नहीं रह सकती। यदि किसी साक्षर मां के बच्चा पैदा होता है तो उसके जीने की संभावना 50 प्रतिशत बढ़ जाती है और वह 5 वर्ष तक निश्चित जीवित रहेगा। एक अन्य शोध ने यह दिखाया कि यदि हर बच्चे को शिक्षा दी जाए तो एचआईवी एड्स के 70 लाख मामले अगले दशक में बचाए जा सकते हैं। कृषि क्षेत्र में उत्पादकता बढ़ाने के लिए, सुशासन में पारदर्शिता लाने के लिए, सामूहिक विकास के लिए, सक्रिय जनता सहयोग को प्राप्त और कायम रखने के लिए और प्रभावी जनतंत्र के लिए शिक्षा अपरिहार्य है।

प्रश्न 7. कैलाश जी, अब मैं चर्चा का विषय बदलना चाहता हूं। भारत एक धर्म निरपेक्ष देश है। सारे धर्मों, मतों, संप्रदायों आदि के धार्मिक साधु-मंत्र, मंदिर, मस्जिद, गुरुद्वारों, चर्चों के प्रांगणों में अपने-अपने धर्म में निहित मानवता का संदेश फैलाते रहते हैं। यदि बाल श्रम वाकई में कोई जघन्य पाप होता तो क्या वह बहुत पहले ही उन्मूलित न कर दिया गया होता?

उत्तर : मैं स्वयं ही चकित था कि इतना प्रासंगिक प्रश्न आप पूछ क्यों नहीं रहे? बच्चों और धर्म का एक आपसी विचित्र रिश्ता है। बच्चे तो धर्म-विहीन पैदा होते हैं। यह तो हम वयस्क लोग हैं, जो उन्हें विशिष्ट धार्मिक पहचान देते हैं और बपतिस्मा, खतना, मुण्डन (क्रमशः ईसाइयों, मुसलमानों और हिंदुओं में किया जाने वाले धार्मिक अनुष्ठान) इत्यादि के द्वारा उन्हें धर्मों के खानों में बांट देते हैं, जिससे यह मालूम हो कि बच्चा किस धर्म से ताल्लुक रखता है। मेरा विचार है कि जैसे ही बच्चे

पर धर्म की मोहर लगी, इसी क्षण मानवता अपने एक कीमती सदस्य को खो बैठती है।

सारे विश्व में लगभग 1 अरब गरीबी से त्रस्त बच्चे हैं। 21 करोड़ अपने स्वास्थ्य और पढ़ाई की कीमत पर श्रम करते हैं। हर मिनट में कम-से-कम 10 बच्चों की मृत्यु कुपोषण के कारण हो जाती है। 7 करोड़ बच्चे ऐसे हैं, जिन्होंने कभी स्कूली कक्षा के दर्शन नहीं किए। 15 करोड़ बच्चों को प्राथमिक स्तर की शिक्षा के पहले ही स्कूल छोड़ने को बाध्य होना पड़ता है।

गैर-कानूनी पकड़-धकड़ और अदला-बदली के शिकार लाखों बच्चे यौन-व्यापार में फंस जाते हैं। कई बच्चों को अपहृत कर उनके अंग काट कर बाजार में बेच दिया जाता है। अपने मां-बाप से अलग ये बच्चे, खेतों, फैक्ट्रियों, भट्ठियों एवम् चकलों में बन्धुआ मजदूरों की तरह काम करते हैं। 5 लाख से ज्यादा बच्चे बेमन के सिपाही बनने पर मज़बूर किए जाते हैं या किसी-न-किसी रूप में उनकी किसी से सशस्त्र भिंड़त होती है। उस कच्ची उम्र में जब उन्हें खिलौनों से खेलना चाहिए, ये बच्चे आपने हाथ में ए.के. 47, ए.के. 56 सदृश हथियार रखते हैं। मंदिरों, मस्जिदों, गुरुद्वारों और चर्चों तथा अन्य धार्मिक स्थलों में प्रसारित उपदेशों के बावजूद बाल श्रम की समस्या आज भी अपने विकृततम रूप में जीवित है। यद्यपि यह बात ठीक से समझ में नहीं आती कि धर्मों को बाल श्रम उन्मूलित करने में क्या परेशानी है, पर मुझे लगता है कि यह धारणा धनाढ्य और अभिजात्य वर्गों के प्रभाव की एक प्रशाखा के रूप में पल्लवित हुई है। वास्तव में यह अमीर और प्रभावशाली लोग ही इस प्राचीन अपराध को जीवित रखने के लिए जिम्मेदार हैं। ये धर्म संस्थान ज्यादातर बच्चों के अधिकारों की रक्षा के लिए प्रयत्नशील कभी नहीं होते।

हिन्दू धर्म में तो बच्चे को भगवान का रूप माना गया है। कन्या-पूजन का भी हिन्दुओं में चलन है। हिन्दू शास्त्रों से स्पष्ट मालूम पड़ता है कि प्राचीन काल में स्त्री-पुरुष में लिंगाकर्षण कोई असमानता थी ही नहीं। भगवान राम और भगवान कृष्ण की बाल लीलाएं तो हिन्दू संस्कृति का अभिन्न अंग हैं। गुरुकुल में कृष्ण और सुदामा ने बिना किसी भेदभाव या असमानता के साथ रहकर शिक्षा पाई थी। उस समय शिक्षा के क्षेत्र में लिंग या आर्थिक पृष्ठभूमि के आधार पर कोई भेदभाव नहीं किया जाता था।

अब आइए ईसाईयत पर भी बात कर लें। बाइबल बताती है कि ईसा को बच्चों से बहुत प्यार था। अपनी पवित्र किताब में ईसा मसीह कहते हैं– "बच्चों को मेरे पास आने दो, उन्हें रोको मत, क्योंकि स्वर्ग का राज्य इन्हीं का है।" यहां यह समझ लें कि ये बच्चे जो क्राइस्ट के पास जा रहे थे, वे सब बपातिस्मा वाले नहीं थे। वह तो सब बच्चों को बिना किसी जाति–समाज या मत–धर्म के भेदभाव के बुला रहे थे। ज्यादा महत्त्वपूर्ण है ईसा का उनकी जिन्दगी को तरजीह देना, जो बच्चों को मंच के मध्य में लाने की इच्छा से सहमत थे।

इस्लाम में तो ऐसे उदाहरण भरे पड़े हैं, जो सिद्ध करते हैं कि बच्चे मानवता की सर्वाधिक वांछित चाहत हैं। पैगम्बर मुहम्मद साहब के एक ही संतान थी - एक लड़की। उनका कहना था कि कन्या दैवी पुरस्कार है। इस्लाम भी बार–बार सबकी शिक्षा पर जोर देता है। पवित्र कुरान बताती है कि हर हाल में बच्चों को महत्त्व देना चाहिए। जैसे बच्चों की अपनी अस्मिता होनी चाहिए और समाज में उनको पूरा सम्मान देना चाहिए। मेरा इस्लाम से परिचय एक मौलवी साहब के माध्यम से हुआ था, जो मेरे पुश्तैनी मकान के पड़ोस में ही रहते थे। वह एक सीधे–सादे इंसान थे और बच्चों के प्रति बहुत सहृदय थे, इसलिए अपने बचपन में मैं भी उनकी तरफ आकर्षित हुआ। मेरा उनसे उर्दू सीखने का मन था। वह इस्लाम धर्म की कहानियाँ और सीखें सुनाया करते थे। उनकी एक बात मैं कभी नहीं भूल सकता कि वैसे तो अल्लाह निराकार और अमूर्त है, पर उसकी प्रभा उस बच्चे की मुस्कान से महसूस की जा सकती है, जो अपनी मां की गोद में बैठा हो।

आइए, अब हम वास्तविकता की तरफ देखें। कई लोग जो कन्या को पूजते हैं, उनको कोई शर्म महसूस नहीं होती, जब वह 1 वर्ष की लड़की से भी बलात्कार कर देते हैं। हमारे देश की 53 प्रतिशत कन्याएं किसी–न–किसी रूप में यौन शोषण की शिकार होती हैं। कन्या भ्रूण हत्या और भ्रूण हत्या इस समय सबसे ज्यादा हो रही है। वेश्यावृत्ति के लिए या गुलामी के लिए लड़कियां बेची/खरीदी जाती हैं। मदरसा इत्यादि में छोटी उमर के लड़के या लड़कियों की भर्ती की जाती है - खास तौर पर पाकिस्तान, अफगानिस्तान और सूडान सदृश देशों में - धर्म के पाठ सिखाने को; पर वास्तव में उनको बहका कर आतंकवादी और मानव

बम बनने की शिक्षा दी जाती है, जिससे वह मानवता का संहार करें और इस्लाम की महान शिक्षा को कलंकित करें।

मुझे अभी भी याद है कि कैसे मैंने एक सात वर्षीय लड़के को फिरोजाबाद (उत्तर प्रदेश का एक छोटा औद्योगिक शहर) की एक चूड़ी बनाने की फैक्टरी से मुक्त कराया था। उसका काम था पिघले हुए कांच पर हवा फेंकना, जिससे चूड़ियां बन सकें। उस बच्चे की खाल असह्य धूल, गर्मी और धुएं से काली पड़ चुकी थी। वह एक बन्धुआ बाल मजदूर था, जो एक निर्दयी मालिक के यहां काम कर रहा था। काम में यदि कोई छोटी-सी भी गलती हो जाए तो उसकी जम के पिटाई होती थी। एक दिन जब वह लड़का काम कर रहा था तो अचानक पिघलता हुआ कांच उसकी हथेली पर गिर गया। वह बुरी तरह घायल हो गया था। गरम कांच उसके मांस-मज्जा और हड्डियों तक को भेद गया था - मानो गोली लगी हो। उसके मालिक ने बजाय उसे अस्पताल भेजने के निर्ममता से पिटाई की। मैं तो यह करुण-कथा सुनकर सकते में आ गया। मैंने जब उससे उसका नाम पूछा तो उसने बड़ी सहजता से जवाब दिया– 'मुहम्मद!' उसका मालिक एक मुस्लिम सांप्रदायिक नेता था और स्थानीय बाबरी मस्जिद कमेटी का सदस्य भी। उसको एक क्षण भी कोई हिचकिचाहट नहीं हुई कि वह इस बच्चे को मार रहा है, जिसका नाम उस महान पैगम्बर के नाम पर ही है।

मुझे मिर्जापुर में हुई एक ऐसी ही भयावह घटना याद आ रही है। हमने एक कालीन बनाने की फैक्ट्री पर अचानक धावा बोला। 12 कमसिन लड़कियों को वहां से मुक्त कराने के लिए, जो छत्तीसगढ़ (पूर्व मध्य प्रदेश) के सरगुजा जिले से मिर्जापुर के उस गांव में भगाकर लाई गई थीं। उन्हें दो वर्ष तक बन्धुआ करके रखा गया था उसी जगह। जब हमारा बचाव अभियान चालू था तो उनमें से 11 लड़कियां तो खुशी-खुशी बाहर आ गईं हमारे सक्रिय कार्यकर्ताओं के पास, पर एक 14 वर्ष की लड़की अभी भी गायब थी। तब एक महिला मजिस्ट्रेट के साथ मैं दुबारा उस फैक्ट्री में गया तो देखा कि दीवार के पास बैठी वही लड़की फुलक-फुलक कर रो रही है।

हमने उस लड़की को बताया कि अब वह स्वतंत्र है और शीघ्र ही वह अपने मां-बाप के पास होगी। यह सुनकर तो वह और ज्यादा रोने लगी। हमने उसे सांत्वना दी और पूछा कि वह इतना क्यों रो रही है। वह बड़ी

वेदना के साथ चिल्लाकर बोली– "मैं भला किस मुंह से घर जाऊंगी?" बाद में हमें मालूम पड़ा कि उसके मालिक ने उसका बलात्कार किया था और उसका बच्चा उस लड़की के गर्भ में पल रहा था। वह अपने घर जाना ही नहीं चाह रही थी। जब हमने उसका नाम पूछा तो उसने बताया– 'सीता!'-कितना पवित्र नाम, श्री राम की पत्नी का हिन्दू 'रामायण' के अनुसार। ज्यादा सदमा तब लगा जब ज्ञात हुआ कि उस फैक्ट्री का मालिक एक स्थानीय हिन्दू नेता था। उसकी फैक्ट्री पर जगह-जगह सांप्रदायिक नारे लिखे हुए थे, राम का मंदिर अयोध्या में बनवाने की मांग के समर्थन में। इससे बड़ी क्या विडम्बना या विरोधाभास हो सकता है? यदि मेरी जगह पर आप होते तो आपको कैसा महसूस होता?

भगाए हुए और गुलाम बनाए हुए बच्चों को दिल्ली की कुछ मुस्लिम बहुल बस्तियों से छुड़वाने में हमें बड़ी समस्याओं का सामना करना पड़ा। सन् 2011 के मध्य में मेरे व मेरे साथियों के ऊपर एक सांप्रदायिक भीड़ ने पूर्वी दिल्ली में आक्रमण कर दिया था, जब हमने चुपचाप एक जरी-कशीदाकारी इकाई पर धावा बोलने की योजना बनाई। इस फैक्ट्री के मालिक ने 3 मुस्लिम बच्चों को कुछ मौलवियों की सहायता से मदरसा ले जाने के लालच में फुसला लिया था। फिर इन बच्चों को बंधुआ बनाकर रखा। इन मालिकों ने ऐसा उन्माद फैलाया और दूसरों को बरगला कर नारे भी लगवाए मानो उनके किसी मदरसा पर आक्रमण किया जा रहा हो।

यह तो बिलकुल स्पष्ट है कि इन घटनाओं में न कोई धर्म की बात है न इनका किसी धर्म से कोई ताल्लुक ही है, पर क्या यह संभव है कि इन घटनाओं की अनदेखी की जाए, जिनमें कुछ लोग गरीबों और असहायों का धर्म के नाम पर शोषण कर रहे हों?

कई मौकों पर यह स्पष्ट हुआ है कि कई मदरसों, मिशनरी संस्थाओं, यतीमखानों, शरण स्थलों में बच्चों की हालत बहुत दयनीय है। ये संस्थान कई धर्मों के नियंत्रण में चलते हैं। यहां पर बच्चों का निरंतर यौन शोषण होता है, मारा-पीटा जाता है और हर तरह का शोषण किया जाता है। इनको न कोई सुरक्षा दी जाती है न सम्मान। इन जगहों पर अप्राकृतिक यौनाचार और बलात्कार आम घटनाएं हैं।

हमारे समाज में कई सामाजिक विकृतियां और बुराइयां धर्म की आड़

में लगातार विद्यमान हैं। अभी भी बच्चे की बलि देने की जघन्य प्रथा पूरी तरह खत्म नहीं हुई है। पारम्परिक रूप से लड़के को वारिस बनाने की प्रथा के चलते लड़कियों के साथ परिवारों और समाज में बड़ा भेदभाव बरता जाता है। प्रचलित मानसिकता का एक प्रतिफलन कन्या भ्रूण हत्या के रूप में सामने आता रहता है। इसका दूसरा रूप ग्रामीण भारत में प्रचलित बाल-विवाह के रूप में अब भी दिखाई पड़ता रहता है। यह एक शर्मनाक स्थिति है कि 50 प्रतिशत लड़कियों की तब ही शादी करवा दी जाती है, जब उनके बचपन के दिन होते हैं और जब उन्हें शिक्षा ग्रहण कर अपना भविष्य सुधारने का प्रयत्न करना चाहिए।

मेरा मत है कि सामाजिक रूप से जिम्मेदार आप जैसे लोगों को सब ही मत वाले, धर्म-धुरंधरों से अनुरोध करना चाहिए कि किसी भी रूप में बच्चों का दुरुपयोग या उनकी अन्य विकृतियों को समाप्त किया जाए और बच्चों की गरिमा और अधिकार अक्षुण रखे जाएं। सभी धर्मों के और संस्कृतियों के लोगों को पूरी ईमानदारी से बच्चों के अधिकारों की रक्षा करनी चाहिए।

प्रश्न 8. कैलाश जी, आपके तर्कों और इन घटनाओं ने मुझे भी मर्माहत किया है। मैं तो सदमे में हूं। इस विषय पर आप कुछ प्रकाश डालेंगे कि हमारे संविधान और कानून क्या कहते हैं?

उत्तर : मेरी राय में बाल श्रम और बच्चों का शोषण मानवाधिकारों का जघन्यतम उल्लंघन है। भारत कई अंतर्राष्ट्रीय कन्वेन्शन का हस्ताक्षर करता है और बाल श्रम के विरुद्ध कई कानून बना चुका है, पर दुर्भाग्य यह है कि इनका खुलेआम उल्लंघन होता रहता है। भारतीय संविधान के अनुसार 14 वर्ष से कम आयु का कोई भी बच्चा किसी भी फैक्ट्री, खदान या ऐसे किसी रोजगार में भर्ती नहीं किया जा सकता, जहां जान का खतरा हो सकता है। हमारा संविधान हर उस बाध्यकारी श्रम के विरुद्ध है, जहां आदमियों की अदला-बदली (ट्रैफिकिंग) या शोषण होता है। इसके अलावा हर बच्चे को 14 वर्ष तक मुफ्त और जरूरी शिक्षा देने की गारंटी भी संविधान देता है। हमारे कई कड़े कानून हैं मसलन, बॉन्डेड लेबर सिस्टम (एबोलिशन) एक्ट 1976 और चाइल्ड लेबर (प्रोहिबीशन एण्ड रेगुलेशन) एक्ट 1986। इनके अतिरिक्त जुबिनाइल जस्टिस (केयर एण्ड प्रोटेक्शन) ऑफ चिल्ड्रन एक्ट, 2000 का कहना है कि जो कोई

भी व्यक्ति किसी कम आयु के लड़के/लड़की या बच्चे (यानी 18 साल से कम आयु के व्यक्ति) को जाहिरी तौर पर किसी खतरे भरे रोजगार के लिए काम पर लगाता है, उसे बंधुआ रखता है, उसकी आमदनी को रोकता है या अपने उद्देश्य पूर्ति के लिए उसकी आमदनी का इस्तेमाल करता हो तो वह एक दण्डनीय अपराध करता है। जिसके लिए उसे तीन वर्ष का कारावास भुगतना होगा या दण्ड राशि का भुगतान करना पड़ेगा। ये कानून समय-समय पर संशोधित भी होते रहते हैं। कानूनी रूप से बच्चों को किसी प्रकार से परेशान करना, बन्धुआ मजदूर बनाना, बाल श्रम में लगाना (यह व्यवसाय और प्रक्रिया एक फेहरिस्त में वर्णित है) उनकी खरीद-बेच करना या अपहृत करना दण्डनीय अपराध है। भारत की माननीय सर्वोच्च अदालत एवम् अन्य उच्च न्यायालय बाल श्रम के उन्मूलन हित कई उल्लेखनीय फैसले सुना चुके हैं। इन फैसलों के अनुसार ऐसे मालिकों/ काम कराने वालों की गिरफ्तारी हो सकती है और उनके कार्य स्थलों को सील भी किया जा सकता है, जहां बच्चे ऐसे काम में लगे पाए गए हों तथा मालिकों से प्रति बच्चे की दर से 20,000 का जुर्माना भी वसूला जा सकता है। ये फैसले यह भी बताते हैं कि किस प्रकार ऐसे बच्चों का पुनर्वास किया जाए और शोषण से बचाकर शिक्षित किया जाए, परन्तु नागरिकों की कानून के बारे में अज्ञानता, सरकारी कर्मिकों की जिम्मेदारी न भुगतने की स्थिति, राजनीतिक और प्रशासनिक भ्रष्टाचार, योगा एवम् प्रशिक्षित लेबर इंस्पेक्टरों का अभाव एवम् काले धन का प्रभाव कानूनों के सही अनुपालन में प्रायः आड़े आते हैं।

प्रश्न 9. कैलाश जी बात काटने के लिए क्षमाप्रार्थी हूं। आज कल काले धन और भ्रष्टाचार पर गर्मा-गर्म बहस हो रही है। क्या आप बाल श्रम को भी इन्हीं मुद्दों से नहीं जोड़ रहे?

उत्तर : मुझे खुशी है कि आपने मुझे रोका। एक तरह से भ्रष्टाचार और कालाधन बाल श्रम की परिस्थिति पैदा करने में सहयोग देते हैं। बाल श्रम से काला धन पैदा होता है। मैं संक्षेप में इस प्रक्रिया को स्पष्ट करूंगा। कुछ गैर-सरकारी अनुमानों के अनुसार हमारे देश में लगभग 6 करोड़ बाल-श्रमिक हैं, पर अधिकृत अनुमान उनकी संख्या 12.67 मिलियन ही बताते हैं। (सन् 2001 की मतगणना के अनुसार)। अधिकारियों के अनुसार हर बच्चे को औसतन 15 रुपए (30 सेन्ट) प्रतिदिन दिया जाता है। इसका

अर्थ हुआ कि कुल मिलाकर वे प्रतिदिन लगभग 90 करोड़ कमाते हैं, पर यदि इन 6 करोड़ बच्चों की जगह इतने ही वयस्क काम करते और यह मान लिया जाए कि उनको प्रति व्यक्ति प्रति आमदनी से 115 रुपए का भुगतान किया जाता (हालांकि यह कानून द्वारा बताई कम-से-कम आमदनी से कम ही है) तो उनकी रोज की कुल कमाई 690 करोड़ रुपए होती। इससे स्पष्ट है कि यदि बच्चों की जगह वयस्क काम करते तो मालिकों को 600 करोड़ (यानी 12 करोड़ डॉलर) अतिरिक्त देने पड़ते। यदि एक साल में 200 कार्यदिवस मानें तो मालिक लोग औसतन 1 लाख बीस हजार करोड़ (यानी 29 अरब डॉलर) की बचत हर साल बच्चों को काम पर लगाकर लेते हैं।

ये मालिक लोग बड़े आराम से अपनी एकाउण्ट बुकों में हेरा-फेरी कर, 115 रु. हर वर्कर के नाम प्रतिदिन दिखाकर हर वर्कर के हिसाब से 100 रु. की बचत कर 1 लाख बीस हजार करोड़ (24 अरब डॉलर) चुपचाप पैदा कर लेते हैं, जो काला धन ही होता है और इसका इस्तेमाल पुलिस एवं राजनीतिज्ञों को रिश्वत देने में किया जाता है। यह तर्क स्पष्ट करता है कि कैसे हमारे देश में एक समान्तर अर्थ-व्यवस्था पनपती रहती है।

प्रश्न 10. कैलाशजी! इस चर्चा ने तो वाकई मेरी आंखें खोल दीं। मैं अब बाल श्रम का नितान्त विरोधी हूं। क्या आप कृपा करके हमें बता सकते हैं कि हमारे जैसे लोग व्यक्तिगत रूप से किस प्रकार बालश्रम उन्मूलन में सहायक हो सकते हैं?

उत्तर : मेरी बात स्वीकार करने के लिए बहुत-बहुत धन्यवाद! यह परिवर्तन तो आना ही था। अब समय आ गया है कि हम सब मिलकर समाज में यह वांछित परिवर्तन लाने के लिए काम करें। आप अपने व्यक्तिगत क्षेत्रों में यह दृढ़ संकल्प लें कि अपने घर या कार्य क्षेत्र में कभी किसी बच्चे को काम पर नहीं लगाएंगे। यदि आप अपने मित्रों और रिश्तेदारों के घर जाएं, जहां बच्चे काम करते हों तो कभी उनकी सेवाएं स्वीकार नहीं करें-एक गिलास पानी भी नहीं। यही संकल्प कायम रखें, जब आप रेस्तरां या वाणिज्यिक संस्थानों में जाएं जहां बच्चों से काम करवाया जाता हो। जिन दुकानों पर बच्चे काम करते हों, उनसे सौदा लेना बन्द कर दें। बच्चों द्वारा बनाई हुई चीजों को खरीदना भी बन्द कर दें। अपने मित्रों और रिश्तेदारों को भी ऐसे ही संकल्प लेने को प्रोत्साहित करते रहें और

बाल-श्रमिकों के मां-बाप को प्रेरित करें कि वे अपने बच्चों को स्कूल भेजना शुरू करें।

जो बच्चों से काम करवाते हैं, उनको चेतावनी दें और उनकी पुलिस से शिकायत करने में भी गुरेज न करें। श्रम विभाग को भी सूचित करें और चाइल्ड हैल्पलाइन का इस्तेमाल करें। आप दूसरा इस्तेमाल कॉल करके, एसएमएस, या ई-मेल भेजकर या लिखित शिकायत देकर कर सकते हैं। एक जिम्मेदार सामाजिक नागरिक के रूप में कभी उस प्रत्याशी को वोट न दें, जो बाल श्रम की भर्त्सना न करता हो या बाल श्रम को अपने मतदाता क्षेत्र से दूर करने का वादा अपने जीत जाने की स्थिति में न करता हो या इसके लिए कोई चरणबद्ध योजना न बनाता हो।

यह देखकर दिल बढ़ता है कि आज मीडिया में बाल श्रम एक चर्चा का विषय बन गया है। यदि आपकी निगाह में कोई बाल श्रम का मामला आए तो तुरंत चौकन्ने होकर इसका विरोध करें, तुरंत मीडिया को खबर कर दें। जिससे कम-से-कम समय में ज्यादा-से-ज्यादा लोगों को इसकी खबर हो जाए और इसका प्रभाव कई गुना बढ़े। सोशल नेटवर्किंग साइटों तथा फेसबुक या ट्विटर का प्रयोग कर बाल श्रम के बारे में जागरुकता फैलाएं और उन्हें शिक्षा की जरूरत को रेखांकित करें; एण्टी चाइल्ड लेबर प्रोग्रामों का हवाला देकर एक मजबूत संघीय बजट की जरूरत को उभारें और बाल श्रम विरोधी कानूनों की हिमायत कर बाल श्रम के विरुद्ध चालू बाल श्रम लेबर कंज्यूमर्स अभियानों में जान फूंकें। आप चाहें तो बचपन बचाओ आंदोलन के स्वयंसेवकों या ऐसे ही अन्य संस्थानों के साथ जुड़ कर बाल श्रम के मुद्दे का सीधा सामना कर सकते हैं।

मैं तो हर एक का आह्वान करता हूं कि बाल श्रम हटाने के लिए आप जो भी करना चाहें करें। हमें दूसरों का इंतजार नहीं करना चाहिए और स्वयं ही इस दिशा में काम शुरू कर देना चाहिए। विलम्ब करने से तो यह मुद्दा और बिगड़ेगा ही। भारत के सामाजिक रूप से जिम्मेदार नागरिक के रूप में हमें वह सब कुछ करना चाहिए, जो बाल श्रम के अंत के लिए संभव हो। वर्ना कहीं ऐसा न हो कि भावी पीढ़ी के सामने हम अपने अस्तित्व का औचित्य ही साबित न कर सकें।

श्रोतागण: अपने समाज से बाल श्रम मिटाने में हमारे सामूहिक प्रयास निश्चित सफल होंगे। हम पूरी निष्ठा से कसम खाते हैं कि बाल श्रम को

दूर करने के लिए हम लगातार प्रयासरत रहेंगे और हम आशा करते हैं कि मिलकर हम अपने समाज में वांछित फर्क लाने में कामयाब होंगे।

यदि आपके पास अब कोई अन्य प्रश्न न हो तो मैं इस वार्ता का समापन एक लघु-कथा से करना चाहता हूं, जो मैंने अपने बचपन के प्रारंभ में पढ़ी थी। यह प्राचीन भारतीय पुराण कथा से आती है। एक दिन भगवान शिव अपनी पत्नी पार्वती के साथ हिमालय क्षेत्र में भ्रमण कर रहे थे। पार्वती ने देखा कि कई चीटियां पास से गुजरते हाथी के विशाल पांवों के तले कुचलती जा रही हैं। यह देखकर उनसे रहा नहीं गया और उन्होंने गुहार लगाई: "हे देव! इस हाथी को रोको, नहीं तो ये सारी चींटियां कुचली जाएंगी। हाथी को दंड दो, चींटियों के इस संहार के लिए।" पर शिव ने मानो पार्वती की गुहार सुनी ही नहीं - वे तो वैसे ही चलते रहे। यह देखकर पार्वती को गुस्सा आ गया और उन्होंने चीखकर कहा– "देव! आप इस हाथी के महावत को रोकते क्यों नहीं? यह लगातार पाप करता जा रहा है।" परंतु शिव जी बिना कोई उत्तर दिए चुपचाप चलते रहे। शिव जी से कोई प्रत्युत्तर न पाकर पार्वती जी तो आग बबूला हो गईं– "प्रभु! मेरी तो समझ में नहीं आ रहा कि मेरे लगातार अनुरोध करने पर भी आप मौन क्यों हैं। यदि आप हाथी और उसके महावत को दण्ड नहीं देना चाहते, तो कृपा कर इन मासूम चींटियों को ही मार दें, जिससे उन्हें मोक्ष मिल जाए।" यह सुनकर शिव जी रुके और क्रोध में आकर पार्वती की ओर घूरा, फिर बोले– "देवी आप स्वयं दण्ड भोगने के लिए तैयार हो जाएं।" पार्वती घबरा गईं। शिव जी ने बात स्पष्ट की– "एक पशु होने के कारण हाथी के मन में कोई नैतिकता का बोध नहीं होता। महावत चूंकि हाथी के ऊपर बैठा है, इसलिए वह देख नहीं पाता कि हाथी का पांव चींटियों को कुचलता जा रहा है लेकिन आपने तो सबसे पहले यह सब अत्याचार देखा और कुछ नहीं किया। बजाय स्वयं सक्रिय होने के और गलत काम को सुधारने का कोई प्रयत्न करने के, जो आप आसानी से कर सकती थीं, आप इसी प्रतीक्षा में रहीं कि मैं कुछ करूं। इसलिए आप ही पूरे प्रकरण में एकमात्र दोषी हैं, जो दण्ड पाने के योग्य हैं।"

प्रिय मित्रो! हमारे समाज में ज्यादातर लोग मासूम चींटियों की तरह ही हैं। कुछ हाथी जैसे हैं, पर कई ऐसे भी हैं जो पार्वती जी की तरह हैं - जो अत्याचार देखकर शिकायत तो करते हैं और दूसरों के द्वारा कोई

कार्यवाही करने की प्रतीक्षा करते रहते हैं। यदि हमने अभी कोई काम नहीं किया तो हम स्वयं अपनी नजरों में गिर जाएंगे।

बचपन बचाओ आंदोलन (बी.बी.ए.)

बी.बी.ए. का उद्देश्य है बच्चों के लिए एक दोस्ताना समाज बनाना, जहां सारे बच्चे शोषण से मुक्त हों और मुफ्त एवम् गुणवत्ता पूर्ण शिक्षा पा सकें।

बचपन बचाओ आंदोलन (बी.बी.ए.) एक जन-आंदोलन है, जो 70,000 से अधिक व्यक्तियों और सैकड़ों सिविल सोसाइटी संस्थानों को एकजुट करने को चालू है। बी.बी.ए. के पास 150 कार्यकर्ता सदस्य हैं। निष्ठावान व्यावसायिक लोग और क्षेत्रीय कार्यकर्ता, जो पूरे भारत में कार्यरत हैं, जिनकी हजारों प्रतिबद्ध स्वयंसेवक और सक्रिय कार्यकर्ता सहायता करते रहते हैं।

बी.बी.ए. इस समय दिल्ली, राजस्थान, पंजाब, उत्तराखण्ड, उत्तर प्रदेश, बिहार, झारखण्ड, पश्चिम बंगाल, मध्य प्रदेश, महाराष्ट्र और कर्नाटक में कार्यरत हैं। बी.बी.ए. के पास एक 'लघु विश्राम पुनवर्सन केन्द्र'-'मुक्ति आश्रम' भी है दिल्ली की सीमावर्ती बस्तियों में, जहां बचाए गए बच्चों की तुरंत देखभाल पूरी करुणा और दया के साथ की जाती है। उसके बाद उन्हें उनके परिवारों के पास वापस भेज दिया जाता है।

'बाल-आश्रम' जयपुर के पास विराट नगर में एक सुदीर्घ विश्राम

बचपन बचाओ आंदोलन की अधिकृत वेबसाइट

पुनर्वसन केन्द्र है जहां एक प्रशिक्षण केन्द्र भी है, जो बचाए गए बच्चों को वांछित स्नेह, शिक्षा और व्यावसायिक प्रशिक्षण प्रदान करवाता है। इस सहायता से उनका आत्मविश्वास लौटता है और वे इतने दक्ष हो जाते हैं कि विगत में काटे अपने कष्टकारक दिनों को भूल कर पुनः गरिमामय जीवन बिताते हैं।

'बी.बी.ए.' की शुरुआत श्री कैलाश सत्यार्थी जी ने सन् 1980 में की थी। उनके साथ कई ऐसे ही सोच वाले लोग भी थे, जिन्होंने मिलकर पहला स्थानीय मूल केन्द्रों से जुड़ा एक धर्म-निरपेक्ष, अराजनीतिक और सीधी क्रिया करने वाला जन आंदोलन शुरू किया था, बाल श्रम के विरुद्ध। इन प्रारंभिक दिनों में इनका ध्यान था अभियान चलाने पर तथा बच्चों की गैर कानूनी खरीद-बेच और बन्धुआ मजदूरी से रक्षा करने पर। पिछली शताब्दी के अंतिम दशक में यह आंदोलन इतना व्यापक हो गया कि इसमें पीड़ित बच्चों का पुनर्वसन आश्रय स्थलों में एक चरणबद्ध कार्यक्रम के द्वारा चलने लगा।

यही वह समय था, जब यह आंदोलन दक्षिण एशिया से निकल कर बाकी विश्व में फैला, जिसकी सबसे अधिक उल्लेखनीय मिसाल है 1998 में हुआ 'ग्लोबल मार्च अगेन्सट चाइल्ड लेबर', जो 83,000 किमी एक लम्बी यात्रा थी। यह 103 देशों से गुजरी अपनी मांग मंगवाने के लिए कि बाल श्रम के सर्वाधिक विकृत रूप को खत्म करने के लिए एक विशद कन्वेन्शन करवाया जाए। इस पहल के नतीजे 1999 में सामने आए, जब आई.एल.ओ. ने कन्वेन्शन 182 को बाल श्रम के विकृततम रूप के विरुद्ध अपनी स्वीकृति दी। सन् 2001 में बी.बी.ए. का ध्यान बाल श्रम रोकने पर रहा और इसने एक अंतर्राष्ट्रीय रूप में विख्यात प्रोग्राम 'बाल मित्र' ग्राम (बच्चों के दोस्ताना गांव) स्थापित किए।

बी.बी.ए. संस्था अपने नए प्रयोगों, साहस और बहुमुखी पहलों के लिए विख्यात है, जिनके द्वारा वह बाल श्रम के मुद्दे से निबटती है। इस आंदोलन का द्वि-आयामी तरीका बड़े व्यवस्थित रूप से बाल श्रम के मूल कारणों से जूझता है और बच्चों की गैरकानूनी लिया-बेची (अदल-बदल) से निबटता है, जो उतना ही जघन्य कृत्य है।

यह बाल श्रम की समस्या एक सामाजिक, आर्थिक, राजनीतिक समस्या का मिला-जुला रूप है, जिसका हल सीधे-सीधे उपलब्ध नहीं हो सकता पर बी.बी.ए. मानता है कि गरीबी और शिक्षा के आपस में जुड़े मुद्दों का एक साथ मुकाबला किया जाना चाहिए। तभी इस अपराध को कम करने में कोई ठोस प्रगति संभव है। बी.बी.ए. की दृढ़ मान्यता है कि इसके एनजीओ

के साथ मिलकर काम करने से किसी भी राज्य की बच्चों को दी जाने वाली सेवा में सुधार होगा और ज्यादा महत्त्व की बात है कि इससे बच्चों के प्रति और उनके अधि कारों के प्रति समाज के व्यवहार में एक सकारात्मक फर्क आएगा। इसकी कार्यशैली और उद्देश्य की हर गतिविधि में इसका यह दर्शन स्पष्ट रूप से कार्यान्वयन में उभरता दिखता है।

बी.बी.ए. का उद्देश्य या विजन है बाल-मित्र समाज बनाना, जहां हर बच्चा किसी भी प्रकार के शोषण से शोषित न हो तथा मुफ्त और उच्च गुणवत्ता वाली शिक्षा पाए।

बी.बी.ए. का मिशन (लक्ष्य) है सेवा कामों में फंसे बच्चों की पहचान कर उन्हें मुक्त करना तथा उनका पुनर्वसन कर उन्हें शिक्षित करना। इसके लिए वह सीधे ही दखलंदाजी करने के हामी हैं। जिससे बच्चे का समुदाय में योगदान हो, आपसी समझ बढ़े, उपभोक्ता भी इस तरफ काम करे और नैतिक व्यापार प्रथाओं को प्रोत्साहित करने के लिए समस्त जनता सक्रिय हो।

बी.बी.ए की कामना है न सिर्फ बाल श्रम मुक्त विश्व बनाना वरन् ऐसी दुनिया बनाना, जो बच्चों की सदा मित्र रहे। इसी उद्देश्य की तरफ बी.बी.ए. कार्यरत है, जिसमें बाल श्रम सदृश अपराध को मिटाने के लिए एक सम्पूर्ण हल प्राप्त हो सके। बी.बी.ए. कई स्तरों पर एक साथ सक्रिय है - समुदायों के साथ मिलकर कार्य करना, बिल्कुल तृणमूल सतह पर जाकर और नीति-निर्माण कर्ताओं के साथ बैठकर नीति परिवर्तन की वकालत करना। अपनी शुरुआत से आज तक बचपन बचाओ आंदोलन 80,000 बच्चों और बन्धुआ मजदूरों को मुक्त करा चुका है।

8

समस्याओं का समाधान

इंसानों की खरीद-फ़रोख़्त, बाल दासता और इससे जुड़े जघन्य अपराधों के संसार के बारे में 5 जून, 2006 को जारी संयुक्त राष्ट्र अमेरिका की रिपोर्ट में विदेश सचिव कोंडोलीज़ा राइस ने कहा कि जो भी देश इस घिनौने और खतरनाक व्यापार से लड़ने का हौसला दिखाएगा, अमेरिका उसके साथ बिना शर्त सहयोग करेगा, अपनी पूरी ताकत के साथ। हम यह स्पष्ट करना चाहते हैं कि इंसानों के दमन और गुलामी को कहीं भी बर्दाश्त नहीं किया जाएगा, किसी हालत में बर्दाश्त नहीं किया जाएगा। हम किसी भी दबाव के आगे झुकनेवाले नहीं। हम सामूहिक रूप से आशाओं

जयपुर कार्यालय में बच्चों के बीच सांता क्लाज बने कैलाश

और उम्मीदों से भरपूर एक ऐसा संसार बनायेंगे, जिसमें सभी लोग अपने सपनों को पूरा करने की कोशिशें पूरी आज़ादी के साथ कर सकें।

उस पुस्तक के आरम्भ में ही संसार के 144 से ज्यादा देशों में सरकारों, संस्थाओं और व्यक्तियों द्वारा संचालित कार्यक्रमों का उल्लेख करते हुए सबसे पहले कैलाश सत्यार्थी के 'बचपन बचाओ आन्दोलन' की कामयाबियों का उल्लेख था। आठ साल पहले ही अमेरिका को भी कैलाश सत्यार्थी के रूप में भारतीय उपमहाद्वीप में एक नया गांधी नज़र आ गया था, जिसकी मदद से वे संसार के 144 से ज्यादा देशों में बिना सैनिक हस्तक्षेप के एक खुशहाल समाज बनाने की उम्मीद कर रहे थे।

2013 में जब अमेरिकी सरकार ने यही रिपोर्ट फिर छापी, तो, रिपोर्ट के शुरुआती चौथे पन्ने पर ही 'बचपन बचाओ अभियान' द्वारा बचाए गए एक बाल मजदूर की हथेलियों के नाखूनों की फोटो समेत जानकारियां थीं। साफ था कि संसार के सबसे बड़े देश पर भी कैलाश सत्यार्थी की कामयाबी का रंग चढ़ रहा था। जाहिर है कि विश्व के सबसे ताकतवर देश जिसके पास सारे ही विश्व के किसी भी देश के मुकाबले सबसे ज्यादा और बेहतर संसाधन हैं, उसको भी समझ आ गई थी कि एक मामूली-से लगने वाले इंसान की हैसियत ही इंसानियत को मानवाधिकारों के हनन, बाल दासता, मानव तस्करी तथा दिल दहलानेवाले अंग व्यापार से बचाने की कोशिशों के मामले में बाकी सब लोगों से बढ़कर थी ।

आपको यह जानकर हैरत होगी कि कैलाश सत्यार्थी की पहल से पहले पूरे संसार में महामारी की तरह पसरती जा रही बाल मजदूरी और बाल दासता पर किसी का ध्यान भी नहीं जाता था। ये बुराइयां विश्व के करीब 121 देशों का जन-जीवन तेजाब की तरह धीरे-धीरे तबाह कर रही थीं और उनको इसका भान तक नहीं था। भारतीय समाज में तो बाल दासता किसी भी स्तर पर कोई मुद्दा थी ही नहीं। यहां लोगों को उन बातों पर धरने-प्रदर्शन आयोजित करने का शौक था, जिनका आज तक कोई नतीजा निकला ही नहीं। न तो सरकार और न ही कोई गैर सरकारी संगठन इस विषय पर काम कर रहे थे। ऐसे माहौल में सिर्फ कैलाश सत्यार्थी ने भारत समेत विश्व के 117 देशों में खुद प्रयास करके बाल दासता को सामाजिक, राजनीतिक व कानूनी मुद्दा बनाया। उनकी कोशिशों से इन्हीं क्षेत्रों में कार्य करनेवाले हजारों लोग प्रभावित होते गए और उनके साथ आते गए।

इंजीनियरिंग की नौकरी तथा अच्छा-खासा भविष्य छोड़कर मानवाधिकारों, बाल मुक्ति तथा शिक्षा के क्षेत्र में 1980 से आज तक खुद को खपानेवाले कैलाश सत्यार्थी जैसे लोगों की वजह से ही आज पूरे विश्व को पता है कि अफगानिस्तान, अल्बानिया, अल्जीरिया, अंगोला, एंटीगुआ-बारबूडा, अर्जेंटीना, आर्मीनिया, आस्ट्रेलिया, आस्ट्रिया, अजरबेजान, बहामास, बेल्जियम, बेनिन, भूटान, बोलिविया, बोस्निया-हर्जेगोविना, बोत्सवाना, ब्राजील, ब्रुनेई, बुल्गारिया, बुर्किनोफासो, बर्मा, बुरुन्डी, कंबोडिया, कैमरून, कनाडा, केप वेर्दे, अफ्रीका, चिली, चीन, कोलम्बिया, कोमोरोस, कोंगो, कोस्टा रिका, क्रोएशिया, क्यूबा, साइप्रस, चेक गणराज्य, डेनमार्क, डिजीबुटी, डोमनिकन गणराज्य, इक्वाडोर, मिस्र, अल सालावाडोर, गिनी, इरिट्रिया, एस्तोनिया, इथियोपिया, फिजी, फिनलैंड, फ्रांस, गैबन, गाम्बिया, जार्जिया, जर्मनी, घाना, ग्रीस, गुएटमाला, गिनी बिस्सौ, गुयाना, हैती, होंदुरास, हंगरी, आईलैंड, भारत, इंडोनेशिया, ईरान, ईराक, आयरलैंड, इज़रायल, इटली, जमैका, जापान, जार्डन, कज़किस्तान, केन्या, किरबाती, कोरिया, कुवैत, लाओस, लाटविया, लेबनान, लेसेथो, लाइबेरिया, लीबिया, लिथुंनिया, लक्समबर्ग, मकदूनिया, मेडागास्कर, मालावी, मलेशिया, मालदीव, माली, माल्टा, मार्शल द्वीप, मरिटानिया, मॉरीशस, मैक्सिको, माइक्रोनेशिया, माल्दोवा, मंगोलिया, मोंतेनेर्गो, मोरोक्को, मोज़ाम्बिक, नामीबिया, नेपाल, नीदरलैंड, न्यूजीलैंड, निकारागुआ, नाइगर, नाइजीरिया, नार्वे, ओमान, पाकिस्तान, पलाऊ, पनामा, पापुआ न्यूगिनी, पैराग्वे, पेरू, फिलिपीन्स, पोलैंड, पुर्तगाल, कतर, रोमानिया, रूस, अवान्दा, सेंट लूसिया, सेंट मार्टिन, सेंट विन्सेंट, सउदी अरब, सेनेगल, सर्बिया, सेशेल्स, सिएरा लियक्चन, सिंगापुर, स्लोवाक गणराज्य, स्लोवेनिया, सोलोमन आइलैंड, सोमालिया, दक्षिण अफ्रीका, दक्षिण सूडान, श्रीलंका, सुदान, सूरीनाम, स्वीट्ज़रलैंड, स्वीडन, सीरिया, तज़ाकिस्तान, तंजानिया, थाईलैंड, तिमोर लेस्टे, टोगो, त्रिनिदाद और टोबागो, टयूनीसिया, टर्की, तुर्कमानिस्तान, उगांडा, यूक्रेन, संयुक्त अरब अमीरात, ब्रिटेन, अमरीका, उरुग्वे, उज्बेकिस्तान, वेनेजुएला, वियतनाम, यमन, जाम्बिया और जिम्बाब्वे में मानव तस्करी, अंग व्यापार, इंसानों की खरीद-फरोख्त, बाल दासता, बाल वेश्यावृत्ति, अपराधों में बच्चों का प्रयोग, बाल मजदूरी, बाल अधिकारों का हनन, चाइल्ड पोर्नोग्राफी, भाड़े के सैनिकों के रूप में बच्चों का प्रयोग तथा जघन्य

अपराधों के साथ ही मादक पदार्थों की तस्करी में अल्पायु बच्चों का जबरन इस्तेमाल किस देश में कहां-कहां तथा कैसे किया जा रहा है। सोचने वाली बात है, एक हिन्दुस्तानी का इतना व्यापक असर!

महानता की ऊंचाइयों तक कैलाश सत्यार्थी का यह सफर यूं ही नहीं शुरू हो गया। सबसे पहले उनको सामाजिक क्षेत्र में मौलिक कार्यों को बढ़ावा देनेवाले एक विख्यात अमरीकी बिल ड्रेटन ने महत्त्व दिया।

इसके बाद कैलाश सत्यार्थी के पास आर्थिक आधार भी था। उन्होंने ही सबसे पहले 1995 के आसपास अमेरिका, ब्रिटेन और जर्मनी समेत पूरी दुनिया का ध्यान इस तथ्य की ओर आकृष्ट किया कि हिन्दुस्तान, नेपाल, पाकिस्तान और बांग्लादेश जबरिया मजदूरी तथा देहव्यापार की दुनिया का गोदाम, मंजिल, अड्डा और ठिकाना बनता जा रहा है। उन्होंने तब ही कह दिया था कि आगे चलकर यह कारोबार और बढ़ेगा। आज कैलाश सत्यार्थी का ज़िक्र अमेरिकी सरकार के प्रकाशनों में होता है, मगर 1995 तक उनकी बात को अमरीका में भी गंभीरता से नहीं लिया जा रहा था।

उन्होंने अपने कार्य का विस्तार करना शुरू किया और अपनी शुरुआती लड़ाई की सारी ताकत बंधुआ मजदूरी से हटाकर बाल दासता के प्रत्येक पहलू का सफाया करने में झोंक दी। बाल श्रम के आधार पर टिके हर तरह के उत्पादों के घरेलू और विदेशी उपभोक्ताओं को उन्होंने धीरे-धीरे बाल श्रम के विरोधियों के रूप में तैयार करना शुरू किया। इस काम में

बचपन बचाओ आंदोलन के बच्चे अस्मिता के साथ

उनके एकमात्र पुत्र भुवन ऋभु ने कानूनी मोर्चे पर, पत्नी सुमेधा एवं पुत्री अस्मिता ने जनमत बनाने, सामाजिक जागरुकता पैदा करने तथा विभिन्न आयोजनों में उनका निरंतर साथ देने का काम किया। पिछले करीब 30 साल से उनका घर एक तरह से बाल दासता से मुक्त कराये गए बच्चों की शरणस्थली तथा उनका आरंभिक प्रशिक्षण स्थल भी बन गया था। जब उन्होंने इन बच्चों को समर्थ बनाना शुरू किया तो मानवाधिकारों के इस अनूठे क्रांतिवीर पर अन्य संगठनों की निगाह भी गई।

कारखानों में बच्चों को जानवरों की तरह रखकर उनसे 10-12 घंटे काम करानेवालों के ख़िलाफ़ कैलाश सत्यार्थी की एक के बाद एक छापामार कार्रवाई के कारण बाल अधिकारों का मुद्दा पहली बार अंतर्राष्ट्रीय स्तर पर उठने लगा।

इसी दौरान सत्यार्थी के कार्य से प्रेरित होकर ही पहली बार यूरोप और भारत के मानवाधिकार संगठनों के साथ ही यूनिसेफ-इंडिया और जर्मन सरकार की संस्था भारत-जर्मन निर्यात प्रोत्साहन परिषद् ने संयुक्त रूप से भारत से सामान मंगानेवाले आयातकर्ताओं की मदद के लिए एक कार्यक्रम बनाया, जिसके तहत आयातकों को यह गारंटी दी जाती थी कि मंगाए गए किसी उत्पाद में बाल श्रम का उपयोग नहीं हुआ है।

1980 से 1993 के बीच असहयोग, अपमान और उपेक्षा का दंश झेलकर भी अनगिनत कुर्बानी देनेवाले कैलाश सत्यार्थी अचानक ही कोई ऐसी हस्ती नहीं रहे थे, जिस पर कोई कारखाना ठेकेदार हिंसक हमला करके सलामत बच जाए। वाकई अब वह एक अंतर्राष्ट्रीय हस्ती बनने लगे थे। उनकी बात न केवल सुनी, बल्कि संजीदगी से समझी भी जाने लगी थी। जल्दी ही 'रगमार्क प्रमाणीकरण' 30 देशों के आयात-निर्यात उद्योग की अनिवार्यता बन गया। विदेशों में दस्तकारी उद्योग का कोई भी सामान रगमार्क का निशान या लेबल देखे बिना खरीदा ही नहीं जाता था।

लोकतांत्रिक मूल्यों में कैलाश सत्यार्थी की इतनी ज्यादा आस्था है कि 'रगमार्क' के निदेशक मंडल में उन्होंने स्वयंसेवी संगठनों, भारत-जर्मन निर्यात प्रोत्साहन परिषद्, यूनिसेफ और बाल श्रम विरोधी कालीन निर्माताओं के संगठन के प्रतिनिधियों को ही सारे अधिकार सौंपे। 'रगमार्क फाउंडेशन' नर्क में फंसे बाल श्रमिकों के परिवारों की आर्थिक मदद करने के साथ ही आरंभिक तौर पर उनके परिवार के बड़ों को कालीन उद्योग में रोजगार

दिलाती थी। साथ ही यह संस्था बच्चों से काम न लेनेवाले कालीन, ईंट भट्ठा, पीतल तथा दस्तकारी कार्यों पर आधारित उद्योग-धंधों के उद्यमियों की भी अंतर्राष्ट्रीय स्तर पर मदद करती थी।

बाल श्रम के बारे में एक चौंकानेवाली बात यह है कि पूरे संसार के बाल श्रमिकों में से 30% यानी 80 करोड़ बाल श्रमिक केवल दक्षिण एशियाई देशों से ही हैं। आपको आसानी से यकीन नहीं होगा कि इनमें से कम-से-कम दो करोड़ बच्चे परंपरागत रूप से पीढ़ी दर पीढ़ी बाल दासता के शिकार हैं। उनके दादा-दादी, नाना-नानी और माता-पिता किसी न किसी कारण से किसी सरमायेदार की गुलामी ही करते रहे हैं। उन परिवारों में अशिक्षा थी। वे बेइन्तहा गरीबी का शिकार थे और सूदखोरों के कर्ज़ों से लदे हुए थे। कोई मानेगा नहीं मगर सच तो यही है कि भारत में भी 14 करोड़ कामकाजी बच्चों में से लगभग छः करोड़ बच्चे बंधुआ मजदूरी में हैं और प्रत्यक्ष-अप्रत्यक्ष तौर पर एक करोड़ बच्चे बाल दासता का जीवन बिता रहे हैं। अंतर्राष्ट्रीय स्तर पर इस तथ्य को सही माना गया है कि ये बच्चे आर्थिक दबावों के चलते माँ-बाप या उनके न रहने पर गरीब परिजनों द्वारा कर्ज़ों की एवज़ में गिरवी रख दिए जाते हैं। बाल दासता का यह तन्त्र इसलिए सलामत है क्योंकि हर बार जितने बच्चों को इस दलदल से निकाला जाता है, उससे ज्यादा उसमें फिर से धंस जाते हैं। सबसे मार्मिक तथ्य यह है कि काम की एवज़ में इन बच्चों को शायद ही गुज़ारे लायक मजदूरी कहीं मिलती होगी। कई इलाकों में इन बच्चों की तादाद बढ़ जाने पर उनसे दूसरे घृणित काम-धंधे कराए जाते हैं।

इन संस्थाओं ने भी अब भारतीय उपमहाद्वीप में बाल श्रम में लगे बच्चों के दीर्घकालिक पुनर्वास को मदद देनी शुरू की। यह कार्यक्रम आरम्भ में 1994 के दौरान भारत में संचालित किया गया, लेकिन दो वर्षों के भीतर ही कैलाश सत्यार्थी का नाम नेपाल भी पहुंच गया। निःसंदेह 'अशोका फेलोशिप' की वजह से सत्यार्थी की विश्वसनीयता को चार चांद लग गए थे।

इस बीच कैलाश सत्यार्थी को 1981 से सक्रिय ब्रिटेन की अंतर्राष्ट्रीय संस्था 'पीस ब्रिगेड इंटरनेशनल' (पीबीआई) ने अहिंसक आंदोलनों के जरिये लम्बे समय तक मानवाधिकारों के क्षेत्र में कार्यरत रहने के लिए 1994 में विश्वविख्यात 'आचेनर इंटरनेशल अवार्ड' देने का फैसला लिया।

अगले ही साल 1995 में सौ वर्ष से ज्यादा समय से अंतर्राष्ट्रीय उपभोक्ता संरक्षण के क्षेत्र में कार्यरत अमेरिकी संस्था 'नेशनल कंज़्यूमर लीग' (एनसीएल) ने कैलाश सत्यार्थी को बाल अधिकारों के संरक्षण, बाल श्रमिकों के पुनर्वास तथा व्यावसायिक उत्पादों में बाल श्रम के खिलाफ पूरे विश्व को जगाने के लिए आयोजित पद यात्राओं की वैश्विक सोच को मान देते हुए उनको 'ट्रम्पेटियर अवार्ड' प्रदान किया।

उसी वर्ष 1995 में ही अमेरिका के पूर्व राष्ट्रपति जॉन एफ. कैनेडी के भाई तथा सिनेटर के नाम पर गठित विख्यात अमरीकी संस्था 'रॉबर्ट एफ. कैनेडी सेंटर फॉर जस्टिस एंड ह्यूमन राइट्स' ने उनको 'रॉबर्ट एफ. कैनेडी मानवाधिकार अवार्ड' प्रदान किया। यह अवार्ड विभिन्न देशों में मानवाधिकारों, बाल दासता तथा बाल श्रम के क्षेत्र में जान जोखिम में डालकर भी सामाजिक भलाई के साहसी कार्य करनेवाले विरले लोगों की उपलब्धियों को सराहने के लिए, 1984 से प्रदान किया जाता है। इस वित्तीय अनुदान के साथ इस सम्मान में पुरस्कृत व्यक्ति को संस्थान के संसाधनों और तकनीकी के उपयोग का अधिकार भी मिलता है।

इस दौरान जर्मनी, नेपाल और भारत के साथ ही कैलाश सत्यार्थी के अभियान में मदद देने के लिए पहली बार खुले तौर पर अमेरिका ने दिलचस्पी दिखानी शुरू की। इसके बाद जन्मा 'रगमार्क इंटरनेशल', जो अगले दो सालों में मई, 1998 तक विश्व के 144 से अधिक देशों में फैल गया। उसी वर्ष 1998 में उनको नीदरलैंड का सबसे बड़ा सम्मान 'गोल्डन विम्पेल अवार्ड' भी प्रदान किया गया। वस्तुतः यह अवार्ड शुद्ध सोने से बनी, किसी छोटी-सी जलपोत की तरह एक कलात्मक पिन के रूप में होता है और प्रकृति तथा मानवता की सेवा के लिए कुछ दुर्लभ लोगों को ही दिया जाता है। उसी साल, 1998 में ही सत्यार्थी ने बाल श्रम के विरुद्ध वैश्विक मार्च (ग्लोबल मार्च अगेंस्ट चाइल्ड लेबर) आंदोलन भी खत्म कर दिया। इस आन्दोलन को तो गजब का जनसमर्थन मिला। जननायक, फिल्मी हस्तियां, न्यायविद्, मीडिया, सरकारें और संस्थाएं सभी सहयोग के लिए आगे आ रही थीं। कौन सत्यार्थी को समर्थन देने में पीछे था, कहना मुश्किल है। पहली बार सत्यार्थी ने बाल श्रम को वैश्विक चेतना से जोड़ा और कहा कि बाल अधिकारों की रक्षा, बालकों को मुफ्त शिक्षा, उनकी हर प्रकार के शोषण से रक्षा और स्वास्थ्य सुनिश्चित करना विश्व समुदाय

का दायित्व है और सबने इसे स्वीकार किया। मैं पहले ही बता चुका हूं कि इस मार्च में 144 से ज्यादा देशों ने भाग लिया। साथ ही उन्होंने उसी वर्ष समाज के उपेक्षित और शोषित वर्गों को विश्व नागरिक समाज (ग्लोबल सिविल सोसाइटी) के अधीन वैश्विक शिक्षा आन्दोलन (ग्लोबल कैम्पेन फ्यूचर एजुकेशन) की भी शुरुआत की। उनके इस अभियान को 140 देशों के 18 करोड़ लोगों और हजारों संगठनों ने सहयोग देने का आश्वासन और वचनबद्धता प्रदर्शित की। इनमें शिक्षक, छात्र, विभिन्न समाजसेवी संगठन, बाल अधिकार कार्यकर्ता और जन नेता भी शामिल थे ।

कैलाश सत्यार्थी की सक्रियता से पहले तक पूरी दुनिया को बाल-दासता के इस भूमिगत, दिल दहलानेवाले और अविश्वसनीय चेहरे का सतही तौर पर भी अनुमान नहीं था। अन्तर्राष्ट्रीय सम्मानों से हौसला बढ़ा तो कैलाश सत्यार्थी ने 'बचपन बचाओ आन्दोलन' को भी पूरे संसार में फैलाने के प्रयास करने शुरू कर दिए।

कैलाश सत्यार्थी आज विश्वभर में बाल दासता तथा बाल मजदूरी के विरुद्ध संघर्ष के पर्याय हैं। वे बाल दासता विरोधी विश्व आंदोलन (ग्लोबल कैम्पेन फॉर एजुकेशन) के संस्थापक अध्यक्ष हैं। वे भारत में बचपन बचाओ आंदोलन के प्रणेता भी हैं। ये दोनों संगठन अलग-अलग लगभग डेढ़ सौ देशों में सक्रिय हैं। अत्यंत जोखिम भरी गुप्त छापामार कार्रवाईयों द्वारा उन्होंने स्वयं और अपने नेतृत्व में 'बचपन बचाओ आंदोलन' ने लगभग 84 हजार बच्चों को मुक्त कराकर पुनर्वास से भी लाभान्वित किया। उनका जीवन हमेशा खतरों में ही रहा है क्योंकि दुनिया-भर में मासूम बच्चियों और बच्चों की तस्करी व व्यापार करने वाले तथा बच्चों से गुलामी कराने वाले माफिया उन्हें अपना सबसे बड़ा दुश्मन मानते हैं।

उनके प्रयासों के परिणामस्वरूप सर्वोच्च न्यायालय एवं उच्च न्यायालयों द्वारा ऐसे दर्जनों ऐतिहासिक फैसले दिए गए हैं, जिनसे बंधुआ मजदूरी, बच्चों की गुमशुदगी, बाल दुर्व्यापार, बालश्रम के कई घिनौने आयामों एवं शिक्षा तथा पुनर्वास के महत्वपूर्ण मुद्दों को परिभाषित किया गया है। इन फैसलों से देश के लाखों बच्चों को सीधे तौर पर तो फायदा पहुंचा ही, केन्द्र और राज्य सरकारों को व्यापक नीति परिवर्तन करने पड़े।

1999 तक बच्चों की गुलामी और खतरनाक हालातों की बाल मजदूरी को रोकने के लिए कोई अंतर्राष्ट्रीय कानून नहीं बना था। ऐसे किसी कानून

की मांग उठाने वाले पहले व्यक्ति श्री सत्यार्थी थे। लिखा-पढ़ी करने की बजाय एक मांग को लेकर उन्होंने एक ऐतिहासिक पहल की, जो विश्व जन आंदोलन के इतिहास की सबसे प्रभावशाली घटनाओं में एक है।

1998 में उन्होंने बाल श्रम विरोधी विश्व यात्रा का आयोजन एवं नेतृत्व किया। जनवरी से जून तक चलने वाली 80 हजार किलोमीटर की इस यात्रा में अमेरिकी राष्ट्रपति बिल क्लिंटन, ब्रिटिश प्रधानमंत्री टोनी ब्लेयर, फ्रांस के राष्ट्रपति शेराक, भारत के राष्ट्रपति के. आर. नारायणन सहित 70 से अधिक देशों के राष्ट्रपतियों, प्रधानमंत्रियों, राजा-रानियों आदि ने भी भाग लिया। कुल 72 लाख से अधिक बच्चे, महिलाएं और पुरुष इसमें शामिल हुए।

वे पहले गैर सरकारी व्यक्ति हैं, जिन्हें सन् 2000 में संयुक्त राष्ट्र महासभा के अधिवेशन को संबोधित करने का मौका मिला। महाधिवेशन के दौरान चलने वाली समानांतर बैठकों और कार्यक्रमों में तो विशेषज्ञ लोग हिस्सा लेते रहे, किंतु महासभा के मुख्य अधिवेशन को सिर्फ प्रध ानमंत्री या राष्ट्रपति ही संबोधित कर सकते हैं। 2009 का विशेष सत्र बाल अधिकारों पर केन्द्रित था। इसलिए संयुक्त राष्ट्र सभा ने अपने प्रोटोकॉल में परिवर्तन करके उनको अवसर दिलाया। उन्हें अमेरिका, ब्रिटेन, जर्मनी, इटली आदि देशों की संसदों की विशेष बैठकों को संबोधित करने का भी मौका मिला है। वे बाल मजदूरी और शिक्षा पर संयुक्त राष्ट्र संघ की कई महत्त्वपूर्ण समितियों के सदस्य हैं। उन्हें ऑक्सफोर्ड, हार्वर्ड, प्रिंसटन जेसे कई विश्वविद्यालयों में व्याख्यान देने हेतु आमंत्रित किया जाता रहा है।

कैलाश सत्यार्थी पहले भी नोबेल शांति पुरस्कार के लिए नामित हो चुके हैं। इनमें से एक बार तत्कालीन अमेरिकी सिनेटर और अब विदेशी मंत्री हिलेरी क्लिंटन ने उनके नाम का प्रस्ताव किया था। उनको जानने वाले बताते हैं कि वह भले ही पिछले दो दशकों से बाल श्रम के खिलाफ़ आवाज़ उठा रहे हैं और इस आंदोलन को वैश्विक स्तर पर ले जाने के लिए जाने जाते हैं। मगर पहले से ही उनके मन में इसी प्रकार की भावनाएं रहीं हैं। जाति-पांति में उनका विश्वास नहीं है। जब वह छात्र थे, तब विदिशा के नीमताल चौराहे पर उन्होंने गांधी जयंती पर दलितों से भोजन बनवाया और बिना किसी की परवाह किए बीच चौराहे पर ही सबके साथ भोजन खाया। आर्यसमाजी नेता स्वामी अग्निवेश के साथ उन्होंने बंधुआ मुक्ति मोर्चा में भी काम किया।

इसके फौरन बाद 1999 में सत्यार्थी को मानवाधिकार के क्षेत्र में असाधारण सेवा के लिए स्पेन ने 'होस्पिटलेट' अवार्ड प्रदान किया। इसी साल जर्मनी ने सामाजिक न्याय और बाल दासता उन्मूलन के लिए अंतर्राष्ट्रीय जागरुकता फैलाने के लिये कैलाश सत्यार्थी को 'फ्रैद्रिख एबर्टस्ति तुंग' अवार्ड प्रदान किया। कैलाश सत्यार्थी को यह श्रेय भी दिया गया कि जून, 1998 में उन्होंने अंतर्राष्ट्रीय श्रम संगठन (आईएलओ) के 86 अधिवेशन को संबोधित करके ऐसा वातावरण बनाया, जिसकी बदौलत आईएलओ ने 6 जून, 1999 को विधिवत एक प्रस्ताव पारित करके बाल श्रम के विरुद्ध पूरे संसार में अभियान चलाने का निर्णय लिया। आईएलओ ने भी स्वीकार किया कि विश्व में 24 करोड़ से अधिक बच्चे मजदूरी करके जीवनयापन हेतु बाध्य हैं। ये बच्चे दस्तकारी, कपड़ा, कालीन, कपास, आतिशबाज़ी और खदान उद्योग में सर्वाधिक हैं और उनको बचाने का प्रयास किसी देश ने नहीं किया है।

इस बीच कैलाश सत्यार्थी ने संसार क हर देश में जाकर बाल श्रम के हर स्वरूप की धज्जियां उड़ाने और जनमत बनाने का काम जारी रखा। लोग उनके साथ आते जा रहे थे और उनकी बातें गंभीरता से सुनी जा रही थीं।

2002 में उनको अमेरिका में मिशिगन विश्वविद्यालय ने प्रतिष्ठित 'वालेनबर्ग मेडल' देने का फैसला किया। देखा जाए तो स्वीडन के विश्वविख्यात कूटनीतिज्ञ वालेनबर्ग के नाम पर यह सम्मान पानेवाला व्यक्ति अपने आप ही नोबेल पुरस्कार समिति तथा संसार के तमाम समाजसेवी संगठनों की निगाह में भी चढ़ जाता है। यह मैडल उन असाधारण मानवतावादियों को दिया जाता है, जो संसार के किसी भी देश में असहाय, बेसहारा और दबे कुचले लोगों की मदद के अभियानों का संचालन करते हैं। वालेनबर्ग ने भी द्वितीय विश्व युद्ध के दौरान असहाय, आतंकित और बदहाली का शिकार उन लाखों यहूदियों को बुडापेस्ट में बचाया था।

2006 में सत्यार्थी को अमेरिका का प्रतिष्ठित 'फ्रीडम अवार्ड' प्रदान किया गया। 'फ्रीडम अवार्ड' की स्थापना 1933 में विश्व प्रसिद्ध वैज्ञानिक अल्बर्ट आइंस्टीन की पहल पर की गयी थी। यह सम्मान भी मानवाधिकारों और इतिहास को प्रभावित करने की क्षमता रखनेवाले समाजसेवी आंदोलनों के प्रणेताओं को दिया जाता है।

2006 में पहली बार कैलाश सत्यार्थी का नाम अमेरिकी संसद में उठा। अमरिकी सरकार ने बाल अधिकारों के हनन के बारे में अपनी रपट की शुरुआत तक उनके 'बचपन बचाओ आन्दोलन' के उल्लेख के साथ की और खुलकर यह वचनबद्धता भी प्रदर्शित की कि सत्यार्थी जैसे बाल अधिकारों के रक्षकों की हर संभव मदद अमेरिकी सरकार भी करेगी।

अगले ही वर्ष 2007 में उनको अमेरिकी विदेश विभाग ने बाल दासता के क्षेत्र में देश का सबसे विशिष्ट सम्मान 'हीरो एक्टिंग तो एंड मॉडर्न डे स्लेवरी' प्रदान किया। इस समय तक सबको आभास हो चला था कि एक न एक दिन कैलाश सत्यार्थी को नोबेल मिलना ही है। उसी वर्ष उनको इटली की संसद ने बाल अधिकारों और बाल श्रम के साथ ही असाधारण कार्यों से पूरे मानव समाज को सचेत करने के लिये 'मैडल ऑफ इटालियन सीनेट' सम्मान प्रदान किया।

2008 में स्पेन सरकार ने उनको बाल श्रम के बारे में दुनिया को जागृत करने तथा मानवाधिकारों के संरक्षण हेतु 'अंतर्राष्ट्रीय अलफांसो कोमिन' अवार्ड प्रदान किया। इसके फौरन बाद 2009 में समस्त अमेरिकी सांसदों ने कैलाश सत्यार्थी को लोकतंत्र के रक्षक सम्मान 'डिफेंडर्स ऑफ डेमोक्रेसी अवार्ड' प्रदान किया। अमरिकी विदेश सचिव हिलेरी क्लिंटन ने तो तभी कहना शुरू कर दिया था कि कैलाश सत्यार्थी को नोबेल पुरस्कार मिलना ही चाहिए।

जब नरेन्द्र मोदी प्रधानमंत्री बने तो कैलाश सत्यार्थी ने ट्वीट किया था, 'एक चाय बेचने वाले लड़के ने प्रधानमंत्री बनकर अपने निंदकों का मुंह बंद कर दिया है। अब उस (बच्चे) की बारी है कि वह सुनिश्चित करे कि कोई भी बच्चा बाल श्रम के फंदे में न फंसाया जाए।'

9 

महाकामयाबी के गुरु मंत्र

पिछले एक दशक में कैलाश सत्यार्थी ने जिस अकल्पनीय रफ्तार से पूरे संसार में अपार सफलताएं पायी हैं, उनसे खास तौर से युवा पीढ़ी बहुत कुछ सीख सकती है। मध्यप्रदेश के एक अल्प विकसित नगर विदिशा के निवासी और शिक्षा की दृष्टि से केवल इंजीनियरिंग योग्यता रखनेवाले इस महामानव की कार्यशैली में ऐसा क्या है, जिससे हर कोई प्रभावित होता है? आखिर उनमें वह कौन-सा चमत्कारिक तत्व है, जो हिन्दुस्तान के नाम पर नाक-भौं चढ़ानेवाले विदेशी तक उनको सर माथे रखे हुए हैं?

सत्यार्थीजी के जीवन से सबसे पहली बात जो सीखी जा सकती है, वह है- करो वही जिसे करने और हासिल करने की आपको हार्दिक अभिलाषा हो। जिस कार्य में भी आपकी आस्था है, सिर्फ उसी को चुनिए। आपको सफल होने से कोई भी रोक नहीं पाएगा। कैलाश सत्यार्थी के मन में बचपन से ही बहुत से बच्चों के स्कूल न जा पाने, गरीब बच्चों के भोजन-शिक्षा और उनको औरों के बराबर अधिकार दिलाने की तड़प थी। उन्होंने इस तड़प को पहचाना और वही मार्ग चुना, जिसके जरिये वह लोगों के सपने पूरे करने में मदद कर सकें। उन्होंने दिखा दिया कि असंभव लगने के बावजूद संसार में हर उस लक्ष्य को आसानी से हासिल किया जा सकता है, जिसके लिए दिलो-जान से कोशिश की जाए।

अमेरिकी सांसदों द्वारा उनको लोकतंत्र का रक्षक बताया गया। वहां उनको चार बड़े सम्मान मिले। जर्मनी में तीन सम्मान। ब्रिटेन में दो सम्मान; स्पेन, नीदरलैंड और इटली से एक-एक सर्वोच्च सम्मान। आखिर किस

तरह कैलाश सत्यार्थी इतना ऊंचा उठ पाए? क्या दूसरे लोग भी उनकी तरह ऊंचाई हासिल कर सकते हैं?

संभावनाएं हर एक में:

कैलाश सत्यार्थी का उत्तर है, 'बेशक! हर इंसान में आगे बढ़ने की अपार संभावनाएं हैं। समस्या नज़रिए की है। लोग खुद आगे बढ़ना चाहते हैं और मैं कहता हूं औरों की आगे बढ़ने में मदद करो, उनके सफ़र में सबसे पीछे लगे रहो, आप भी मंजिलें पा लोगे।'

एक आम इंसान कैलाश सत्यार्थी के जीवन से सीख लेकर किस तरह आगे बढ़ सकता है? यह जानने से पहले हम उनकी कार्यशैली, जीवन के सिद्धांतों, गतिविधियों के संचालन और महाप्रबंधन शैली को जानेंगे।

सत्यार्थी का सुनियोजित समाजसेवी जीवन एक सामाजिक कार्यकर्ता, समाज सुधारक, राजनेता और सन्त स्वामी अग्निवेश के 'बंधुआ मुक्ति मोर्चा आंदोलन' के साये तले 1981 में शुरू हुआ था। सत्यार्थी की तरह अग्निवेश भी भारत के एक पिछड़े क्षेत्र में 21 सितंबर, 1939 को जन्मे, जो अब छत्तीसगढ़ राज्य का हिस्सा है। स्वामी अग्निवेश सत्यार्थी से ज्यादा पढ़े-लिखे हैं। उन्होंने कोलकाता से कानून और बिजनेस मैनेजमेंट की शिक्षा हासिल की है।

उम्र और उपाधियों में सत्यार्थी से अधिक होने के बावजूद अग्निवेश उपलब्धियों के मामले में सत्यार्थी के आगे कहीं नहीं ठहरते। साठ साल की उम्र तक सत्यार्थी ने विश्व के 144 देशों में अपनी काबिलीयत का परचम फहराया, जबकि अग्निवेश भारत में भी ऐसा कोई कारनामा नहीं कर पाए। आखिर उनमें क्या कमी रही? कहां कमी रही?

विदिशा से समाजवादी पार्टी के सांसद चौधरी मुनव्वर सलीम ने सुमेधा कैलाश की युवावस्था के कई किस्से बताए। उनमें एक वाकया तो वह था, जब मुनव्वर सलीम को दिल का दौरा पड़ा और समय पर धन का इंतजाम नहीं हो पाया, तब सत्यार्थी के पुत्र भुवन ऋभु (अब सर्वोच्च न्यायालय के कामयाब वकील) ने सत्यार्थी परिवार की ओर से तमाम व्यवस्थाएं कीं। एक अवसर पर तो उन्होंने अस्पताल प्रबंधन से यहां तक कह दिया, 'चाहे सब कुछ बिक जाए, सलीम जी को मरने के लिए नहीं छोड़ेंगे।'

इसी तरह के कुछ और वाकये हैं, जिनमें से एक उनकी सासूमां ने मुझे बताया कि जब वे लोग उनका विवाह सुमेधा के साथ करने की

तैयारी में थे, तो कैलाश के एक परम मित्र अभय श्रीवास्तव ने उन लोगों से यह कह दिया कि कैलाश तो बहुत बवाली है। होटलों, ढाबों और रेलवे-बस अड्डों पर काम करनेवाले बच्चों को बचाने के लिए आंदोलन करता फिरता है। अपनी बेटी को कहां धकेल रहे हैं आप लोग? जब कैलाश को यह पता चला, तब भी उन्होंने अपने मित्र के खिलाफ हमसे कुछ नहीं कहा। आज तक नहीं कहा।

संघर्ष के दौर से गुजरते कैलाश

साथ निभाओ, साथी कमाओः

जाहिर है जो व्यक्ति महान होगा, वह अपनों का हर कीमत पर साथ देगा और अप. नों से मतभेद हो जाने पर उनका नुकसान नहीं करेगा। कैलाश सत्यार्थी के बारे में हर तरह के विवाद पैदा करने वालों के खिलाफ भी उन्होंने आज तक कुछ नहीं कहा। उनकी जंग तो बाल दासता के खिलाफ थी, सो वह अपना सारा ध्यान और सारी ताकत उसी पर लगाए रहे। इससे यह समझा जा सकता है कि प्रत्येक व्यक्ति को अपनी सारी शक्ति अपने लक्ष्य को हासिल करने पर लगानी चाहिए।

कैलाश सत्यार्थी की शुरुआत स्वामी अग्निवेश के 'बंधुआ मुक्ति मोर्चा आंदोलन' से 1981 में हुई। मुझे सुमेधा कैलाश सत्यार्थी ने बताया कि पंजाब के एक ईंट भट्ठे पर कुछ हिन्दू-मुस्लिम बंधुआ बच्चों से जबरिया मजदूरी कराये जाने की शिकायत आने पर उन्होंने बहुत संघर्ष किया था और उस मामले में खींचे गए चित्रों को उन्होंने उच्च न्यायालय के सामने पेश करके सभी बच्चों को छुड़ाया था। उस घटना में बंधुआ मजदूर बच्चों की बड़ी संख्या से उन्होंने सबक लिया था कि भविष्य में केवल बच्चों को ही हर किस्म की दासता से मुक्त करने की कोशिश करेंगे। जब उन्होंने यह पहल की तो पाया कि बाल दासता, बाल शोषण, बाल देह व्यापार, बाल अशिक्षा, बाल तस्करी तथा बाल अपराधियों की समस्या पूरे विश्व में सही ढंग से उठाई ही नहीं जा रही है। उन्होंने इसी को अपनी ज़िंदगी का मकसद बनाया और बिना सरकार, समाज तथा किसी संसाधन की परवाह

किए आगे चल पड़े। इस उदाहरण से सीखा जा सकता है कि यदि कोई इंसान अपनी रुचि के क्षेत्र में सभी पहलुओं पर निगाह रख कर सबसे बढ़िया काम करने की दिल से कोशिश करे तो उसकी मदद संसार की सारी शक्तियां मिलकर करने लग जाती हैं। समस्याएं सफलता बन जाती हैं। बाधाएं मार्ग बन जाती हैं।

सांसद मुनव्वर सलीम ने बताया, 'शुरुआत से ही दद्दा अन्याय को बर्दाश्त नहीं करते थे। चाहे वह किसी पर भी हो रहा हो। वह पूजा-पाठी इंसान नहीं हैं। धर्म और अंधविश्वासों के ढकोसलों से कोसों दूर हैं। एक मामले में विदिशा के एक इमाम 'धर्म गुरु' को देर रात पुलिस ने किसी गलतफहमी में पकड़ लिया, तो पता चलते ही दद्दा भूख हड़ताल पर बैठ गए। एक और मसले में एक दलित बस्ती में आग लगने पर फायर ब्रिगेड पहुंचने में देर लगी तो लोगों को बचाने वे खुद आग में कूद पड़े और बुरी तरह जल गए।'

इस प्रकार की घटनाओं से पता चलता है कि महानता का बुनियादी सिद्धांत है, सही मामलों में दूसरों की सदा निःस्वार्थ मदद करनी चाहिए। इससे भी समाज में विश्वसनीयता, ख्याति और लगातार कामयाबी मिलती है। दूसरी ओर वह सदा उदार, सरल और निश्छल बने रहे। उन्होंने अपना बुरा करनेवालों से भी बदला नहीं लिया।

मदद कीजिए:

कैलाश सत्यार्थी ने 'बचपन बचाओ आंदोलन'; एक साथ कई राष्ट्रीय तथा अंतर्राष्ट्रीय संगठनों की परिकल्पना, निर्माण, प्रबंधन और संचालन किया और वह विश्व के कम-से-कम 40 अन्य संगठनों से जुड़े हुए हैं। क्या उनको यह मुकाम एक दिन में ही हासिल हो गया? इस सवाल के जवाब में उन्होंने बताया कि सिर्फ अपनी कामयाबी के लिए कभी कोई कोशिश नहीं करनी चाहिए। अलबत्ता ऐसा प्रयास करना करना चाहिए, जिससे आप कामयाब हों न हों, जिन लोगों के लिए आप काम करना चाहते हैं, वे सब कामयाब और खुश हो सकें।

उन्होंने बताया, 'तब मेरी उम्र 11 साल की रही होगी। छठी कक्षा का परीक्षा परिणाम आने वाला था। मैं इस बात से परेशान था कि मेरे साथ खेलने-कूदनेवाले कई गरीब बच्चे सिर्फ इसलिए पढ़ाई छोड़ रहे थे क्योंकि उनके माता-पिता के पास कॉपी-किताब का पैसा नहीं था। सो

मैंने अपने एक मित्र के साथ मिलकर एक ठेला किराए पर लिया। 30 अप्रैल को परीक्षा परिणाम आ गया। उसी दिन मैंने ठेला लगाया और उस पर चढ़कर मैंने मज़मा लगाया। बोलने लगा- बधाई, बधाई, बधाई! आपके बच्चे पास हो गए हैं, आप सभी को बधाई! देखते-देखते ठेले के चारों ओर भीड़ जुट गई।'

'मेरा हौसला बढ़ने लगा। मैंने कहना शुरू किया कि आज के बाद कई बच्चे स्कूल नहीं आएंगे, क्योंकि कई परिवारों के पास इतने पैसे नहीं हैं कि वे नई किताब खरीद सकें, पर अगर आप चाहें तो उनकी पढ़ाई जारी रह सकती है। आपके परिवारों को मुफ्त में दुआएं मिलेंगी। लोगों ने सवाल पूछने शुरू किए और मैंने बोलना जारी रखा। मैंने कहा कि आप लोगों के घर में जो भी पुरानी किताबें और आधी भरी कापियां हैं, उन्हें हमारे ठेले में डाल दें। जो बच्चे किताब नहीं खरीद सकते, उन्हें हम उनकी ज़रूरत की सारी पुस्तकें आपकी मदद से साल-भर के लिए पढ़ने को देंगे। अगले साल ये किताबें दूसरे बच्चों के काम आएंगी।'

इसके बाद तो देखते-ही-देखते मेरा ठेला दिन-भर में दो बार भरा। पहले ही दिन तकरीबन दो हजार किताबें जमा हुईं। मैं छठी कक्षा में था मगर मेरे पास बीए और एमए तक की किताबें जमा हो गयीं थीं। उन किताबों की मुझे समझ नहीं थी सो उनका गट्ठर अलग बनाने के लिए अपने बड़ों से मदद ली।

'फिर मैं कुछ स्कूलों के प्रधानाचार्यों से मिला। लगभग सभी ने मेरे संग्रह में दिलचस्पी ली और सबने मेरा मार्गदर्शन किया। कई प्राचार्यों ने तो मुझे अपनी ओर से भी किताबें भेंट कर दीं। इस प्रकार विदिशा में देखते-देखते पाठ्यपुस्तकों का एक ऐसा महान भंडार तैयार हो गया, जिसने आगे चलकर अनगिनत विद्यार्थियों को पढ़ाई बीच में छोड़ने के संकट से उबारा। अभी भी यह पुस्तकालय वहां चल रहा है और जरूरतमंद इसका लाभ उठा रहे हैं। ये किताबें छात्रों को साल-भर के लिए ही दी जाती हैं।'

'ज्यादातर होता यह है कि अगले साल तक किताबें लेने वाले छात्र भी अपनी किताबें वापस करते समय कुछ अतिरिक्त किताबें और जमा कर जाते हैं, जो उन्होंने कहीं से ली होतीं हैं या खरीदी होती हैं।' कैलाश सत्यार्थी के इस अनुभव से पता चलता है कि अगर आप दुनिया में दिल

से दूसरों की मदद करना चाहेंगे, तो पूरी दुनिया तब तक आपका साथ देगी, जब तक आपकी हरकतों में उनको कोई स्वार्थ नज़र नहीं आएगा ।

बेशकीमती सिद्धांतः

यह जानकर ही आपको यकीन आ पाएगा कि जिस कैलाश सत्यार्थी का आज संसार के 144 देशों में मान-सम्मान और अनुकरण किया जाता है, जिस व्यक्ति को संसार के अनेक देशों ने अपने राष्ट्र का सर्वोच्च सम्मान दिया है, जिस सत्यार्थी के एक भाषण से प्रेरित होकर अंतर्राष्ट्रीय श्रम संगठन पूरे विश्व में बाल दासता समाप्त करने को अपना नया लक्ष्य मान लेता है और जिस शख्स के लिए संयुक्त राष्ट्र संघ अपने नियमों में बदलाव कर देता है, उस व्यक्ति की कामयाबी का सफर एक अनजान बालिका को दासता से बचाने की उस घटना से शुरू हुआ था, जिसमें उनको काफी परेशानी उठानी पड़ी थी । वह कहते हैं, 'अपनी मदद तो जानवर भी कर लेते हैं। इंसान वह है, जिसका जीवन औरों के काम आए।'

1981 के दौरान कैलाश सत्यार्थी ने सिर्फ 'संघर्ष जारी रहेगा' पत्रिका निकाली थी। उनके पीछे न जन-समर्थन था और न ही उनको ऐसी कोई कामयाबी ही मिली थी, जो उन्हें महान बनाती, लेकिन उन्होंने अपने साथियों के साथ मिलकर इस पत्रिका को दबे-कुचले लोगों की आवाज़ बना दी। हाशिए पर ज़िंदगी और मौत से जूझ रहे लोगों के दर्द को इस पत्रिका ने समेटा। सत्यार्थी उस दौर को हिंदी पत्रकारिता के इतिहास में सामाजिक सरोकार की पत्रकारिता की शुरुआत मानते हैं।

उन्होंने बताया, 'अस्सी के पहले हिंदी पत्र-पत्रिकाओं में बंधुआ मजदूर जैसे शब्द भी नहीं थे। 'संघर्ष जारी रहेगा' में बाल मजदूरों की समस्याओं को भी काफी प्रमुखता दी जाती थी। एक दिन पत्रिका के कार्यालय में पंजाब से वासल खान नाम का एक व्यक्ति आया। उसने बताया कि वह और उसका परिवार पिछले पंद्रह साल से पंजाब के एक ईंट भट्ठा पर बंधुआ मजदूरी कर रहे हैं। भट्ठा मालिक उसकी 14 साल की मासूम बच्ची को दिल्ली से गए, दलालों के हाथों बेचने वाले हैं। मेरा खून खौल गया। ऐसा कैसे होने दिया जा सकता है?'

उनकी पत्नी सुमेधा ने बताया, 'इन्होंने तुरंत पंजाब जाने का फैसला किया और अपने कुछ साथियों और एक फोटोग्राफर को साथ लेकर उस

ईंट भट्ठे पर पहुंच गए। इन्होंने चौकीदार को खूब डराया-धमकाया और सारे बंधुआ मजदूरों को अपने ट्रक में बैठा भी लिया, लेकिन इसी बीच भट्ठा मालिक पुलिस के साथ आ धमका। मजदूरों के साथ मार-पीट तो हुई ही, साथ-ही-साथ इनके साथियों के साथ भी मारपीट की गई। पुलिस ने सभी को वहां से भाग जाने की चेतावनी दी। इनके फोटोग्राफर का कैमरा तोड़ दिया गया, लेकिन उसने फोटो खींची हुई तीन रील किसी तरह बचा ली थी। अगले दिन चंडीगढ़ और दिल्ली के अखबारों में यह फोटो पहले पृष्ठ पर प्रकाशित थी।

दिल्ली लौटने और जानकारों से सलाह-मशविरा करने के बाद कैलाश सत्यार्थी उच्च न्यायालय चले गए। उनके पास जो भी जमा-पूंजी थी, उसे खर्च करके इन लोगों द्वारा उन अनजान मजदूरों के हक में मुकदमा दायर किया गया, जो हमारे कुछ भी नहीं लगते थे। अदालत ने 48 घंटे के भीतर उन सभी मजदूरों को सही सलामत पेश करने का फरमान जारी कर दिया। अगले ही दिन वे बंधुआ मजदूर दिल्ली लाए गए। उन्हें वर्षों की गुलामी से मुक्ति मिली। राष्ट्रीय स्तर पर कैलाश सत्यार्थी की यह पहली बड़ी जीत थी। उनको खूब शोहरत मिली। इससे यह साबित होता है कि जब आप कोई भी काम अपने स्वार्थ से ऊपर उठकर साफ दिल से करते हैं, तब कामयाबी मिलनी तय होती है।

कैलाश सत्यार्थी किसी की आलोचना या बुराई में नहीं पड़ते। स्वामी अग्निवेश के बंधुआ मुक्ति मोर्चा से अलग होने के फैसले पर तीखा बोलने के बजाय वह कहते हैं, 'मैंने महसूस किया कि बंधुआ मजदूरों में बहुत बड़ी संख्या बच्चों की है। इस वजह से मैंने 'बचपन बचाओ आंदोलन' का गठन किया था। किसी की बुराई या आलोचना को वह गैर जरूरी मानते हैं। कहते हैं आरोप-प्रत्यारोप में कीमती समय नष्ट करना ही बड़ी मूर्खता है।

दिल्ली की प्रसिद्ध मनोचिकित्सक डॉ. संस्कृति सिंह उनके व्यक्तित्व का विश्लेषण करते हुए बताती हैं, 'कैलाश सत्यार्थी के जीवन, संघर्ष, व्यवहार, चिंतन, कामयाबी और व्यक्तित्व से प्रत्येक व्यक्ति कुछ-न-कुछ सीख सकता है। जरूरतमंद बच्चों की मदद का जुनून उनकी शख्सियत की बुनियादी खासियत है। बच्चों से जुड़े हर तरह के मुद्दे पर उन्होंने अपनी सोच और नजरिया हमेशा सही रखा। वह बंधुआ मजदूर आन्दोलन से अलग हो गए, क्योंकि वह अपना फोकस बाल श्रम उन्मूलन तक ही सीमित रखना

चाहते थे। उनकी तमाम कोशिशों में एक जबरदस्त निरंतरता है। तनाव और असफलताओं में भी कभी निराश नहीं हुए। उनमें कठिनाइयों से भी नया मार्ग निकालने की क्षमता है। वह शांत, संतुलित और सदा अविचलित रहते हैं । कभी अनावश्यक नहीं बोलते। उनकी शब्दावली सहज है। उनकी बातचीत में दंभ या दावे नहीं हैं। अपना लक्ष्य हासिल करने पर ध्यान देते हैं, दूसरों में कमियां नहीं ढूंढते। इसलिए उनकी सफलता और स्वीकार्यता निरंतर बढ़ी है। याद रखनेवाली बात है कि यदि आप अपना काम निःस्वार्थ रूप से तथा सही तरीके से करते रहते हैं। दूसरों के लिए बेवजह खतरा नहीं बनते तो लोग हमेशा आपसे अधिक सहयोग करते रहेंगे।'

बाल मजदूरी के खिलाफ कैलाश सत्यार्थी को आरम्भ में ही 108 देशों के चौदह हजार संगठनों से सहयोग मिला । इसकी सीधी वजह यह मानी जाती है कि न केवल उनके 'बचपन बचाओ आंदोलन' में हर स्तर के सहयोगी की आवाज सुनी जाती है, बल्कि अन्य देशों के संगठनों को भी बिना शर्त सहयोग दिया जाता है ।

जीवन चलने का नामः

जीवन में कुछ-ना-कुछ काम करना हम सबकी किस्मत है। बिना कुछ किये कोई भी व्यक्ति कामयाब हो ही नहीं सकता। इंसान सिर्फ अपनी जरूरतें पूरी करने के लिए जी नहीं सकता। जीवन का असली अर्थ है दूसरों के लिए कुछ ऐसा कर दिखाना जिसे पूरा संसार याद करे। कैलाश सत्यार्थी चाहते तो अब तक किसी विश्वविद्यालय में इंजीनियरिंग विभाग के अध्यक्ष, निदेशक या प्रोफेसर बने होते। ना तो उन पर हमले होते और ना वह किसी बेसहारा को बचाने के फेर में मुकदमेबाजी में फंसते, लेकिन यह भी तो सोचिये, फिर किस कैलाश शर्मा को हम सत्यार्थी कहते?

आज तक उनका जीवन बिना थके-रुके परोपकार और जनकल्याण की एक निरंतर यात्रा रहा है। वह खुद भी इस यात्रा में मंजिलें तय करते रहे हैं और दूसरों को भी उन्होंने कामयाब बनाया है। उन्होंने बाल अधिकार, बाल शिक्षा और समाज कल्याण की जिंदगी को चुना और उसी को अपना भगवान माना। एक इंजीनियर होते हुए उन्होंने बाल अधिकार, बाल श्रम और बाल शोषण के मुद्दे को पूरे संसार के सामने इस दक्षता से रखा कि उनकी बदौलत अन्तर्राष्ट्रीय श्रम संगठन, संयुक्त राष्ट्र संघ तथा अनेक देशों को अपना नजरिया बदलना पड़ा। उन्होंने इस क्षेत्र में जो भी कार्य किए,

सभी की गुणवत्ता इतने उच्च स्तर की रखी कि उनको एक के बाद एक अंतर्राष्ट्रीय सम्मान मिलने की जैसे झड़ी ही लग गयी।

बनाए रखें संपर्क:

कैलाश सत्यार्थी की असाधारण कार्य प्रणाली का एक उदाहरण यह भी है कि जब उन पर किताब लिखने के दौरान मैंने सोशल मीडिया पर सन्देश डाला कि क्या कोई व्यक्ति मुझे उनका मोबाइल नंबर दे सकता है तो कम-से-कम 40 लोगों ने मेरे संदेशों का जवाब अलग-अलग जगह से दिया और मुझे उन तक पहुंचने के माध्यम बताये। खुद कैलाश सत्यार्थी ने जब मुझसे बात की तो बताया कि जब वह जर्मनी में थे, तब ही मेरा सन्देश उन तक अनेक लोगों ने पहुंचा दिया था। इससे उनकी सफलता का एक और रहस्य पता चलता है कि व्यक्ति को अपने इष्ट मित्रों के संपर्क में हमेशा बने रहना चाहिए।

उत्तर प्रदेश के आईपीएस अधिकारी तथा आजकल पुलिस महानिरीक्षक अमिताभ ठाकुर ने दस साल पहले की एक घटना मुझे बतायी। वर्ष 2004 में एक प्रसिद्ध सर्कस में काम कर रही अल्पायु नेपाली लड़कियों को छुड़ाने कैलाश सत्यार्थी अपने बेटे और साथियों के साथ पहुंचे थे। सर्कस चलाने वालों ने उन लोगों पर घातक हमला कर दिया। खून से लथपथ कैलाश सत्यार्थी अस्पताल में दाखिल कराए गए। इलाज के दौरान भी उनको नेपाली बंधुआ मजदूर लड़कियों की चिंता सता रही थी। जैसे ही वह खतरे से बाहर हुए, उन्होंने अस्पताल से निकलते ही बच्चियों की मुक्ति के लिए भूख हड़ताल शुरू कर दी। परिणामस्वरूप उन नेपाली बच्चियों को मुक्त कराया जा सका और उन्हें एक नई जिंदगी मिली। इस घटना में भले ही उनका खून बहा, मगर देश-विदेश के तमाम मीडिया में उनकी शोहरत आसमान छूने लगी। वह लोगों की प्रेरणा बन गए।

इस घटना से कैलाश सत्यार्थी की शख्सियत के बारे में मनोचिकित्सकीय आकलन सही साबित होता है। वाकई कैलाश सत्यार्थी बच्चों की मदद का जूनून संजोये सही नजरिये के साथ बाल श्रम उन्मूलन हेतु अपनी लगातार कोशिशों को बिना निराश हुए जारी रखकर कामयाबी का मार्ग निकालना जानते हैं।

एक मुद्दे पर किसी ने उनसे पूछा कि बाल मजदूरी के खिलाफ पूरी दुनिया में अलख जगाने की चुनौती काफी बड़ी है, तो क्यों न आप दक्षिण

एशिया के देशों जैसे भारत, बांग्लादेश, नेपाल और श्रीलंका पर ज्यादा ध्यान दें। इस पर उन्होंने बड़ा सही उत्तर दिया कि यदि किसी भी कारण से उनको कभी भी बाल दासता उन्मूलन के प्रयासों को सीमित करना पड़ेगा तो वह एशिया के बजाय यूरोप और अमरीका काम करना पसंद करेंगे ताकि वहाँ के लोग जागरूक हों और भारत के बाल मजदूरों द्वारा बनाये सामान खरीदना छोड़ दें। इससे हमारे देशों में बाल मजदूरी खुद-ब-खुद खत्म हो जाएगी। आप समझ सकते हैं कि उनका नजरिया लीक पर चलने का नहीं, बल्कि दकियानूसी सोच को बदल डालने का रहा है।

जब कैलाश सत्यार्थी ने 'रगमार्क' की शुरुआत की, तो बहुत से लोगों ने सवाल किया कि क्या इससे बाल मजदूरी समाप्त हो जाएगी? उनका जवाब था कि अगर आप कालीन कारखानों का कभी भी निरीक्षण करके यह देख सकते हैं कि वहाँ बच्चों से काम लिया जा रहा है या नहीं, तो यह भी तय है कि इससे बाल मजदूरी भी कम होगी। दूसरी ओर बाल मजदूरों के स्थान पर काम करवाने के लिए कारखानेवाले उनके माँ-बाप को ही तो नौकरी देंगे। उन्होंने यह भी कहा कि हम लोग किसी भी तरह की बाल दासता के खिलाफ हैं, मगर हमारा काम कालीन कारखानों को बंद करना नहीं है।

सबका हित सर्वोपरिः

उनकी देखरेख में दुनिया-भर में आयोजित बाल अधिकार रैलियां, मार्च और विरोध-प्रदर्शनों की परिकल्पना तथा प्रबंधन इतना बेदाग रहा कि किसी भी मौके पर संसार के किसी भी देश में उनके कार्यकर्ताओं और सहयोगियों के खिलाफ न तो पुलिस को कोई कार्रवाई करनी पड़ी और न कहीं जन-जीवन को असुविधा हुई। सभी धरने-मार्च-प्रदर्शन नितांत शांतिपूर्ण ढंग से पूरे किए गए। इस बारे में कैलाश सत्यार्थी कहते हैं, 'मेरा इसमें कोई भी कमाल नहीं। हमने सबसे सहयोग लिया।' जब उनका यह बयान मीडिया में आया तो हर देश में उनकी छवि और भी बेहतर हुई। कैलाश सत्यार्थी किसी भी कामयाबी का खुद कोई श्रेय नहीं लेते। उनके पुत्र भुवन ऋभु युवा और मशहूर अधिवक्ता हैं। भुवन ने अपने पिता के अभियानों से जुड़े तमाम मुकदमों की कानूनी जंग जीती है। इसके बावजूद बहुत से लोगों को यह तक मालूम नहीं है कि भुवन ऋभु हैं क्या? जैसा बाप, वैसा बेटा ! वह भी बाल दासता की जंग का सेहरा अपने सहयोगियों के ही सर बाँधने के आदी हैं।

कैलाश सत्यार्थी लगातार कहते रहे हैं कि बच्चों की तस्करी, बाल अपराध, बाल वेश्यावृत्ति और बाल श्रम वस्तुतः गरीबी, बेरोजगारी, अशिक्षा और जनसंख्या वृद्धि के कारण हैं। देश के सीमान्त इलाकों से लेकर बड़े राज्यों तक हिन्दुस्तान के हर कोने से उनके संगठन ने बाल दासता के शिकार बच्चों को जान पर खेलकर बचाया। इसके बावजूद उन्होंने उन बच्चों को नौकर रखनेवालों से मुकदमेबाजी को अपना मकसद नहीं बनाया, बल्कि बाल तस्करी एवं बाल मजदूरी के खिलाफ सख्त-से-सख्त कानून बनाने की वकालत की। उन्होंने बाल अधिकारों की वकालत सदा ही मानवाधिकारों के सन्दर्भ में ही की। यहाँ तक कि यूनेस्को अंतर्राष्ट्रीय सम्मेलन में भी कैलाश सत्यार्थी ने बाल-शोषण मुक्ति के लिए बाल अधिकारों को प्रभावी बनाने पर जोर दिया। सो, हम समझ सकते हैं कि एक सफल इंसान समस्या की जड़ को खत्म करने पर ध्यान देता है न कि पत्तियों पर।

जनसंपर्क विशेषज्ञ राजेश जैन के अनुसार कैलाश सत्यार्थी के अभियानों का असर इसलिए अधिक व्यापक कारगर था, क्योंकि उनके प्रयासों से कोई एक व्यक्ति, क्षेत्र अथवा जाति प्रभावित नहीं हुई बल्कि अप्रत्यक्ष तौर पर लाखों परिवार प्रभावित हुए, बचपन बचाओ आंदोलन ने हजारों बाल मजदूरों को कालीन, कांच, ईंट भट्ठों, पत्थर खदानों, घरेलू बाल मजदूरी तथा साड़ी उद्योग जैसे खतरनाक कामों से मुक्त कराया है। आंदोलन में बाल मित्र ग्राम के रूप में ऐसे गांव का चयन किया जाता है, जो बाल मजदूरी से ग्रस्त हो। उस गांव से धीरे-धीरे बाल मजदूरी समाप्त की जाती है तथा बच्चों का नामांकन स्कूल में कराया जाता है। इसके बाद इन बच्चों की बाल पंचायत बनाई जाती है। शहरों में इस योजना को 'बाल मित्र वार्ड' के नाम से चलाया जाता है। इससे प्रत्यक्ष और अप्रत्यक्ष तौर पर कैलाश सत्यार्थी के सहयोगियों की संख्या में ही निरंतर इजाफा हो रहा है ।

सिर्फ किसी एक देश के लोगों के हित की सोच नहीं हैं कैलाश सत्यार्थी। उनके संगठन, ग्लोबल मार्च अगेंस्ट चाइल्ड लेबर के आंकड़ों ने पहली बार दुनिया का ध्यान बाल देह व्यापार की खौफनाक दुनिया की ओर आकृष्ट किया। वस्तुतः नेपाल और बांग्लादेश से कई छोटी बच्चियों को इन अवैध धंधों से जुड़े तस्कर भारत लाते हैं। इसके बाद इन लड़कियों को डरा-धमकाकर, भूखा रखकर, उन पर जुल्म ढाकर तथा नशा देकर

जबरदस्ती बंधुआ मजदूरी, देह व्यापार और मसाज के नाम पर होने वाले यौन व्यापार में धकेला जाता है। सिर्फ भारत, बांग्लादेश और नेपाल की ही कम-से-कम 60 लाख बच्चियां देह व्यापार के इस भयावह नरक में फंसी हुई हैं। अंदाजा लगाया जाता है कि करीब 30 लाख लड़के भी इसी कारोबार का हिस्सा होंगे। यह भी माना गया है कि 40 लाख लड़के-लड़कियां घरेलू मजदूरी करने को मजबूर हैं।

सहायता का मजहबः

ग्लोबल मार्च अगेंस्ट चाइल्ड लेबर के आंकड़ों के मुताबिक, जो लड़की जितनी युवा होती है, उसे उतने ज्यादा दाम में खरीदा जाता है। माना जाता है कि वह उम्रदराज महिलाओं की अपेक्षा ज्यादा समय तक काम कर सकती हैं। भारत में देह व्यापार का कारोबार कम-से-कम 3400 करोड़ डॉलर का है। इसमें अवैध व्यापारी, वेश्यालय का मालिक, बिचौलिये, वकील, पुलिस-प्रशासन के अधिकारी तक शामिल हैं। घरेलू मजदूरी से देह व्यापार में जाने वाले बच्चों की संख्या काफी ज्यादा है। इनमें से ज्यादातर बच्चे बिहार और असम जैसे क्षेत्र से आते हैं। जिन्हें लोग घरों में काम कराने के लिए लाते हैं, लेकिन बाद में उन्हें देह व्यापार की दलदल में ढकेल देते हैं। रिपोर्ट के मुताबिक 40 प्रतिशत बच्चे इस श्रेणी में आते हैं। कैलाश सत्यार्थी पर बाल श्रमिकों को छुड़ाने के दौरान कई बार जानलेवा

हमले भी हुए हैं। 17 मार्च, 2011 को दिल्ली की एक कपड़ा फैक्ट्री पर छापे के दौरान उन पर घातक हमला किया गया था ।

एक मौके पर पत्रकारों ने अमेरिकी विदेश सचिव हिलेरी क्लिंटन से पूछा कि उन्होंने कैलाश सत्यार्थी को नोबेल पुरस्कार देने की हिमायत क्यों की? इस पर हिलेरी ने जवाब दिया, 'बच्चे मानवता का भविष्य हैं, वह मानवता का रक्षक हुए ना' इस घटना के बाद जब कैलाश सत्यार्थी को नोबल नहीं मिला और 2009 में उन्हें अमेरिकी सांसदों ने लोकतंत्र का रक्षक 'डिफेंडर ऑफ डेमोक्रेसी' अवार्ड देने का फैसला किया, तो समझा ही जा सकता है कि उनकी किस बात ने अमरिका के सांसदों को प्रभावित किया होगा। बचपन की हिफाजत की जंग एक ऐसा मुद्दा है, जिसका लाभ हर देश-काल को मिलना तय है। जाहिर है अगर आपकी मंजिल, लक्ष्य, सोच और आदर्श सावभौम हितों और सबकी मदद को लेकर होंगे तो महान बनने से आपको कोई रोक ही नहीं सकेगा ।

बचपन बचाओ आंदोलन का उद्देश्य एक ऐसे समाज का निर्माण करना है, जहां हर बच्चे को गुणवत्तापूर्ण शिक्षा मिले और वे हर तरह के शोषण से मुक्त रहें। इसके लिए संस्था कई तरह के जन-जागरुकता अभियान, गतिविधियां और खेल-प्रतियोगिताएं आयोजित करती हैं, ताकि बाल श्रम के जीवन में बच्चे नीरसता या अकेलापन ना महसूस करें। इसके साथ ही बाल-मित्र ग्राम कार्यक्रम आयोजित करती है। इस कार्यक्रम में उन गांवों को ही चुना जाता है, जिनमें बालश्रम पूरी तरह से खत्म किया जा चुका होता है। इसके साथ ही सभी बच्चों को संस्था द्वारा स्थानीय स्कूल में भी दाखिल कराया जाता है। इस संस्था के इस मॉडल को बाल श्रम और बाल तस्करी उन्मूलन में काफी मददगार माना गया है। बच्चों की रक्षा करने के लिए इस संस्था की टीम स्थानीय कानूनी प्रावधानों का पूरा ध्यान रखती है। बाल श्रम से छुड़ाए गए बच्चों के पुनर्वास हेतु संस्था राज्य सरकार की योजनाओं का भी उपयोग करती है। इस संस्था ने भारत में 180 सांसदों के साथ 2001 में 15000 किलोमीटर लम्बी पदयात्रा का आयोजन किया था इसका नतीजा भारत सरकार द्वारा बच्चों को शिक्षा का अधिकार दिए जाने के रूप में सामने आया। इस उदाहरण से यह भी स्पष्ट होता है कि यदि आप सच्ची लगन से काम करेंगे तो आपको किसी सरकार तक से अपने लिए मान-सम्मान मांगने की जरूरत नहीं है।

इस पुस्तक के लेखन के दौरान मैंने बाल अधिकार, बाल श्रम, बाल देह व्यापार, बाल अपराध, मानवाधिकार, सामाजिक चेतना, चिकित्सा, पर्यावरण संरक्षण और शिक्षा से सम्बंधित करीब 50 वेबसाइटों को देखा और मुझे हैरत हुई कि कैलाश सत्यार्थी वहां भी जाना-माना नाम थे। विभिन्न संगठनों ने उनके द्वारा किये गए कार्यों के बारे में अपनी वेबसाइटों पर अनेक भाषाओं में पुस्तिकाएं तक डाल रखी हैं।

कैलाश सत्यार्थी विश्व की हर उस संस्था के सहयोगी बने हुए हैं, जो किसी भी तरह से बच्चों या समाज के दीर्घकालिक हितों के लिए काम कर रही है, जैसे एजुकेशन इंटरनेशनल (ईआई-आईई) वस्तुतः 1912 से आज तक पूरे संसार के माध्यमिक स्कूल शिक्षकों के संगठनों का एक वैश्विक महासंघ है। वर्तमान में 172 देशों के 401 शिक्षक संगठनों के 30 लाख शिक्षक सदस्य हैं। एक तरह से यह दुनिया का सबसे बड़ा वैश्विक शिक्षक संघ है। कैलाश सत्यार्थी इस संगठन के प्रशंसक-सहयोगी हैं। इसी तरह अंतर्राष्ट्रीय ट्रेड यूनियन आंदोलन, दुनिया-भर में गरीबी और अन्याय का समाधान खोजने के लिए लगभग 94 देशों में काम कर रहे 17 संगठनों के अंतर्राष्ट्रीय परिसंघ 'आक्सफेम' से भी कैलाश सहयोग करते हैं। बच्चों की शिक्षा के क्षेत्र में 1972 से कार्यरत एक्शन दुनिया भर के 15 लाख गरीब, अशिक्षित, बीमार और वंचित बच्चों की मदद के लिए विभिन्न देशों के सहयोगियों के साथ काम करता है। एशिया, अमरिका और यूरोप में इसकी शाखाएं हैं तथा प्रधान कार्यालय दक्षिण अफ्रीका में है। इसी संगठन का अन्तर्राष्ट्रीय स्वरूप है 'एक्शन इंटरनेशनल' जो अफ्रीका, एशिया, लैटिन अमरीका, मध्य पूर्व और कैरेबियन क्षेत्र के 50 देशों में महिला एवं बाल अधिकार, गरीबी उन्मूलन, लैंगिक समानता, कौशल वृद्धि, भेदभाव मुक्ति, निःशुल्क उपचार, महिलाओं और लड़कियों की सुरक्षा के लिए काम करता है। कैलाश सत्यार्थी आवश्यकता पड़ने पर बिना शर्त इस संगठन को भी सहयोग करते हैं। पूरा जीवन कैलाश सत्यार्थी ने और किया ही क्या है? कहीं आग लगी तो हाथ जलने की परवाह किये बिना उसे बुझाने लगे। किसी जगह दासता के शिकार बच्चों को कैद पाया तो चल पड़े उस दरवाजे को खुलवाने। संसार के अनेक देशों में बाल श्रम, बाल देह व्यापार और बाल दासता की जानकारी मिली तो चल पड़े वहाँ अलख जगाने। बिना यह सोचे कि उनकी जिंदगी का क्या होगा? इन

उदाहरणों से समझा जा सकता है कि कैलाश सत्यार्थी के पीछे जन सैलाब कैसे बहा करता है।

जनभागीदारी का तिलिस्म:

17 जनवरी, 1998 को शुरू बाल श्रम के विरुद्ध ग्लोबल मार्च आंदोलन में संसार के 103 देशों के हजारों लोगों ने करीब 80,000 किमी लम्बी पद यात्रा की। इस आन्दोलन को समर्थन देनेवाले 70 लाख लोगों में से अनेक से मीडिया ने सवाल पूछा, 'क्या आप कैलाश सत्यार्थी को जानते हैं?' इक्का-दुक्का लोगों के अलावा ज्यादातर को मालूम ही नहीं था कि वे किसके पीछे चल रहे हैं? बस वे चल रहे थे। उनमें से बहुतों को यह मालूम था कि उनका स्थानीय समन्वयक कौन है, बस। इससे क्या सीखा जा सकता है?

जब तक आप जवाब सोचें, मैं आपको बताना चाहूंगा कि कैलाश सत्यार्थी द्वारा संचालित तमाम आन्दोलनों और संगठनों में कार्यरत उनके सहयोगी अपने नेतृत्वकर्ता को या तो बड़ा भाई मानते हैं या दोस्त। उनके अधिकांश संगठनों के पदाधिकारियों की सूची को मैंने देखा तो पाया कि उस सूची में उनके परिवार के सदस्यों के नाम नहीं हैं।

जिस 'बचपन बचाओ आंदोलन' की वजह से कैलाश सत्यार्थी पूरी दुनिया में जाने जाते हैं, उसके शीर्ष पदाधिकारियों में उनका नाम नहीं है। इस संगठन के अध्यक्ष हैं श्री रमेश गुप्ता एडवोकेट, उपाध्यक्ष हैं एक स्त्री रोग विशेषज्ञ डॉ. श्रीमती तरुणा सक्सेना, महामंत्री हैं बाल अधिकारों के सक्रिय हिमायती आर. एस. चौरसिया, कोषाध्यक्ष हैं एक चिकित्सक डॉ. पंकज बत्रा। जी हाँ, कैलाश सत्यार्थी और उनके कई सहयोगियों का नाम इस संस्था की कार्यकारी सदस्य सूची में जरूर है।

इसी तरह 'रगमार्क इंटरनेशनल' जिसका अब नाम 'गुडवीव इंटरनेशनल' हो गया है, इसके निर्माता भले ही कैलाश सत्यार्थी रहे हैं, मगर उन्होंने अपने पास इस संस्था को संचालित करने का कोई अधिकार नहीं रखा है। 'ग्लोबल पार्टनरशिप फॉर एजुकेशन' के भी वह केवल एक सदस्य भर ही हैं। अंतर्राष्ट्रीय बाल श्रम और शिक्षा केंद्र की स्थापना करके भी उन्होंने उसका संचालन अपने सहयोगियों को सौंप दिया है। ग्लोबल कैम्पेन फॉर एजुकेशन की अध्यक्षता का दायित्व उन्होंने लैटिन अमेरिका में शिक्षा के अधिकार की योद्धा कैमिल्ला क्रोसो को सौंपा हुआ है, फ्रांस में शिक्षा के

अधिकार क्षेत्र की पुरोधा मोनिक फोलिहोक्स इस संस्था की सभापति हैं। फिलीपींस की शिक्षा क्षेत्र की कार्यकर्ता मारिया खान संस्था की उप सभापति हैं। इसके अलावा घाना, लैटिन अमरीका, बांग्लादेश, अर्जेंटीना, डेनमार्क, अफ्रीका, फ्रांस, टोगो, आस्ट्रेलिया, फिलिस्तीन, मोजाम्बिक देशों के बाल शिक्षा कार्यकर्ताओं के साथ ही खुद भारत के कैलाश सत्यार्थी इस संस्था के मामूली सदस्य हैं। केवल 'ग्लोबल मार्च अगेंस्ट चाइल्ड लेबर' की कार्यकारी परिषद के वह संस्थापक सदस्य तथा विधिवत् चयनित सभापति हैं। इस संस्था में विश्व के अनेक प्रमुख संगठनों के पदाधिकारी शामिल हैं।

कैलाश सत्यार्थी द्वारा भले ही तमाम तरह के संगठनों की स्थापना की गयी हो, मगर उनके द्वारा अपनी पत्नी, पुत्री, पुत्र और खुद को प्रमुख पदों से दूर रखने को भी उनकी शाहकार कामयाबी से समझा जा सकता है। जब किसी आंदोलन या अभियान में काम करनेवालों को महत्त्वपूर्ण पद उनकी योग्यता और त्याग के आधार पर मिलते हैं तो उसका संदेश बहुत नीचे तक प्रभावी तरीके से जाता है। लोगों को समझ में आ जाता है कि इस आदमी के साथ काम करने से उनको महत्त्व मिलना अवश्यम्भावी है। ऐसे में उनका हर कार्यकर्ता जी-जान से काम करता है तो किसी को कोई हैरत नहीं होनी चाहिए।

आम आदमी से जुड़िये:

संसार में प्रत्येक आदमी की आम तौर पर यही समस्या है कि वह दूसरों के बारे में कम सोचता है। अपने बारे में ज्यादा सोचता है। जीवन में जिस व्यक्ति ने भी इस आपाधापी से हटकर आचरण किया, वह बहुत ही जल्द औरों से आगे निकल गया। यदि आप निःस्वार्थ भाव से दूसरों से जुड़ेंगे तो आपका सामाजिक दायरा पनपेगा और आपको दूसरों के मुकाबले अधिक सहयोग भी हासिल होगा। अगर आप अपने तक ही सीमित रहेंगे या अपने आप को दूसरों से बेहतर मानकर उनसे दूरी रखेंगे तो आपकी कामयाबी का रंग कुछ फीका जरूर होगा। यह बात कैलाश सत्यार्थी से भलीभांति सीखी जा सकती है ।

नोबेल पुरस्कार मिलने की घोषणा होने के तत्काल बाद ही उन्होंने प्रधानमंत्री नरेंद्र मोदी से मुलाकात करके भारत में बच्चों की स्थिति सुधारने पर चर्चा की। उन्होंने कांग्रेस अध्यक्ष श्रीमती सोनिया गांधी से भी मुलाकात की और उनको भी देश के बच्चों की स्थिति में सुधार के किसी

भी प्रयास में अपने सहयोग का आश्वासन दिया। उनकी उपलब्धियों की दोनों ही शीर्ष नेताओं ने खूब सराहना की। सबसे उल्लेखनीय बात यह है कि दोनों वरिष्ठ नेताओं से मुलाकात से कुछ पहले और बाद में कई अधिकारियों-कर्मचारियों ने उनके साथ फोटो खिंचाने की इच्छा जतायी तो उन्होंने किसी को निराश नहीं किया। आप कल्पना कीजिये कि उन भेंट वार्ताओं के दौरान किसने अधिक समर्थक बनाये? क्या उन्होंने प्रधानमंत्री मोदी और उनके करोड़ों प्रशंसकों का दिल नहीं जीता? क्या उनके बारे में कांग्रेस अध्यक्ष श्रीमती गांधी की धारणा बेहतर नहीं हुई होगी?

कैलाश सत्यार्थी को जन से जुड़ने का हार्दिक शौक है। पिछले दिनों एक प्रसिद्ध टीवी चैनल के कार्यक्रम में बुलाया गया, तो उनकी कार्यशैली लोगों ने साफ तौर पर महसूस की। कार्यक्रम शुरू होने के कुछ ही देर के भीतर उन्होंने दर्शकों में बैठे ज्यादातर युवाओं और छात्रों को यह कहकर अपना बना लिया कि आप तो मेरे दोस्त हैं और मैं आपसे पक्की दोस्ती रखना चाहता हूँ। पूरे कार्यक्रम के दौरान उन्होंने किसी को यह महसूस ही नहीं होने दिया कि वह शांति का नोबेल पुरस्कार जीतनेवाले और विश्व में बाल दासता, शिक्षा तथा जन जागृति के सबसे लोकप्रिय सितारे हैं।

एक टेलीविजन चैनल पर प्रसारित उनके साक्षात्कार में उन्होंने जब यह बताया कि उनको अपना गृह जनपद विदिशा बहुत भाता है और वहां वह जल्दी जाना चाहते हैं, तो रिपोर्टर ने पूछ लिया कि उनको बच्चों के हक के लिए लड़ने के अलावा क्या अच्छा लगता है? उन्होंने बहुत सरलता से जवाब दिया, 'घर का खाना।'

इस एक जवाब में बहुत बड़ा संदेश था, बहुत मार्मिक हकीकत थी कि भारत में पैदा हुए और देश को अंतर्राष्ट्रीय ख्याति तथा गौरव दिलानेवाले बाल अधिकारों के इस महारथी को वंचितों के हितों का कार्य करने के दौरान ज्यादातर अवसरों पर अपने घर से दूर ही रहना पड़ता होगा। इसलिए ही उनकी नजर में बाल अधिकारों के लिए संघर्ष के बाद सबसे रुचिकर, अपने घर का सुख होगा। कितनी मार्मिक सच्चाई है इस बात में।

तो कैलाश सत्यार्थी से आप भी सीखिए, जनता से जुड़ने, सिद्धांतों के लिए किसी भी तूफान से भिड़ने और वंचितों के लिए किसी भी जंग को लड़ने का हौसला और खुद भी उनकी ही तरह कामयाब बनिए, दुनिया जीतिए।

सफर जारी रहे:

खुद के आत्मविश्वास के बूते दुनिया में सभी लोग काम करते हैं, मगर कैलाश सत्यार्थी ने गैरों का खोया आत्मसम्मान, आत्मविश्वास और आत्मगौरव लौटाने को अपने जीवन का लक्ष्य बना रखा है। वह मानते हैं कि आत्मविश्वास से ही मनुष्य के भीतर की सही क्षमता उभरती-निखरती और जागती है। इसलिए उन्होंने बाल दासता का जीवन जीनेवाले बच्चों को बाल श्रम के नरक से निकालने को जान जोखिम में डालकर भी काम किया। जब उनको इसमें कामयाबी मिल गई तो उन्होंने इन बाल मजदूरों को बेहतर जीवन देने, पढ़ाने-लिखाने और आत्मसम्मान से जीने का मौका देने के लिए तमाम तरह की व्यवस्थाएं कीं। यही कारण रहा कि उनके द्वारा बचाए गए अधिकांश बाल मजदूर समाज में महत्त्वपूर्ण मुकाम हासिल कर सके।

उनके जीवन से यह भी सीखा जा सकता है कि यदि आपमें नैतिक साहस और हौसला है तो आप किसी भी कार्य में कामयाब हो सकते हैं। अनुमान लगाइये कि यदि आपको घर में सोते समय आधी रात के आस-पास यह सूचना मिले कि अमुक जगह एक हथियारबंद गिरोह ने कुछ बच्चों को छुपा रखा है और अगर उन्हें फौरन न रोका गया तो वह बच्चों को बेच देगा। ऐसे में आप क्या क्या करेंगे?

सुमेधा कैलाश बताती हैं, 'कई बार ये नाम बदलकर, भेस बदलकर छापे मारते थे और हमें ये भी मालूम नहीं होता था कि ये लौटकर आ भी पाएंगे या नहीं। ये अपना अगले दिन का पूरा कार्यक्रम पहले से बनाकर छापे पर जाते थे। यह इनकी प्रेरणा थी या आत्मविश्वास? आज तक समझ नहीं आया।

इसे मनोवैज्ञानिक डॉ. संस्कृति सिंह यूं समझाती हैं, आत्मविश्वास ही आमतौर पर कुछ करने की प्रेरणा भी देता है, जिसमें आत्मविश्वास ही नहीं होगा, वह स्वतंत्र रूप से कोई निर्णय भी नहीं ले सकता। उसे असफलता का ही डर बना रहेगा। सत्यार्थी जी के जीवन का सर्वोपरि मकसद ही बाल श्रम उन्मूलन रहा है। उनके सामने काम भी बहुत बड़े पैमाने पर है। इसलिए बहुत बड़े लक्ष्य को हासिल करने का दबाव उनकी जीवन शक्ति तथा प्रेरणा बन गया। समझा जा सकता है कि अधिक बड़े आदर्श अधिक प्रेरणा देते हैं। प्रेरणा मिलती है तो बढ़िया

तैयारी का भी मन होता है। बढ़िया तैयारी होगी तो कोई परिश्रम थकाता नहीं। खूब परिश्रम किया तो परिणाम का डर खत्म हो जाता है। परिणाम का डर नहीं तो उसकी प्रतीक्षा की बेचैनी नहीं। बेचैनी नहीं तो लक्ष्य पाने के तौर -तरीकों में सुधार संभव हो जाता है। उससे लक्ष्य की ज्यादा समझ आती है और अधिक समझ आने से कोई भी बड़ा लक्ष्य ज्यादा आत्मविश्वास के साथ अधिक कामयाबी से हासिल कर सकते हैं। यही कारण रहा कि कैलाश सत्यार्थी हमेशा खुद को निखार पाए।

कैलाश सत्यार्थी के प्रबंध कौशल से हम क्या सीख सकते हैं? जरा सोचिये। सवाल तो यह है कि सफल होने को लक्ष्य न बनाया जाए, बल्कि कुछ कर दिखाने की अभिलाषा को अपना लक्ष्य बनाकर आगे बढ़ना चाहिए। किसी भी परिणाम की प्रतीक्षा किये बिना अगले काम में जुट जाइए। दूसरों की क्षमता पहचान कर उन पर भरोसा कीजिए। अपने साथियों की सराहना कीजिये और उनके गुणों का दिल से सम्मान कीजिये। जिस तरह से आप अपनी गलती पर खुद को सजा नहीं देते, वैसे ही अपने साथियों की गलती की चर्चा किये बिना आगे बढ़ते रहिये। दूसरों की बुराई, आलोचना और शिकायत में समय कभी नहीं नष्ट करना चाहिए। सफलता और शांति पाने का सबसे सरल मार्ग है दूसरों को सुख देने की कोशिश कीजिए। खुद को महान बनाने और दूसरों को नीचा दिखाने की भावना तो कभी मन में आने ही न दें। अगर अपने जीवन लक्ष्य पर निरंतर ध्यान देंगे, तो आप अवश्य ही अपने क्षेत्र में एक असाधारण व्यक्ति बन जाएंगे। दूसरों से अपने अनुकरण की आशा और अपेक्षा मत कीजिये, आपको जिसका भी कार्य तथा मार्ग अच्छा लगे, उसका अनुकरण खुद कीजिए। प्रत्येक परिस्थिति का परिणाम अपने अनुकूल आने की आशा न करें। निरंतर काम करते रहें, परिणाम अनुकूल आकर ही रहेंगे। प्रतिकूल परिस्थितियों में सबसे पहले अपने साथियों की रक्षा करें और कायरता दिखाए बिना परिस्थितियों पर विजय अथवा उनके होने तक संघर्षरत रहिये। जो संभव है वह तो सब कर लेते हैं, आप कुछ असंभव कार्य करने की भी योजना बनाएं। आलोचना हो या सराहना, अपना मार्ग छोड़कर कभी खाली नहीं बैठिए।

10 

पारदर्शिता का जादू

भारत एक अनोखा देश है। बाल की खाल निकालने में हिन्दुस्तानियों को बहुत रस आता है। तर्क का हमसे कोई लेना-देना नहीं है। हम ढोंगी और व्यभिचारी महात्माओं, निरंकुश-अत्याचारी-भ्रष्ट शासकों और अपराध के जरिये समृद्ध बने लोगों को आसानी से महान मान लेते हैं। उनसे कोई तर्क नहीं करते और न ही आमतौर पर उनका विरोध करते हैं। हम कीमती विज्ञापनों पर आंख मूंद कर यकीन कर लेते हैं, लेकिन किसी महान व्यक्ति को तब तक महान नहीं मानते, जब तक कि वह कोई चमत्कार न दिखा दे। कैलाश सत्यार्थी इसी मानसिकता के शिकार हैं जिन पर एक दिन निश्चित रूप से मानवता भी गर्व करेगी। बाल दासता को खत्म करने के प्रति कैलाश सत्यार्थी के निजी जुनून के आशिक आज पूरे संसार में फैले हैं। यदि आप कुछ समय के लिए, अपने मस्तिष्क को विचार शून्य करके यह सोच सकें कि आपके पास अचानक आपका नजदीकी कोई व्यक्ति आता है और बताता है कि उसकी बेटी या बेटे को चुरा लिया गया है और पुलिस भी मदद नहीं कर रही, तब आप क्या करेंगे? यदि वह बताए कि प्रशासन उसकी प्रार्थना नहीं सुन रहा और कोई अफसर कार्रवाई नहीं कर रहा, तब आप क्या करेंगे? यदि वह आपके पैरों में गिरकर गिड़गिड़ाये कि उसके बच्चे का अपहरण करके कोई ले गया है और उसे मालूम है वह बच्चा किस

जगह है, तो क्या आप अपनी जिंदगी दांव पर लगाकर फौरन उसके साथ चल देंगे? कैलाश सत्यार्थी ने पिछले लगभग 35 सालों से यही किया है। बेसहारा और शोषित बच्चों की मदद के लिए जिसने भी गुहार लगाई, उसके साथ तुरंत चल दिए।

अब सोचिये कि यदि कोई आपसे कहे कि वह मानवता के सुखी भविष्य के लिए बाल दासता, शोषण और अत्याचार मुक्त संसार की स्थापना में अपना जीवन बिताना चाहता है। यदि वह आपसे यह भी कहे कि उसे आपसे कोई आर्थिक सहायता नहीं चाहिए, केवल नैतिक समर्थन चाहिए तो ऐसे व्यक्ति को आप क्या समझेंगे? सनकी, सिरफिरा, पागल, मूर्ख, धूर्त, लोभी या कुछ और?

बाल शोषण के विरुद्ध काम करते हुए उन्हें पता चला कि बाल दासता की दुनिया हमारी कल्पना से कहीं अधिक विशाल, विकृत, वीभत्स और विकराल है। उनकी मदद को साथ आये लोग आरंभिक तौर पर बाल शोषण से बचाए गए परिवार से थे और धीरे-धीरे यह काफिला उनकी कोशिशों की हिमायत करने वालों, साथ देनेवालों और अंततः सहयोग करनेवालों का महासागर बन गया। आइये, उनके द्वारा संचालित संगठनों, उनकी कार्य शैली तथा कारगुजारियों को कुछ और समझने की कोशिश करते हैं।

उद्देश्यः

चाहे बचपन बचाओ आंदोलन हो या ग्लोबल मार्च अगेंस्ट चाइल्ड स्लेवरी, कैलाश सत्यार्थी की समस्त गतिविधियों के आधार उनके द्वारा स्थापित दोनों प्रमुख संगठन संसार-भर के बच्चों की संरक्षण के स्पष्ट उद्देश्यों को लेकर स्थापित किये गए हैं। इन संगठनों की अंतर्राष्ट्रीय ख्याति तथा विश्वसनीयता इसलिए है, क्योंकि ये संगठन दुनिया-भर में सक्रिय उन समाजसेवी संगठनों की तरह नहीं हैं, जो सरकारी, गैर सरकारी, निजी तथा गुप्त दानदाताओं के अनुदान के बूते पर गुपचुप चलते हों। इनके लक्ष्य स्पष्ट हैं और इनमें जबरदस्त पारदर्शिता है। दुनिया के किसी भी व्यक्ति को इन संगठनों के बारे में जानने के लिए कोई मशक्कत करने की जरूरत नहीं है। संसार का कोई भी व्यक्ति इंटरनेट के माध्यम से कभी भी, कहीं से भी इन संगठनों के बारे में अपने किसी भी सवाल का जवाब हासिल कर सकता है।

आपको भी ज्यादा कुछ करने की जरूरत नहीं है। इंटरनेट पर किसी भी भाषा में गूगल जैसे किसी भी सर्च इंजन पर सिर्फ कैलाश सत्यार्थी लिखिए और जो भी नतीजे आएं, उनमें कैलाश सत्यार्थी, बचपन बचाओ आन्दोलन, गुडवीव या ग्लोबल मार्च की वेबसाइटों पर पहुंचकर जानिए कि वे क्या काम करते हैं? उनके लक्ष्य क्या हैं? उनके सहयोगी कौन हैं? उनके द्वारा पहले क्या-क्या कार्य किये गए हैं? वे कहते क्या हैं? लोग उनके बारे में क्या कहते हैं? उन्होंने क्या-क्या उपलब्धियां हासिल की हैं? हर साल में उनकी कारगुजारियां क्या रही हैं?

प्रतीकों के माध्यम से समझना चाहें तो बचपन बचाओ आंदोलन महाभारत के युद्ध में अर्जुन का रथ हांकनेवाला सारथी है और ग्लोबल मार्च रथ का पहिया उठाकर शत्रु सेना के बीच जाकर उनको ललकारनेवाला योद्धा। दोनों संगठनों की कार्यशैली में थोड़ी-सी भिन्नता है, मगर इरादे एक जैसे ही हैं- शोषण, उपेक्षा, पूर्वाग्रहों और अभावों से मुक्त बाल मित्र समाज। एक ऐसा समाज, जहां किसी भी तरह की गुलामी और शोषण से बच्चों की रक्षा की जाए, शिक्षित-प्रशिक्षित करके उनकी काबलियत को तराशा जाए और उनके परिवारों को सशक्त बनाया जाए।

सीमाएं :

बचपन बचाओ आंदोलन भारतीय उपमहाद्वीप की परिस्थितियों और भारतीय कानूनों के मुताबिक काम करता है और ग्लोबल मार्च वैश्विक स्तर पर संसार के विभिन्न देशों की परिस्थितियों, अंतर्राष्ट्रीय संधियों, कानूनों तथा प्रावधानों के दायरे में कार्य करता है। बुनियादी तौर पर बचपन बचाओ आंदोलन भारतीय उपमहाद्वीप की सीमाओं तक सीमित रहा है, यद्यपि इसका एक स्वरूप 'सेव द चाइल्डहुड फाउंडेशन' भी रहा है, जिसे कैलाश सत्यार्थी ने इससे कुछ मिलते-जुलते नामों की वजह से अधिक बढ़ावा नहीं दिया। देखा जाए तो बचपन बचाओ आंदोलन वास्तव में संसार में बाल अधिकारों के क्षेत्र में हालिया सभी क्रांतियों का बीज कहा जा सकता है। ग्लोबल मार्च इसी बीज का वट वृक्ष है, कैलाश सत्यार्थी के सोच का विश्व स्तरीय का विराट स्वरूप है ।

अपने नाम के अनुरूप ही ग्लोबल मार्च अभियान, बाल अधिकारों के क्षेत्र में काम करनेवाले संगठनों, श्रमिक, शिक्षक एवं व्यापारियों के विभिन्न संगठनों की एकता और रचनात्मक सहयोग पर

आधारित ऐसा अभियान है, जिसे अंतर्राष्ट्रीय श्रम संगठन द्वारा संचालित अंतर्राष्ट्रीय बाल श्रम उन्मूलन कार्यक्रम तथा बाल अधिकारों के क्षेत्र में कार्यरत संसार के सभी देशों की सबसे प्रतिष्ठित संस्था 'यूनिसेफ' का भी सहयोग प्राप्त है।

एक तरह से ग्लोबल मार्च संगठन बाल अधिकारों के क्षेत्र में अंतर्राष्ट्रीय पुलिस की ही तरह है। इसका अधिक ध्यान बाल श्रम, बाल अधिकारों और बाल दासता के तमाम स्वरूपों के बारे में सहयोगी संगठनों के साथ जानकारियों के आदान-प्रदान, जन अभिमत निर्माण और बाल श्रम उन्मूलन सम्बन्धी संयुक्त अभियानों के संचालन पर ही रहता है।

कार्य नीतियाँ :

बचपन बचाओ आंदोलन मोटे तौर पर बाल मित्र समाज बनाने की दिशा में काम करता है। इस संगठन की कार्य नीति बच्चों को बाल श्रम का पूर्ण उन्मूलन, बच्चों को प्रत्येक तरह के शोषण से बचाना तथा उच्च गुणवत्ता युक्त निःशुल्क सेवा सुनिश्चित कराना है। संगठन कई स्तरों पर विभिन्न समुदायों के साथ समन्वय रखकर शासन स्तर पर बाल हित में जरूरी नीति निर्धारण, कानूनों के निर्माण या विधिक बदलाव का माहौल भी बनाता है। अपनी इन्हीं कार्य नीतियों के कारण यह संगठन 1981 से आज तक करीब 82 हजार से ज्यादा बच्चों को शोषण, दासता और अपराध की दुनिया के चंगुल से बचा पाया है । इस संस्था को बाल श्रम पर पूर्ण प्रतिबन्ध लगाने में भारत के पूर्व तथा वर्तमान राष्ट्रपतियों, प्रधानमंत्रियों, सांसदों तथा न्यायाधीशों से सदा सहयोग हासिल हुआ है। इस कार्य के हक में जन समर्थन तथा जागरुकता का वातावरण बनाने के लिए आंदोलन ने अनेक सम्मेलन, राष्ट्रीय अधिवेशन और संगोष्ठियां आयोजित कराने में भी कामयाबीयां पायी है।

अपने विश्वव्यापी लक्ष्य और दायित्व को समझकर 1989 में बचपन बचाओ आंदोलन ने जबरिया बाल श्रम समाप्त करने को दक्षिण एशियाई देशों के तकरीबन 750 समाजसेवी संगठनों से मिलकर बाल दासता पर दक्षिण एशियाई गठबंधन (SACCS) की स्थापना की थी । संगठन ने बाल श्रम विरोधी अनेक फोरमों के साथ भी महत्त्वपूर्ण सहयोग किया है, जैसे 1992 में बाल श्रम विरोधी संसदीय समिति के साथ, 1993 में बाल श्रम विरोधी धार्मिक फोरम के साथ और 1994 में बाल श्रम

विरोधी ट्रेड यूनियन फोरम के साथ। इसके अतिरिक्त यह संस्था बाल मजदूरी ग्रस्त क्षेत्रों में असहाय गरीब परिवारों की मदद करके वहां व्यापक स्तर पर समग्र बाल विकास कार्यक्रम संचालित करता है और बाल दासता से प्रभावित परिवारों के बच्चों के बचाव, संरक्षण, पोषण, शिक्षा तथा क्षमता विकास के कार्यक्रम संचालित करता है। जिन क्षेत्रों में यह कार्य संचालित होते हैं उनको 'बाल मित्र ग्राम' कहा जाता है। बचपन बचाओ आंदोलन का यह प्रयोग पूरे संसार में बहुत लोकप्रिय है तथा इसे कई देशों ने भी अपनाया है। इसके साथ ही आन्दोलन द्वारा शोषण, तस्करी, दासता, अपराध और बंधुआ जीवन से बचाए गए बालकों की नियमित रक्षा, सहायता तथा मार्गदर्शन के अतिरिक्त दोषी व्यक्तियों के विरुद्ध कानूनी कार्रवाईयां भी कराई जाती हैं।

इस संस्था द्वारा 1991 में भारत में आतिशबाजी उद्योग में लगे मासूम बच्चों को बचाने के लिए लगभग 10 हजार स्कूलों में पटाखों के विरुद्ध आतिशबाजी विरोधी अभियान चलाया गया, जिसमें करीब 70 लाख स्कूली बच्चों ने सहयोग किया। पांच साल बाद, 1996 में खेल का सामान बनानेवाले भारतीय उद्योगों में बच्चों के शोषण के विरुद्ध संगठन द्वारा 'फेयर प्ले' अभियान संचालित किया गया। जन-जागरुकता फैलाने के लिये इस संगठन ने आज तक हजारों पद यात्राओं, साइकिल रैलियों, दौड़ तथा जुलूसों का आयोजन किया है। इनमें 1995 में कन्याकुमारी से दिल्ली के बीच 5000 किमी लम्बी यात्रा आयोजित की गयी। इसके बाद कलकत्ता से काठमांडू के बीच 1996 में दक्षिण एशियाई मार्च का आयोजन किया गया। दो साल के भीतर 1998 में 103 देशों से होकर गुजरी 80 हजार किमी लम्बे ग्लोबल मार्च का आयोजन किया गया, जिसमें अनेक राष्ट्राध्यक्षों समेत लगभग 72 स्त्री-पुरुष और बच्चों ने भाग लेकर बाल श्रम के खिलाफ अंतर्राष्ट्रीय कानूनों की मांग की ।

इस संस्था को ही पहली बार विश्व में बाल श्रम मुक्त उत्पादों के प्रमाणीकरण, रगमार्क की शुरुआत का श्रेय दिया जाता है। मैं पहले ही बता चुका हूं कि रगमार्क का नाम अब गुडवीव इंटरनेशनल हो गया है । संसार के कई देश इसे व्यापारिक नैतिकता के मानक के रूप में अपना चुके हैं।

2012 में बचपन बचाओ आंदोलन ने पूर्ण बाल श्रम मुक्त भारत हेतु राष्ट्रीय अभियान आयोजित किया। इस अभियान में देश-भर में अनेक

आयोजन तथा गतिविधियां संचालित की गयीं। बाल-तस्करी और देह व्यापार जैसे जघन्य अपराधों पर भी आंदोलन ने भारत में बेहद काम किया। सबसे पहली बार 18 अप्रैल, 2011 में 'बचपन बचाओ आंदोलन' द्वारा दायर मुकदमे में ही सर्वोच्च न्यायालय ने इसकी परिभाषा दी थी। गृह विभाग के मामलों से संबंधित संसदीय समिति ने भी बाल-तस्करी के मुद्दों पर 'धारा 370' तथा '370 ए' में कठोर दंड के प्रावधान तथा इसे मानव तस्करी के समान माने जाने पर 'बचपन बचाओ आंदोलन' के नजरिए हेतु सुझावों को आंशिक संशोधनों सहित स्वीकार किया है। बंधुआ मजदूरी के अपराधों की छानबीन की मानक कार्रवाई के निर्धारण में बचपन बचाओ आन्दोलन ने भारत सरकार की सहायता की है । आन्दोलन इस अपराध के शिकार परिवार और बच्चों की हर तरह से कानूनी मदद करता है। उनको प्रशिक्षण देता है और उनका पुनर्वास सुनिश्चित कराता है।

बच्चों के मूलभूत अधिकारों की रक्षा हेतु जहां तक संभव होता है, 'बचपन बचाओ आंदोलन' मौजूदा संवैधानिक प्रावधानों के दायरे में ही काम करता है। जरूरत पड़ने पर आंदोलन ने विगत दशकों में भारतीय विधि व्यवस्था में उपलब्ध व्यवस्था के अधीन समाधान के लिए उच्च तथा सर्वोच्च न्यायालय में अनेक जनहित याचिकाएं भी दायर की हैं। भारत के लापता बच्चों (मिसिंग चिल्ड्रेन ऑफ इंडिया) के बारे में आंदोलन ने देश के सर्वप्रथम विस्तृत शोध में यह पाया कि प्रत्येक घंटे देश में आठ बच्चे

लापता हो जाते हैं। इस शोध के आधार पर 'बचपन बचाओ आंदोलन' ने सर्वोच्च न्यायालय में जो याचिका दायर की उस पर सर्वोच्च न्यायालय ने 10 मई, 2013 को ऐतिहासिक निर्णय दिया। इस मुकदमे में सेव द चाइल्डहुड फाउंडेशन बनाम यूनियन ऑफ इंडिया में दिल्ली हाईकोर्ट ने 15 जुलाई, 2009 के अपने निर्णय में सरकार को बाल श्रम पर पूर्ण कानूनी प्रतिबन्ध सुनिश्चित करने का आदेश दिया। इसके बाद 18 अप्रैल, 2011 को 'बचपन बचाओ आंदोलन' ने सर्वोच्च न्यायालय में एक और याचिका दायर की, जिसमें सर्वोच्च न्यायालय ने बाल तस्करी के मामले में आंदोलन द्वारा सुझाई गयी परिभाषा को स्वीकार किया। आन्दोलन बाल अधिकारों, बाल श्रम, बाल अपराधों, बाल दासता, बाल शोषण और बाल देह व्यापार के मामलों में पुनर्वास, प्रशिक्षण, प्रचार-प्रसार अभियानों का संचालन, शोध अध्ययनों में भी शोधकर्ताओं के सहयोग के कार्य भी करता है।

दृष्टिकोण और कार्य शैली के मामले में ग्लोबल मार्च संगठन, बचपन बचाओ आंदोलन से ज्यादा अलग नहीं है। ग्लोबल मार्च बाल श्रम, बाल दासता उन्मूलन तथा बाल अधिकार सुनिश्चित करने के विभिन्न अभियान में लगे व्यक्तियों, संगठनों तथा अभियानों के साथ बिना शर्त समन्वय करता है और जरूरी होने पर अपने ही संसाधनों से ऐसे सभी अभियानों का संचालन भी। यह संगठन क्षेत्रीय और वैश्विक दोनों ही स्तरों पर बाल श्रम, गरीबी उन्मूलन और सबके लिये शिक्षा जैसे व्यापक मुद्दों पर भी विभिन्न प्रकार से अपना सहयोग देता है। ग्लोबल मार्च का मानना है कि जब तक बाल श्रम का वजूद रहेगा, संसार का कोई भी देश सबके लिए शिक्षा के मकसद में कामयाब हो ही नहीं पाएगा। दूसरी ओर जब तक सभी बच्चों को स्कूल जाना तथा पढ़ना नसीब नहीं होगा, बाल श्रम का वजूद मिटाना किसी भी देश के लिए नामुमकिन है। ग्लोबल मार्च यह भी मानता है कि बाल श्रम उन्मूलन के लिए स्थानीय से अंतर्राष्ट्रीय स्तर तक व्यापक और स्थायी सामाजिक बदलाव जरूरी है। यह कार्य विश्वव्यापी आन्दोलन के बिना नहीं हो सकता। अंतर्राष्ट्रीय श्रम संगठन इस कार्य में ग्लोबल मार्च को बहुत महत्त्व दे रहा है। वैश्विक मंदी के दौर में अपने परिवार का पेट पालने में योगदान के लिए स्कूल छोड़नेवाले बच्चों की स्थिति पर भी पूरे संसार ने ग्लोबल मार्च के नजरिए को स्वीकार किया है।

खास बात यह है कि ग्लोबल मार्च पूरी दुनिया में बाल अधिकारों, सबके लिए शिक्षा और बाल दासता मुक्ति आन्दोलनों में अपनी नयी सोच, कार्य प्रणाली तथा इस क्षेत्र में पिछले 35 साल के व्यापक अनुभव के साथ सहयोग करता है। चूंकि यह संगठन वैश्विक स्तर पर कार्य करता है, इसलिए सीधे विदेशी न्यायालयों में मुकदमे दायर नहीं करता, अपितु इसके सहयोगी संगठन अगर जरूरी समझते हैं तो कम-से-कम 103 देशों में विधिक कार्रवाई करते हैं। अखबारों, पत्रिकाओं, टेलीविजन, रेडियो, सामुदायिक रेडियो, इंटरनेट प्रसारण, सोशल मीडिया तथा घर-घर जाकर अपने अभिमत के प्रचार-प्रसार के सभी तरह के पारंपरिक तौर-तरीके यह संगठन अपनाता है।

नियंत्रण :

बचपन बचाओ आंदोलन और ग्लोबल मार्च दोनों ही संगठनों का संचालन विधिवत अंगीकृत संविधान के अंतर्गत विभिन्न स्तरीय परिषदों, समितियों तथा कार्यालय स्टाफ के माध्यम से होता है। बीबीए की कार्यसंचालन में अध्यक्ष, उपाध्यक्ष, महामंत्री तथा कोषाध्यक्ष के अतिरिक्त एक चार सदस्यीय कार्यकारी समिति होती है । विभिन्न राज्यों में बीबीए के राज्य स्तरीय प्रभारी होते हैं, जिनके अधीन उस राज्य के बचपन बचाओ कार्यकर्ताओं से गठित समितियां होती हैं । बीबीए की कार्य परिषद के पदाधिकारियों के बारे में मैं आपको पूर्व में ही बता चुका हूं।

ग्लोबल मार्च संगठन चूंकि वैश्विक स्तर पर कार्य करता है, सो इसका ढांचा तथा नियंत्रण भी इसी हिसाब से होता है। ग्लोबल मार्च के सभापति खुद कैलाश सत्यार्थी हैं। ग्लोबल मार्च की स्थापना करनेवाले संस्थापक सदस्य नीदरलैंड के प्रख्यात बाल श्रम विरोधी विशेषज्ञ तथा अंतर्राष्ट्रीय श्रम संगठन द्वारा संचालित अंतर्राष्ट्रीय बाल श्रम उन्मूलन कार्यक्रम के पूर्व निदेशक फ्रांस रोसेलियर्स हैं। दूसरे संस्थापक सदस्य हैं एजुकेशन इंटरनेशनल बोर्ड के पूर्व उप सचिव एली जोय। इसके अतिरिक्त विभिन्न देशों की अंतर्राष्ट्रीय ट्रेड यूनियनों के फेडरेशन प्रतिनिधियों को ग्लोबल मार्च की कार्य परिषद पर नियंत्रण का दायित्व सौंपा गया है।

साझेदारी:

बचपन बचाओ आंदोलन और ग्लोबल मार्च दोनों ही संगठनों से मदद-मार्गदर्शन हासिल करने की कोई अंतिम तिथि या समय सीमा नहीं

है। आप किसी भी मामले की जानकारी कभी भी दे सकते हैं या कोई सवाल कभी भी पूछ सकते हैं। दोनों ही संगठनों के साथ दुनिया का कोई भी व्यक्ति सम्बंधित मामलों की जानकारियों का आदान-प्रदान कर सकता है। सुझाव दे सकता है। शिकायत भेज सकता है। मदद मांग सकता है। अपना किसी भी रूप में अपना स्वैछिक सहयोग भी दे सकता है।

विश्वसनीयता:

दोनों ही संगठनों को अंतर्राष्ट्रीय तथा राष्ट्रीय स्तर पर परम विश्वसनीय संगठन माना जाता है। इन संगठनों की विश्वसनीयता तथा किये गए कार्यों के कारण ही कैलाश सत्यार्थी को तीन बार नोबेल पुरस्कार के लिए नामांकित किया गया था ।

पारदर्शिता :

बचपन बचाओ आंदोलन और ग्लोबल मार्च दोनों ही संगठनों की अपनी वेबसाइटें, फेसबुक एवं ट्विटर अकाउंट हैं और दोनों ही संगठनों की वेबसाइटों पर बीते हुए वर्षों में किये गए प्रत्येक कार्य की भौतिक एवं वित्तीय रिपोर्टें बिना किसी प्रतिबन्ध के उपलब्ध हैं। कोई भी बिना कोई भुगतान किये। इन रिपोर्टों को कभी भी पढ़ सकता है, देख सकता है और जरूरी होने पर प्रिंट भी कर सकता है। उनके भाषाई रूपांतरण संसार की लगभग हर भाषा में गूगल द्वारा उपलब्ध हैं।

उपलब्धता:

दोनों संगठनों के पदाधिकारियों से कोई भी व्यक्ति जरूरी होने पर कार्यालय समय में सीधे संपर्क कर सकता है। दोनों ही संगठनों के टेलीफोन, डाक तथा ई-मेल पते वेबसाइटों पर सार्वजनिक रूप से उपलब्ध हैं, जिन पर आप कभी भी मेल भेजकर वांछित उत्तर हासिल कर सकते हैं।

दोनों ही संगठनों की वेबसाइटों पर पत्रकारों के लिए नवीनतम जानकारियां चित्रों की उपलब्धता के साथ ही संगठनों में विभिन्न पदों पर भर्तियां एवं रिक्त स्थानों की जानकारी, प्रकाशन तथा वार्षिक प्रतिवेदन और अन्य विवरण उपलब्ध हैं।

11 

अनोखी वैचारिक ऊर्जा

महात्मा गांधी को अपना आदर्श माननेवाले कैलाश सत्यार्थी सीधी-सच्ची बात कहने में कभी नहीं चूकते। चाहे कोई भी देश हो, कोई भी मौका हो या कोई भी सुननेवाला। उनके विचारों में बहुत आगे की सोच छिपी है। आपको हैरत होगी कि उनके विचारों में दुनिया-भर में बाल अधिकारों के हनन को लेकर कितनी आग है, कितनी तकलीफ है और उनके पास इस समस्या के बारे में कितने नए तथा क्रांतिकारी विचार हैं।

मैंने देश-प्रदेशों के कई बड़े जन नायकों के साथ काम किया है और उनके विचारों को सुना है, मगर कैलाश सत्यार्थी के मूल भाषणों का सार तैयार करते समय अनेक बार मेरी आँखें भी भर आयी। ये भाषण सिर्फ जुबानी जमा खर्च नहीं हैं, इनमें इंसानियत के उन जंगलों के आदमखोरों की दास्तानें भी हैं, जिनसे आपका कभी वास्ता पड़ा ही नहीं होगा।

वस्तुतः बाल दासता को रोकना विकासशील देशों से ज्यादा विकसित देशों के लिए जरूरी है और इसलिए जरूरी है क्योंकि अंतर्राष्ट्रीय आतंकवाद, अपराध और संसार के हर देश की अर्थव्यवस्था को खतरा बनते जा रहे बहुत से कारणों में मासूम बच्चों को ही डरा-धमका और फुसला कर विकसित देशों में भी इस्तेमाल किया जाता है। इस नाते यह समस्या किसी एक देश की नहीं, पूरी मानवता की है।

कैलाश सत्यार्थी के प्रमुख भाषणों का संक्षिप्त एवं सम्पादित संकलन यहां प्रस्तुत है। भाषणों के संपादन में ध्यान रखा गया है कि किसी भी पिछले भाषण के तथ्यों की अगले भाषण में पुनरावृत्ति यथासंभव न हो ।

18 मार्च, 2000 को इटली के लारेंस नगर में मनी टेसे इंटरनेशनल कांफ्रेंस में उन्होंने कहा कि हम कंप्यूटरी आंकड़ों और तेज रफ्तार के ऐसे युग में जी रहे हैं, जिस पर बाजार टिका है। यह हमारी नयी सामाजिक आर्थिक संस्कृति और इंसानों का मुकद्दर लगता है सिर्फ फायदे और नुकसान पर निर्भर हो गया है। महंगी मशीनों और कंप्यूटरों का बोलबाला होता जा रहा है और इंसान की अंतरात्मा गायब होती जा रही है। इस युग की बदकिस्मती यह है कि यह उन लोगों की संपदा और शक्ति को बढ़ा रही है, जिनके पास इसकी पहले से ही कोई कमी नहीं है। आधुनिक तकनीकी प्रगति का उन खरबों लोगों और बच्चों से हमदर्दी का कोई रिश्ता नजर नहीं आता, जो मानव निर्मित तबाही, सामाजिक नाइंसाफी, पर्यावरणीय पतन, लैंगिक असमानता, हिंसा और शोषण के शिकार हो रहे हैं। हमारे लाखों बच्चे सस्ती मजदूरी, दासता और देह व्यापार के बाजारों में जानवरों की तरह खरीदे-बेचे जा रहे हैं। आजादी, आत्म सम्मान, वर्तमान और भविष्य से वे वंचित किये जा रहे हैं। ग्लोबल मार्च अगेंस्ट चाइल्ड लेबर के विकास से पहले इन बच्चों की कहीं कोई सुनवाई और कदर नहीं थी। यह मार्च सिर्फ एक आयोजन मात्र ही नहीं था, बल्कि 1980 से सक्रिय भारत के एक समाजसेवी संगठन साउथ एशियन कोलिशन ऑन चाइल्ड सर्वीट्यूड द्वारा शुरू की गयी एक ऐतिहासिक प्रक्रिया का तर्कसम्मत समापन था, जिसके अंतर्गत अब तक 50 घर से ज्यादा बच्चों को दासता से आजाद कराया गया है। ग्लोबल मार्च को अंतर्राष्ट्रीय स्तर तक लाने से पहले, बाल दासता की समस्या को जड़ से उखाड़ने के लिए, हमने भारत और दक्षिण एशिया में अनेक बार सफल मार्चों का आयोजन किया है। बाल श्रम के सबसे खराब रूपों के बारे में अंतर्राष्ट्रीय श्रम संगठन द्वारा जून 1999 में मंजूर सर्वसम्मत प्रस्ताव को ग्लोबल मार्च अभियान की महत्त्वपूर्ण उपलब्धियों में गिना जा सकता है। इस प्रस्ताव की ही बदौलत ही अंततः अंतर्राष्ट्रीय समुदाय ने बाल दासता की समस्या से निपटने को कमर कस ली। इसने हमारा नैतिक बल बहुत बढ़ गया है।

इस ग्लोबल मार्च ने अभूतपूर्व ढंग से कई महाद्वीपों के लाखों लोगों में व्यापक जागरूकता पैदा की, इसमें समाज के सबसे निचले पायदान के लोगों से लेकर राजाओं, रानियों, राष्ट्रपतियों और प्रधानमंत्रियों ने भाग लिया। इसने 140 देशों के ट्रेड यूनियनों, सामाजिक

संगठनों, शिक्षकों और बहुत से अन्य नागरिक संगठनों के बीच एक नए गठबंधन को जन्म दिया। दुनिया की सरकारों को एक नया लक्ष्य दिया। ग्लोबल मार्च ने बाल श्रमिकों को एक नयी आवाज दी, इसके कारण कई देशों में अनेक संगठनों ने जन्म लिया। संसार के कई ऐसे भागों में बाल श्रम को एक समस्या के तौर पर स्वीकार किया गया, जहां यह कोई मुद्दा था ही नहीं। इस मार्च ने सैनिक शासन और सशस्त्र संघर्षों का शिकार कुछ देशों में भी सुशासन देने में नयी भूमिका निभाने के लिए सामाजिक संगठनों के बीच आपसी संबंधों और नयी कोशिश का एक नया वातावरण भी बनाया है।

हमारी कोशिश है कि बाल श्रम के मामलों में अंतर्राष्ट्रीय कानून को अंगीकार किया जाए। यह प्रमुख होते हुए भी हमारा अंतिम लक्ष्य नहीं है। हम अन्य देशों में भी बाल श्रम विरोधी कानून के समर्थन और सहयोग की दिशा में काम कर रहे हैं। जिन देशों में यह समस्या अधिक है, उनमें सक्रिय अभियान चलने और बाल श्रम मुक्ति के पक्ष में सरकारों, ट्रेड यूनियनों और नियोक्ताओं के साथ बातचीत करके हम बेहतर और सुविधाजनक वातावरण बनाने की पैरवी कर रहे हैं। दुनिया भर में बाल अधिकारों को बढ़ावा देने की कोशिशों को एकजुट करने के लिए हम अथक कोशिशें कर रहे हैं।

मेरा यह दृढ़ विश्वास है कि बाल श्रम और निरक्षरता को अलग-अलग और अकेले घेरने की कोशिश नहीं की जा सकती, वे एक ही सिक्के के दो पहलू हैं । इस मामले में हमने एक्शन, ऑक्सफेम इंटरनेशनल और एजुकेशन इंटरनेशनल के सहयोग से, एक संयुक्त अंतरराष्ट्रीय अभियान इसी साल शुरू कर दिया है। पूरे संसार में हालांकि निरक्षरता के खतरे को महसूस किया गया है, लेकिन इससे मुकाबले को निश्चित रूप से एक मजबूत सामाजिक जनांदोलन की आवश्यकता शिक्षा से वंचित कोई इंसान या समाज अंततः आगे बढ़ने के तमाम अवसरों को खो देता है, इसे समझने के साथ यह भी समझना जरूरी है कि यदि ऐसे लोगों को बराबरी और आगे बढ़ने का मौका मिलेगा, तो अंततः उसका लाभ पूरे संसार को ही होगा।

ओईसीडी ने 2015 तक एक साथ ही गरीबी और अशिक्षा दूर करने का वायदा किया है। संयुक्त राष्ट्र और विश्व समुदाय ने भी अपनी

50 वीं वर्षगांठ पर मानवाधिकार के चार्टर को लागू करने की प्रतिबद्धता की पुष्टि की है। बाल अधिकारों पर संयुक्त राष्ट्र सम्मेलन में भाग लेनेवाले राष्ट्र न केवल नैतिक रूप से बल्कि कानूनी तौर पर भी बुनियादी शिक्षा के अधिकार को लागू करने के लिए बाध्य हैं। आईएलओ कन्वेंशन 138 और हाल ही में कन्वेंशन 182 भी बाल श्रम उन्मूलन के एक महत्त्वपूर्ण विकल्प के रूप में शिक्षा पर बल देते हैं। फिर भी सभी बच्चों के लिए अच्छी गुणवत्ता की शिक्षा सुनिश्चित किये बिना इन लक्ष्यों में से कोई भी हासिल नहीं किया जा सकता। इसके बिना लोकतांत्रिक विकास के किसी भी रूप की कल्पना करना भी असंभव है। ऐसे में सूचना प्रौद्योगिकी के लाभ भी आम जनता तक कभी नहीं पहुंच सकते हैं। गरीबी, बेरोजगारी, अशिक्षा और बाल श्रम के बीच एक ऐसा दुष्चक्र, जिसे तोड़ने के लिए पूरे संसार के देशों को मिल कर काम करना होगा।

इस कोशिश में सबके लिए शिक्षा की उपलब्धता होना निश्चित रूप से बहुत महत्त्वपूर्ण है। यह करने के लिए प्रत्येक स्तर पर बड़े पैमाने पर लामबंदी और दुनिया भर में सरकारों के बीच बेरोजगारी, अशिक्षा और बाल श्रम का दुष्चक्र तोड़ने की राजनीतिक इच्छा तैयार करना ही ग्लोबल मार्च आंदोलन का लक्ष्य है। एक समयबद्ध कार्य योजना के साथ ही समुचित संवैधानिक प्रावधानों समेत ठोस कानूनी उपायों की हम मांग करते हैं। यह स्थिति बेहद निराशाजनक है कि सर्वाधिक विकासशील देश इन क्षेत्रों में अपने सकल राष्ट्रीय उत्पाद का दो प्रतिशत भी खर्च करने के लिए तैयार नहीं हैं। दूसरी ओर समृद्ध राष्ट्र भी गरीब देशों में बच्चों की शिक्षा के

लिए, विकास अनुदान के अपने बजट में इस कार्य के लिए एक छोटा सा हिस्सा निर्धारित करने से बचते रहते हैं।

हमारी प्रमुख मांगों में से गरीब देशों को दिए गए शिक्षा के ऋण को माफ किया जाना है। देखा गया है कि कई विकासशील देशों को अपने प्राथमिक शिक्षा के बजट का चार से पांच गुना बजट केवल विदेशी कर्ज के ब्याज भुगतान के लिए ही खर्च करना पड़ता है। जैसे मेरा अपना देश भारत, ऋण ब्याज भुगतान हेतु 12 अरब अमरीकी डॉलर और प्राथमिक शिक्षा पर 3 अरब अमरीकी डॉलर खर्च करता है।

ग्लोबल मार्च भी विश्व बैंक, अंतरराष्ट्रीय मुद्रा कोष, अंतर अमेरिकी विकास बैंक, समृद्ध देशों और अन्य क्षेत्रीय संस्थानों जैसे बहुपक्षीय वित्तीय दिग्गजों का सहयोग चाहता है। हमारी सिफारिश है कि सामाजिक जिम्मेदारी के रूप में विकासशील देशों के लिए अतिरिक्त संसाधन जुटाने हेतु बहुराष्ट्रीय निगमों पर किसी प्रकार का शिक्षा-कर लगाया जाए। निरक्षरता से लड़ने के लिए एक वैश्विक शिक्षा कोष स्थापित करने के लिए हम विश्व समुदाय का आवाहन करते हैं। विकास के पुराने संकेतकों जैसे प्रति व्यक्ति आय, ऊर्जा उपभोग और सकल राष्ट्रीय उत्पाद के बजाय अब यह तय करने की जरूरत है कि कितना धन, शिक्षा, स्वास्थ्य और बाल अधिकारों को सुनिश्चित करने और दूसरों की मदद करने के लिए किसी देश द्वारा कितना धन खर्च किया जा रहा है। अंत में, ग्लोबल मार्च एक बच्चे के अनुकूल एक ऐसी विश्व व्यवस्था का आवाहन करता है, जिसमें कोई बच्चा दासता के जीवन में सड़ने के लिए छोड़ा न जाए। सभी बच्चों को बचपन का आनंद, सम्मान और मानव गरिमा के अनुरूप गुणवत्तापूर्ण शिक्षा प्राप्त करने की आजादी मिलनी चाहिए। इस क्षेत्र में अपने वर्षों के अनुभव के आधार पर मैं दुनिया भर के समाजों के बीच तेजी से पनपती चेतना और चिंता को महसूस कर सकता हूं। मुझे विश्वास है कि अपने ही जीवन काल में हम सब उस नए दौर को देखेंगे, जो हर वंचित बच्चे को उसके अधिकार दिलाने के लिए एकजुट समाज, कानून की ताकत और सरकारों का युग होगा। वह युग ज्यादा दूर नहीं है।

हेनोवर यूनियन एक्सपोः

हेनोवर में यूनियन एक्सपो 2000 के मौके पर उन्होंने कहा कि वैश्वीकरण का जिक्र एक फैशन सा बन गया है। मगर उन एक अरब से

अधिक लोगों के लिए वैश्वीकरण का अर्थ वास्तव में है क्या, जो एक दिन में एक डॉलर भी नहीं कमा सकते? जिनको किताब और पेंसिल तक को छूने का कोई मौका नहीं मिलता। जो अनेक प्रकार से दासता का शिकार हैं, जिन्हें मानवाधिकार, सम्मान और यहां तक कोई पहचान तक नसीब नहीं है। विडंबना यह है कि इनमें सर्वाधिक और बुरी हालत बच्चों की है। आधुनिक बाजारों पर आधारित आज की अर्थव्यवस्था में वे सबसे सस्ते, सर्वाधिक दोहन योग्य और सबसे शिकार बच्चे ही हैं। पिछले शुक्रवार ही जब एक खुफिया छापामार कार्रवाई के बाद मैं पांच साल से अपनी माँ से बिछुड़े 14 साल के बबलू को मिला पाया, जिसको एक कालीन उद्योग ने आठ अन्य बच्चों के साथ गुलाम बनाकर कैद कर रखा था।

वह एक दिल छूनेवाला नजारा था। अपने बच्चे को गले लगाकर उसकी मां रो पड़ी। माँ ने अपने बेटे से पूछा कि बेटे इतने सालों से मैं तेरे लिए आंसू बहा रही थी, तू मेरे पास वहां से भाग क्यों नहीं आया? बबलू ने आंसू बहते हुए जवाब दिया कि कोई बच्चा कैद से निकल कर भाग ही नहीं सकता था क्योंकि ठेकेदार उन सबकी एड़ियों पर लगातार प्रहार करता रहता था, ताकि वे कैद से बचकर वापस भाग ना सकें। दासता के उस दौर में बबलू और उसके साथ के बच्चों को भरपेट खाना तक नहीं दिया जाता था जिससे दर्द और भूख से वे जागते रहें और हर दिन 16 से 18 घंटे तक काम कर सकें। वे कालीनें जर्मनी को निर्यात के लिए तैयार की जातीं थीं और मुमकिन है उनमें से कोई कालीन आपने भी खरीदी हो ।

पश्चिमी उपभोक्ताओं खास तौर से जर्मन उपभोक्ताओं के प्रति मैं तहे दिल से आभारी हूं, जिन्होंने भारत में 1980 में शुरू कालीन उद्योगों में बाल दासता मुक्ति के हमारे अभियान का साथ दिया। किसी भी बाल श्रम मुक्त उत्पाद पर संसार के पहले सामाजिक प्रमाणीकरण (लेबलिंग) 'रगमार्क' की शुरुआत, दरअसल उपभोक्ता देशों के लोगों के बीच इंसानी एकजुटता का एक ठोस उदाहरण है, जो भारत, नेपाल और पाकिस्तान के साथ ही जर्मनी, अमरीका, कनाडा, ब्रिटेन, नीदरलैंड और बेल्जियम में सफलतापूर्वक कार्य कर रहा है। अभी भी कालीन समेत बहुत से अन्य उत्पाद बड़ी तादाद में विकासशील देशों में तैयार तथा विकसित देशों में इस्तेमाल किये जा रहे हैं।

एक अप्रत्याशित कदम के तौर पर 1998 में हमने वैश्विक स्तर पर 80 हजार किमी लम्बे ग्लोबल मार्च अगेंस्ट चाइल्ड लेबर का आयोजन किया, जिसका नतीजा आईएलओ द्वारा बाल श्रम के सबसे खराब स्वरूपों के विरुद्ध सर्वसम्मत ढंग से प्रस्ताव संख्या 182 को मंजूर किये जाने के रूप में आया, जिसे अब तक 35 देशों ने अंगीकार भी कर लिया है। लेकिन स्थानीय कानून, राष्ट्रीय संविधान तथा अंतर्राष्ट्रीय सम्मेलन वे अस्त्र हैं, जिनका इस्तेमाल करने के लिए समर्पण का भाव तथा मजबूत इरादे चाहिए। यदि ये प्रस्ताव ईमानदारी से लागू किये जाते हैं, तो इसमें कोई संदेह नहीं है कि हम मानव जाति के माथे से बाल दासता के कलंक को पोंछ सकते हैं।

बदकिस्मती से पूरी दुनिया में 85 करोड़ व्यस्क और 12.5 करोड़ बच्चे निरक्षर हैं। 1990 में संयुक्त राष्ट्र के तत्वावधान में दुनिया की सरकारों ने 2000 तक सभी के लिए शिक्षा हेतु प्रतिबद्धता प्रदर्शित की थी। वह नारा खोखला साबित हुआ है। दोस्तों, शिक्षा केवल विकास की कुंजी नहीं है या सूचना और ज्ञान पर आधारित अर्थव्यवस्था का प्रतिनिधित्व ही नहीं करती है। यह भी एक बुनियादी मानवाधिकार है।

इस साल अप्रैल में डाकर, सेनेगल में दुनिया की सरकारों ने फिर से बैठक करके 2015 के लिए सभी के लिए शिक्षा के निर्धारित लक्ष्यों के प्रति अपनी प्रतिबद्धता की पुष्टि की है। इन लक्ष्यों को हासिल करने का समय एक बार फिर से दस साल के लिए बढ़ा दिया गया है। मेरी नजर में यह लाखों खामोश बच्चों के साथ क्रूरतम मजाक है। लेकिन अभी आशा की किरण नजर आ रही है। ग्लोबल कैम्पेन फॉर एजुकेशन की छतरी तले दुनिया भर के समाजसेवी संगठन इकट्ठे हो रहे हैं। दुनियाभर में इस आंदोलन की पहल करनेवालों में एक होने के नाते मैं खुद को सौभाग्यशाली मानता हूं। मैं काफी आशान्वित हूं कि जनता का तेजी से बढ़ता दबाव सरकारों और संयुक्त राष्ट्र एजेंसियों को महज खोखले नारों की बजाय ठोस कार्रवाई पर मजबूर कर देगा।

पूरी दुनिया को साक्षर बनाने के लिए केवल 80 खरब डॉलर्स की जरूरत है और यह रकम दुनियाभर के चार दिनों के सैन्य खर्च के बराबर होती है। यदि और भी सरल शब्दों में कहें तो सम्पूर्ण संसार में बाल श्रम और निरक्षरता दोनों समस्याओं को हल करने के लिए महज उतनी रकम

चाहिए, जो यूरोपियन लोगों के आइसक्रीम या कॉस्मेटिक्स के खर्च का पांचवां हिस्सा है और तम्बाकू या कास्मेटिक्स पर अमरीकियों के खर्च का चौथाई हिस्सा।

दोस्तों, आंकड़ों और वैश्विक वाणिज्य के जबरदस्त महत्त्व के बावजूद हम लोगों की पहल, सामाजिक संगठनों के पारस्परिक सहयोग और भागीदारी की नई संस्कृति के उदय में उम्मीद की किरण देख सकते हैं। हमें याद रखना चाहिए कि इंसानियत, भाईचारे और सहज एकजुटता दैवीय, अमर और सर्वोच्च हैं और मुझे पूर्ण विश्वास है कि वे ही दुनिया का भविष्य तय करेंगे।

जब बोलो, सच बोलो:

कैरी कैनेडी की किताब, 'स्पीक ट्रूथ टू पावर', के विमोचन पर 19 सितंबर, 2000 को संयुक्त राष्ट्र अमरीका में पत्रकार वार्ता में कैलाश सत्यार्थी ने कहा कि पिछले एक दशक से मैंने भारत के कई असुरक्षित कारखानों, खेतों और खदानों में बच्चों, महिलाओं और पुरुषों को दासता और अमानवीय परिस्थितियों से बचाने के लिए काम किया है। यह अकेले भारत की ही कोई समस्या नहीं है। पूरे संसार में करीब 25 करोड़ बच्चे बंधुआ मजदूरी कर रहे हैं, जिनमें 2,46,000 बच्चे तो अमरीका में ही खेतीबाड़ी और बेकरियों में काम करते हैं। मुझे लगता है कि गुलामी और बंधुआ मजदूरी से बच्चों को मुक्त कराने का काम एक हद तक विशेष कार्य माना जा सकता है। इसके समान ही महत्त्वपूर्ण दूसरा कदम सबसे अमीर और अत्यंत गरीब दोनों तरह के बच्चों से सम्बंधित है और वह है शिक्षा।

हम सभी जानते हैं कि पारस्परिक सम्बद्धता और सूचनाओं के इस्तेमाल पर आधारित आज के युग में सभी बच्चों के लिए साक्षरता और बुनियादी गणित की समझ जरूरी है। इन बुनियादी क्षमताओं से बढ़कर भी शिक्षा के एक और स्तर को हासिल करने की अभी जरूरत है। एक ऐसा स्तर, जो बच्चों को बेहतर इंसान बनाए। उनमें ऐसी नैतिक क्षमता विकसित करे कि वे जो करें सही करें। जब बोलें सच बोलें। यह स्पष्ट हो चुका है कि विकसित कहे जाने वाले विश्व की शिक्षा व्यवस्थाएं व्यक्तिगत और सामाजिक स्तरों पर इंसानी जरूरतों की भरपाई करने में नाकाफी साबित हो रहीं हैं। यह शिक्षा बच्चों में भी तार्किक सोच के बीच भेदभाव और

सनकी रवैये को बढ़ावा दे रही है। यदि इस चश्मे से बच्चे दुनिया के अपने नजरिये का विकास करेंगे, तो हमारी समूची भावी पीढ़ी का भविष्य ही निराशा और सनकों का शिकार हो जाएगा। ऐसे में हम अपने बच्चों को कैसे रोजमर्रा जिंदगी के मुश्किल मुद्दों और सवालों का समझदारी से सामना करना सिखाएंगे?

मैं कक्षाओं में मानवाधिकार शिक्षा को शामिल करने की आवश्यकता के बारे में बात कर रहा हूं। हम आज बच्चों को मानवाधिकारों के सार्वभौम सिद्धांतों पर आधारित शिक्षा का एक महत्त्वपूर्ण ढांचा दे सकते हैं। जिस शिक्षाप्रद पैकेट की मैं बात कर रहा हूं। वह हाई स्कूल और विश्वविद्यालीय आयु वर्ग के युवाओं को मानवाधिकारों के सिद्धांतों के बारे में बताने और उनका अपने जीवन की परिस्थितियों में प्रयोग करने की प्रेरणा देनेवाला अनोखा मौका है। जिसे इस बारे में और अधिक जानकारी हासिल करनी हो, मैं उसे इस पैकेट को तैयार करनेवाली संस्था एमनेस्टी इंटरनेशनल के शैक्षिक प्रभाग से संपर्क करने या अधिक जानकारी प्राप्त करने की सलाह देना चाहूंगा।

रगमार्क का जन्म:

'स्पीक ट्रूथ टू पावर', के काठमांडू में हुए विमोचन के अवसर पर कैलाश सत्यार्थी ने कहा कि मैं यह जानकर भी रोमांचित हूं कि रगमार्क नेपाल पर कनाडा की सुश्री तान्या राबर्ट्स डेविस द्वारा एक व्यापक रिपोर्ट प्रकाशित की गयी है।

उन्होंने कहा कि कि आज भी मुझे मिर्जापुर (पूर्वोत्तर भारत) के कालीन बेल्ट के रेलवे प्लेटफार्म की वह सर्द आधी रात याद है। एक कालीन कारखाने की गिरफ्त से आजाद कराये गए एक दर्जन गुलाम बच्चे अपनी माताओं से पुनर्मिलन करके वापस आ रहे थे। उन माताओं ने अपने बच्चों से दोबारा मिलने की तमाम उम्मीदें खो दीं थीं। मैं अभिभूत था और आधी रात को एक ट्रेन पकड़ने के लिए इंतजार कर रहा था। संयोग से, जिस ट्रेन से मैं वापस जाने वाला था, उसी से सर्दी में कांपते और नींद में डूबे कम-से-कम चार दर्जन से अधिक बच्चों को मैंने नीचे उतरते देखा। जाहिर है, उन सबको बंधुआ मजदूरों के रूप में कालीन कारखानों में काम कराने के लिए किसी तरह से ललचा-फुसला कर लाया जा रहा था। मैं उनको रोकना चाहा। इस पर दो पुलिसकर्मियों ने मुझे सार्वजनिक

स्थल पर कानून व्यवस्था की समस्या पैदा करने का इल्जाम लगाया। इस पर जब मेरी उनसे बहस हुई तो उन्होंने उलटे मुझे रात भर हिरासत में रखा। एड़ी-चोटी का जोर लगाकर भी मैं उन बच्चों को बाल दासता से नहीं बचा सका। हकीकत में कालीन उद्योग में प्रशासन की मिलीभगत से कालीन मालिकों द्वारा बहका फुसला कर लाये जानेवाले बाल मजदूरों की संख्या हमारे द्वारा आजाद कराये जानेवाले बच्चों की तादाद से बहुत ही अधिक है। इस तरह तो कालीन उद्योग से बाल दासता समाप्त करना नामुमकिन था।

मैंने सोचा कि सब जानते-बूझते इन सुंदर कालीनों का उपयोग करने वाले उपभोक्ताओं की अंतरात्मा जगाने की क्या मुझे कोशिश नहीं करनी चाहिए? वे भी तो अनजाने ही सही, मगर बाल दासता बनाए रखने का कारण बन रहे थे । हम तो सिर्फ बाल मजदूरों को मुक्त करा रहे थे, जो खुद इस कारोबार को रोकने में असमर्थ थे। तब मैंने सोचा कि कुछ ऐसा किया जाये कि इन कालीनों को खरीदनेवाले ही बाल दासता को खत्म कराने में मदद करें। मैं जानता था कि बेशक यह एक कठिन कार्य था। आखिर वे लोग अगर जीव रक्षा के नाम पर जानवरों की खाल से बननेवाले फर के कारोबार का बहिष्कार कर सकते थे तो कालीनों के कारोबार में तो इंसानी बच्चों से दासता कराई जा रही थी। मैंने जर्मनी और अन्य पश्चिमी देशों में उपभोक्ताओं की नैतिकता और बच्चों की स्वतंत्रता बचाने में उनकी सकारात्मक प्रतिक्रिया की कल्पना तक नहीं की थी।

अगले दिन, मैंने नई दिल्ली वापस आने के बाद जर्मनी के उन दोस्तों को यह चुनौती दी, जिन्होंने हमारी कई परियोजनाओं का समर्थन किया था। सबसे पहले मैंने स्टटगार्ट में रेनर क्रूस से संपर्क किया। वह बहुत उत्साहित मगर बेहद सतर्क भी था। अंततः 1990 में हम इस आह्वान के साथ कारपेट कंज्यूमर्स कैम्पेन (रगमार्क) आरम्भ करने में सफल रहे कि लोग वही कालीन खरीदें, जिनके साथ यह गारंटी दी जाए कि उन्हें बनाने में बच्चों का इस्तेमाल नहीं किया गया है। आश्चर्यजनक ढंग से यह अभियान जंगल की आग की तरह फैलता चला गया। हर कोई समाधान के बारे में पूछ रहा था। मैं उन असंख्य लोगों का आभारी हूं, जिन्होंने रगमार्क का डिजाइन विकसित करने, कालीनों पर पूरी निगरानी रखने और रगमार्क लेबलिंग प्रणाली लागू करने में हमारी मदद की और अंततः भारत में रग

मार्क का जन्म हुआ। बाद में यह नेपाल में भी पनपा और अब पाकिस्तान में भी रगमार्क का वजूद है ।

रगमार्क एक ऐसी व्यवस्था और अनूठा प्रयास है जो बाल श्रम मुक्त कालीनों को बढ़ावा देता है, उस पर नियंत्रण, निगरानी, व्यापार संवधन और सत्यापन करता है। यह अनूठा आंदोलन कालीन उपभोक्ताओं को जागरूक बनाने के साथ ही उनको बाल श्रम रहित कालीनों के विकल्प भी सुझाता है तथा बाल श्रम से मुक्त कराये गए बचपन का संरक्षण और बाल शिक्षा सुनिश्चित करते हुए हजारों वयस्कों के लिए रोजगार के मौकों की बहाली भी कराता है।

कालीन उद्योगों की जड़ों तक फैली समस्या का रगमार्क एकमात्र समाधान नहीं है। यह निश्चित रूप से इस उद्योग में बाल श्रम की बुराई में पर्याप्त कमी लाने के अब तक के सबसे कारगर प्रयासों में से एक है, जिसने कालीन व्यापार प्रोत्साहन के साथ इस उद्योग में सफल पुनर्वास माडलों को भी बढ़ावा दिया है। इसमें इतनी क्षमता है कि इस माडल को अन्य कई उद्योगों और देशों में दोहराया जा सकता है।

शिक्षा पर विश्व सम्मेलनः

नयी दिल्ली में शिक्षा पर विश्व सम्मेलन के उद्घाटन पर 13 फरवरी 2001 को कैलाश सत्यार्थी ने कहा कि आज हम यहां विकास के किसी नए माडल की खोज, तैयारी या संसार के सामने मुंह बाए किसी कुदरती आफत का मुकाबला करने के बारे में चर्चा करने के लिए जमा नहीं हुए हैं। हम लोग यहां 50 साल पहले अंतर्राष्ट्रीय स्तर पर स्वीकार्य तथा सुनिश्चित बुनियादी मानवाधिकारों के खुले तौर पर सुनियोजित उल्लंघन पर सवाल करने के लिए जमा हुए हैं। निःशुल्क और अनिवार्य शिक्षा का अधिकार की गारंटी हमें सार्वभौमिक मानवाधिकारों की घोषणा में दी गयी थी। तब से अब तक इस अधिकार को बार-बार सिर्फ मान्यता दी गयी और हम लोगों से संयुक्त राष्ट्र संघ के विभिन्न सम्मेलनों और घोषणापत्रों में बार-बार इसके वायदे किये गए। हम इस मामले में केवल अपने नेताओं के रवैये और जिम्मेदारी का परीक्षण ही नहीं करेंगे बल्कि इस स्थिति से बाहर निकलने तथा उनका रवैया बदलने की नयी और प्रभावी रणनीतियों पर भी विचार करेंगे। हम सबका यहां होना ही दुनिया के लिए इस बात का सबूत है कि अब हम और अधिक इंतजार नहीं करनेवाले।

सदियों से शिक्षा के कई स्वरूपों की कल्पना की गयी है, जैसे कहीं इसे धार्मिक संस्थानों द्वारा की जानेवाली सेवा समझा गया कहीं अमीरों द्वारा किया जानेवाला मानवता का कार्य। सरकारों ने शिक्षा को सिर्फ जनकल्याण की अपनी सफाई, टीकाकरण, सड़क निर्माण या जलापूर्ति जैसी योजनाओं सा ही माना। समाजसेवी संगठनों के लिए यह केवल एक परियोजना जैसी ही रही। अर्थशास्त्रियों के लिए यह रही महज फायदेवाली निवेश। योजनाकारों ने इसे जनसंख्या नियंत्रण का बढ़िया जरिया समझा। शिक्षाविदों और शोधकर्ताओं को यह मुद्दा रोचक विषय नजर आया।

लेकिन एक बच्चे से पूछिए, जो सभी से सीखना चाहता है, एक तस्वीर से, एक वस्तु से और एक खिलौने तक से। सीखना और अंततः शिक्षा हासिल करना उस बच्चे का जन्मसिद्ध अधिकार है। उसे इस अधिकार से वंचित रखने का दोषी जो भी होगा, चाहे उसके अभिभावक, समुदाय या उसका देश ही उसे इस अधिकार से वंचित रखने का काम करें, जो भी इस गुनाह का जिम्मेदार होगा, वह ही उस बच्चे के अधिकारों के हनन का अपराधी है ।

सूबे सिंह और उनकी 14 साल की बेटी गुलाबो के लिए शिक्षा का अर्थ जीवन और आजादी था। सूबे बंधुआ मजदूर के रूप में एक ईंट भट्ठे में बरसों से कार्यरत था और उसे किसी जानवर की तरह सपरिवार खरीदा-बेचा जाता था। गुलाबो का जन्म और पालन-पोषण भी एक गुलाम की तरह ही हुआ और भयानक अभावों तथा जबरदस्त कुपोषण के कारण अंततः उसे तपेदिक हो गयी। उनको शारीरिक-मानसिक यातनायें, गालियां और मारपीट झेलनी पड़ती और अक्सर महिलाओं का यौन उत्पीड़न भी किया जाता। उनको कभी भी मेहनताना नहीं दिया जाता था। अलबत्ता घटिया किस्म का अधपका खाना खिलाकर जिंदा रखा जा रहा था।

कुछ साल पहले सर्वोच्च न्यायालय की मदद से मैंने सूबे, उसके परिवार और 27 अन्य लोगों को एक गुप्त छापामारी के बाद रिहा कराने में कामयाबी हासिल की।

जब मैं उनको अपने कार्यालय लेकर आया, तब तक लड़की की हालत बिगड़ चुकी थी और उसने मेरी गोद में दम तोड़ दिया। उसके आखिरी शब्द थे, 'माँ, मैं जिंदा रहना चाहती हूं!' जब पोस्टमार्टम रूम से उस लड़की की लाश हासिल करने को मेरे साथ गए सूबे से कागजों पर

दस्तखत करने को कहा गया तो उसने कहा, 'अगर मैं पढ़ा होता तो मेरा परिवार और मैं कभी भी गुलामी में नहीं पड़ता और मेरी बेटी भी नहीं मरती।' उसने बताया कि उसके मालिक न जाने किन-किन कागजों पर उससे अंगूठा लगवाते रहते, जिनको वह समझ तक नहीं पाता था। इसी वजह से अंततः वह उनका गुलाम बन कर रह गया। सूबे और गुलाबो ऐसे लाखों परिवारों में सिर्फ एक हैं, जो इस इक्कीसवीं सदी में भी सिर्फ निरक्षरता की वजह से गुलामी करने को मजबूर हो गए।

यह तथ्य कि शिक्षा के मुद्दे को पहली बार अंतर्राष्ट्रीय समुदाय ने जोमतिएँ सम्मेलन में केवल 1990 में ही उठाया गया, अपने आप में गरीबों के प्रति हमारे समाज की संवेदनहीनता के बारे में काफी खुलासा करता है। जैसा कि हम जानते हैं कि जोमतिएँ में संयुक्त राष्ट्र के अधिकारी और विश्वस्तर के नीति निर्माताओं ने एक-दूसरे की पीठें थपथपाई, मुस्कुराए, हाथ मिलाये और एक नया नारा गढ़ा, 'सबके लिए शिक्षा-वर्ष 2000 तक'। उन्होंने संसाधन मुहैया कराने, शिक्षा पर ज्यादा खर्च करने, असरदार कार्यक्रम को बनाने और लागू करने के बड़े-बड़े वायदे किये। उस समय, 1990 में संसार में लगभग 75 करोड़ व्यस्क निरक्षर थे, जिनकी संख्या बढ़कर आज 88 करोड़ हो चुकी है। इसके साथ ही स्कूल जाने योग्य 13 करोड़ बच्चे शिक्षा से पूरी तरह से वंचित हैं, इनकी संख्या तब सिर्फ 10 करोड़ थी। करीब 15 करोड़ बच्चे जिनका नाम तो स्कूलों में लिखा गया, मगर साक्षर होने से पहले ही उनकी पढ़ाई विभिन्न कारणों से रुक गयी। संसार के अनपढ़ों में दो तिहाई महिलाएं हैं। संसार में बाल मजदूरों की तादाद भी बढ़कर 25 करोड़ हो गयी है। हम जानते ही हैं कि ये सब सरकारी आंकड़े हकीकत को जितना भी हो सके कम करके ही तैयार किये गए होंगे। ये आंकड़े महज शिक्षा न हासिल कर पाने वाले उन इंसानों के दर्द और तकलीफ को बयां नहीं करते, ये आंकड़े इंसान की कीमत और उसकी क्षमता के अपव्यय, उसके शोषण की अंतहीन दास्तान, उसके साथ हुई नाइंसाफी और दासता की घुटन को कभी व्यक्त नहीं कर सकते। जोमतिएँ में अमीर और गरीब दोनों ही देश अपने द्वारा किये गए वायदों को पूरा करने में नाकाम रहे।

दोस्तों शीत युद्ध के बाद के दौर में आज विश्व तीन महत्त्वपूर्ण बदलाव महसूस कर रहा है। पहला है वैश्विक बाजारों और अर्थव्यवस्था का, जो

अविकसित तथा गरीब लोगों को अमीरों के हिसाब से तालमेल बैठने को मजबूर करता है। दूसरा बदलाव सूचना प्रौद्योगिकी का है जिसने आंकड़ों के आदान-प्रदान की रफ्तार को तो बढ़ाया है, मगर दुर्भाग्य से व्यक्तियों और उनकी आवाजों को भी आंकड़ों में बदल कर इंसानी अंतरात्मा को गायब सा ही कर दिया है। इन बदलावों के गठबंधन से स्थायी विकास की अवधारणा, मानवाधिकारों तथा गरिमा का संरक्षण भी कठिन हो गया है।

तीसरा बदलाव एक उम्मीद की किरण है जो सामाजिक संस्थाओं के उदय और उनकी पहल, विभिन्न संगठनों के गठबन्धनों जैसे जुबली-2000, ग्लोबल मार्च अगेंस्ट चाइल्ड लेबर, लैंडमाइन मूवमेंट और ग्लोबल कैम्पेन फॉर एजुकेशन की गतिविधियों में नजर आ रही है। मैं यह कहने से नहीं संकोच करूंगा कि अभी तक यूनेस्को की भूमिका सामाजिक संगठनों को किसी भी प्रक्रिया, वैश्विक पहल को गतिमान करने और बैठकों में लोकतांत्रिक भागीदारी सुनिश्चित कराने के मामले में संतोषजनक नहीं रही है। यह भी समझ में नहीं आता कि जब वे योगदानकर्ताओं की बैठकें आयोजित करते हैं तब समाजसेवी संगठनों को उससे अलग क्यों रखते हैं।

यूनेस्को का नवीनतम वित्तीय प्रस्ताव बहुत भ्रामक और अस्पष्ट है। हालांकि उसकी मंशा सही है और संसाधनों के विकास के बारे में भी उसमें अच्छे शब्द भी हैं परन्तु सूचना प्रौद्योगिकी, ऋण माफी, बजट और सहायता में बढ़ोतरी, सार्वजनिक क्षेत्र और सामाजिक संगठनों के योगदान से कैसे इस पर अमल कराया जाएगा, यह स्पष्ट नहीं है।

सरकारें हमेशा ही संसाधनों की कमी का बहाना निकाल लेती हैं। कुलीन सत्ताधारियों ने गरीबी को हर जगह एक अच्छे बहाने की तरह इस्तेमाल करना सीख लिया है। दरअसल अशिक्षा गरीबी की वजह से नहीं पनपी, बल्कि गरीबी अशिक्षा से पनपती है। हमें मौजूदा मानसिकता को बदलना होगा। मुझे समझ नहीं आता कि इतना ज्यादा खर्च करने के बावजूद आखिर शिक्षा को क्यों पहुंच से बाहर बताया जाता है, जबकि वह मूलभूत अधिकारों में है। ऐसा अन्य मूलभूत अधिकारों के मामले में नहीं होता जैसे जीने का, स्वतंत्रता का और समानता के अधिकारों के मामले में। शिक्षा ज्ञान पर आधारित अर्थ व्यवस्था में खुशहाली का आधार है, विकेन्द्रीकरण और लोकतंत्रीकरण से सुशासन में पारदर्शिता और सहभागिता लाती है, आपदा प्रबंधन, आर्थिक शोषण को रोकने, कामगारों में सौदेबाजी

की क्षमता, लैंगिक समानता और सामाजिक न्याय के अवसर बढ़ाती है। शिक्षा बाल श्रम समाप्त करने तथा बाल अधिकार सुनिश्चित करने का सबसे प्रभावी साधन है। शिक्षा लोगों की क्षमता निखार कर उनको गरीबी से बाहर निकलने में मदद करती है। अशिक्षित लोगों के पेरू और वियतनाम जैसे देशों में गरीबी रेखा से नीचे जीने की दुगुनी संभावनाएं हैं। शिक्षित मजदूर को अधिक मेहनताना और किसान को फसल का सही मूल्य मिलना आसान हो जाता है। महिलाओं की शिक्षा प्रतिवर्ष पांच वर्ष से कम आयु के 12 करोड़ बच्चों की मृत्युओं की संख्या को तेजी से काबू में ला सकती है। शिक्षा से वंचित बच्चे कल को समाज के लिए गंभीर खतरा बन सकते हैं। इसी तरह से जिन देशों में अशिक्षा और गरीबी होगी, वे विश्व शान्ति के लिए सबसे बड़ा खतरा बन सकते हैं।

जब पढ़ने का मौका मिला तो कालू ने अपनी काबलियत दिखाई और प्रत्येक कक्षा में प्रथम आया। अंततः जब उसे अमरीकी राष्ट्रपति क्लिंटन से मिलने का मौका मिला तो उसने बड़े बेबाकी से उनसे कहा कि मेरे जैसे बच्चों को बचाइये। इस पर जब क्लिंटन ने अफसोस जताया कि मैं तो अब कुछ ही महीने राष्ट्रपति रहूंगा तो चतुर कालू ने तत्काल जवाब दिया था, सर शिक्षा के लिए काम करने को जरूरी नहीं है कि आप अमरीका के राष्ट्रपति ही हों। कोई भी किसी भी हैसियत में हो, यह काम कर सकता है।

बच्चों से संबंधित यातना और हिंसा के विविध रूप, फिनलैंड 28 नवम्बर 2001 को बच्चों से संबंधित यातना और हिंसा के विविध रूपों पर फिनलैण्ड में अंतर्राष्ट्रीय सम्मेलन में उन्होंने कहा कि अब तक बाल दासता के बारे में बहुत कुछ कहा गया है तथा साहित्य और कानून की किताबों में बहुत कुछ लिखा गया है। राष्ट्रीय और अंतर्राष्ट्रीय मंचों पर राजनेताओं ने बहुत से वायदे भी किये हैं। मगर कौन कहता है कि बाल दासता खत्म हो चुकी है। मालिकों के लालच और कानून बनाने और उसे पालन करने वालों के लापरवाह रवैये के कारण वह बाकायदा जिंदा है और बाल विरोधी अनेक स्वरूपों में उसे संरक्षण और बढ़ावा भी दिया जा रहा है। जब एक बच्चा दासता की जिंदगी में प्रवेश करता है तो मानवता के माथे पर एक और दाग लग जाता है, दरअसल इंसानियत के भविष्य के खिलाफ एक और अपराध बर्दाश्त किया जाता है।

उन्होंने कहा मेरे लिये बाल यातना का मतलब किसी बच्चे की मुस्कुराहट और बचपन के साथ किसी भी प्रकार की ज्यादती है और कभी-कभी यह अदृश्य रूप से किसी बच्चे की क्षमता, सम्मान और उसके अधिकारों का अंत करने का कारण बन जाती है। यह कोई छोटी चुनौती नहीं है। हमेशा की तरह लालच के बूते ही गुलामी का कारोबार पनपता है। आपको यह जानकर हैरत होगी कि मानव तस्करी का कारोबार संसार में सालाना पांच से सात खरब डालर का है। अक्सर जिन अधिकारियों के जिम्मे महिलाओं और बच्चों की सुरक्षा करना होता है, वे ही इस धंधे से मुनाफा कमा रहे होते हैं। संगठित अपराध भी इस क्षेत्र में बहुत बड़ी भूमिका निभाता है। हालांकि मादक पदार्थों और हथियारों की तस्करी को इस धंधे से बड़ी चुनौती मिली हुई है।

उन्होंने कहा कि कल की ही बात है, मैं बच्चों के एक समूह के साथ था जिनमें से कुछ पहले दासता का जीवन बिता चुके थे, जिन्होंने इस बेरहम दिल्ली में गुणवत्तापूर्ण शिक्षा को 18 साल के बच्चों तक के बच्चों का बुनियादी अधिकार दिलाने के लिये देश के संविधान में संशोधन कराने के लिये एक के बाद एक हर सांसद का दरवाजा खटखटाया था। अशरफ और शैल भी इसी समूह में थे। दस साल का अशरफ चार साल पहले जब कुल छः साल का था, तब उसे मेरे संगठन साउथ एशियन कोलिशन ऑन चाइल्ड सर्विट्यूड ने एक सरकारी अधिकारी के घर से आजाद कराया था। वह लड़का किसी बिचौलिये के माध्यम से घरेलू नौकर के रूप में घर के छोटे बच्चों की देखभाल के लिये रखा गया था। उसके मां-बाप को बताया गया था कि अशरफ को मालिक के बच्चों के साथ ही स्कूल भेजा जाएगा और पढ़ाई पूरी करने के बाद अच्छी सरकारी नौकरी भी दी जाएगी, लेकिन इसके बावजूद अशरफ से सारे घरेलू काम जैसे फर्श और बरतन साफ करना, कपड़े धोना जो बहुत मुश्किल काम था आदि कार्य कराये जाते थे। उसे कभी भी महीनों घर से बाहर आने-जाने नहीं दिया जाता और घर वालों के बाहर जाने पर ताला-कुंजी में रखा जाता था।

एक दिन गरीब अशरफ बीमार हो गया और अपना काम नहीं कर पाया, सजा के तौर पर उसे पूरा दिन भूखा रखा गया। रात के समय उसे एक गिलास दूध दिया गया, पीने के लिये नहीं बल्कि मालिक के छोटे बेटे को देने के लिये। जब मालिक के बच्चे ने दूध पी लिया तो गिलास में

बचे-खुचे कुछ दूध को भूखे अशरफ ने यह सोच कर खत्म कर दिया कि कोई देख नहीं रहा होगा, मगर वह इतना तकदीर वाला नहीं था। मालिक को खबर हो ही गयी। नाराज होकर उसके मालिक और उनकी पत्नी उसे सजा देने के लिये दोनों हाथ बांधकर रसोईघर में घसीटते ले गये, जहां गैस जल रही थी। उन्होंने जलती गैस पर उसके हाथ झुलसा दिये। इससे भी उनका दिल नहीं पसीजा मानो इतना जुल्म काफी नहीं था सो उन्होंने एक लोहे की छड़ गर्म करके उसका चेहरा और पीठ भी जला दिया। वह रोता और चिल्लाता रहा और अंततः चीख-चीख कर गूंगा हो गया, पर किसी ने उसकी नहीं सुनी।

जब हमें इस बात की जानकारी मिली तो हम उसे उस अफसर के यहां से निकालकर पुलिस के पास लाये लेकिन पुलिस वाले किसी बड़े अधिकारी के खिलाफ हमारी शिकायत क्यों सुनते। अंततः हमने राष्ट्रीय मानवाधिकार आयोग में इस मामले की शिकायत की और उस अधिकारी के खिलाफ कानूनी कार्रवाई शुरू कराई। इसी प्रकार शैल 14 साल की लड़की थी और उसे आजादी का मतलब तब पता चला जब हमने उसे एक पत्थर खदान से अदालती आदेश के बाद रिहा कराया।

शैल के जन्म से भी पहले यानी 14 साल पहले उसके अभिभावकों को मध्य प्रदेश से हरियाणा स्मगल किया गया था। वे दोनों भी बंधुआ मजदूर थे और नाम मात्र की मजदूरी पर वर्षों से काम कर रहे थे। उन्हें भी कहीं आने-जाने की इजाजत नहीं थी। सात-आठ साल की उम्र से शैल ने बिना मजदूरी के पत्थर तोड़ने का काम शुरू किया। 13 साल तक की होने तक शैल का बाहर की दुनिया से कोई वास्ता नहीं था। अचानक ही उसे उसके मालिक ने अपने रिश्तेदारों को सौंप दिया जिन्होंने उस नन्हीं सी लड़की का यौन शोषण किया। मासूम शैल इस कदर आघात में थी कि उसे हर पुरुष से घृणा हो गयी। मेरे साथियों और मुझ पर भरोसा करके अपनी व्यथा बताने में उसे महीनों लगे। मेरे लिये वह एक महान पल था, जब इस बच्ची ने मुझसे पूछा, 'क्या मैं अभी भी बच्ची हूं अंकल?' जब मैंने उससे कहा कि हां मेरी बेटी तुम अभी भी एक बच्ची हो, तो यह सुनते ही जैसे उसकी खुशियां लौट आईं। वह मुझसे चिपट गयी और बहुत देर तक खुशी के मारे हंसती खिलखिलाती, उछलती, कूदती इधर-उधर घूमती रही। कैलाश सत्यार्थी ने आगे कहा

कि बाल दासता कई प्रकार की होती है और भारत तथा एशिया ही नहीं, संसार के अन्य कई भागों में जैसे अफ्रीका और लैटिन अमरीका में भी इसके कई चेहरे पाये जाते हैं।

उन्होंने लोगों को बताया कि बंधुआ मजदूरी दक्षिण एशिया ही नहीं समूचे संसार के दक्षिणी भू-भाग में आम बात है। बंधुआ मजदूरी दो प्रकार की होती है, एक तो जिसमें जमींदारों और मालिकों से अभिभावकों या पुरखों द्वारा लिये गये कर्ज के चुकने तक वे अनिश्चित काल तक बंधुआ मजदूर के रूप में बिना किसी मजदूरी के काम करने पर सहमत हो जाते हैं। इस व्यवस्था में यदि कर्ज नहीं चुकता है तो उस परिवार में होने वाले बच्चे भी कर्ज देने वाले की इच्छानुसार बंधुआ मजदूरी करते हैं। कुछ मामलों में कोई परिवार कर्ज लेते समय अपने बच्चों को कर्ज चुकाये जाने तक गिरवी रख देता है। ज्यादातर मामलों में इन मजदूरों की आमदनी इतनी कम होती है कि वे बड़ी रकम का ब्याज ही अपने जीवन में नहीं चुका पाते और उनकी एवज में उनको या उनके बच्चों को पीढ़ी-दर-पीढ़ी बंधुआ मजदूर के रूप में काम करना पड़ता है।

दूसरे प्रकार की बंधुआ मजदूरी परम्परागत बंधुआ मजदूरी है। इस मामले में यदि किसी जनजाति, जाति अथवा समुदाय में कोई बच्चा खास तौर से लड़की पैदा होती है तो उसे अपने मालिक को बिना किसी मजदूरी के बंधुआ मजदूर के तौर पर सेवाएं देनी ही होती हैं। उन्होंने बताया कि यह बंधुआ मजदूरी व्यवस्था खास तौर से दक्षिण एशिया के खेतिहर तबकों में पाई जाती है। जहां भूमिहीन मजदूर जमींदारों से धन उधार लेकर जीवन यापन करते हैं और उन पर इतना ब्याज हो जाता है कि वे जिंदगी भर उसे चुका ही नहीं पाते। इन लोगों को न्यूनतम मजदूरी नहीं मिलती और कभी-कभी तो कोई भी मजदूरी नहीं दी जाती सिवाय कुछ अनाज के। जाहिर है कि वे बंधुआ मजदूरी से कभी आजाद नहीं हो सकते। अपने परिवारों में बीमारी, जन्म-मृत्यु और विवाह के मौकों पर यह लोग और अधिक धन, कर्ज के रूप में लेते हैं और उनकी मुसीबतें बढ़ती चली जाती हैं।

ज्यादातर मामलों में यह देखा गया है कि बंधुआ मजदूरी में लगे निरक्षर परिवारों द्वारा मालिकों से कर्ज लेते समय कोरे कागजों पर अंगूठे का निशान लगवा लिया जाता है, जिसका वह जब चाहें उनके खिलाफ

किसी भी प्रकार से उपयोग कर लेते हैं। बंधुआ मजदूरी की अंधेरी सुरंग में जीने वाले बदकिस्मत परिवार बेहद लाचार होते हैं। उनकी खुद की कोई पहचान नहीं होती। कानूनी कार्रवाई के समय बंधुआ मजदूरी की परिभाषा में उस परिवार का मुखिया ही माना जाता है और कानून यह कभी नहीं समझ पाता कि उस परिवार के बच्चों को भी बंधुआ की तरह इस्तेमाल किया जा रहा था।

उन्होंने बताया कि बाल वेश्यावृत्ति बाल श्रम का ही एक बिगड़ा हुआ स्वरूप है, जो बहुत से देश जैसे दक्षिण पूर्व एशिया, पश्चिम एशिया, पूर्वी यूरोप और केंद्रीय अमेरिका में बड़े स्तर पर व्याप्त है। इस मामले में ज्यादातर लड़कियां और कई बार कम उम्र बालकों का अपहरण करके उन्हें बिचौलियों और दलालों के माध्यम से बेच दिया जाता है। मानव तस्करी में लगे लोगों को इस कदर फायदा और अधिकारियों का सहयोग मिला होता है कि बच्चों के लिये इस कारोबार से निकलकर भागना लगभग नामुमकिन होता है। कैलाश सत्यार्थी ने देह व्यापार के धंधे में फंसे बच्चों की व्यथा बताते हुए कहा कि यौन व्यापार में मालिकों और ग्राहकों से सहयोग न करने पर इन बच्चों को अनेक प्रकार से मानसिक प्रताड़ना, हर प्रकार की शारीरिक यातना और अन्य तरह से तकलीफें दी जाती हैं। उन्हें पिंजरों जैसी जगहों में कैद करके रखा जाता है। चाहे वे बीमार ही क्यों न हों, उन्हें एक ही दिन में अनेक ग्राहकों को संतुष्ट करने को बाध्य किया जाता है। उन्हें बुरी तरह मारा, जलाया जाता है, जलते हुए लोहे से उनके शरीर पर मालिकों के पहचान चिन्ह गोद दिये जाते हैं और कई बार तो उनके गुप्तांगों को जलती हुई सिगरेट से जलाया जाता है। उन्हें भूखा रखा जाता है और एक स्थान से दूसरे स्थान पर जानवरों की तरह बेचा जाता है।

भारत की तरह ही समूचे दक्षिणी गोलार्द्ध में संगठित भिक्षावृत्ति उद्योग के बारे में चौंकानेवाली जानकारी देते हुए उन्होंने बताया कि बंधुआ बाल भिक्षावृत्ति में लगाये जाने वाले बच्चों के अंगों को अकल्पनीय यातनायें देकर इतना विकृत कर दिया जाता है कि सख्त से सख्त हृदय वाला व्यक्ति उन छोटे बच्चों पर दया खाकर उन्हें भीख दिए बिना रह ही नहीं सकता। इन बच्चों को भी तमाम तरह की यातनाओं का सामना करना पड़ता हैं। हमने पश्चिम बंगाल और पूर्वी भारत के कई सुदूर राज्यों से सऊदी अरब भेजे गये बच्चों के मामले को उठाया। इनके हाथ और पांव विकृत कर

दिए गए थे और उन्हें तड़के सुबह से लेकर शाम तक भीख मांगने के लिये मजबूर किया जाता था। इन बच्चों की दैनिक आमदनी उनका नियंत्रण करने वाले गिरोहों की जेब में जाती थीं। अगर कोई बच्चा दिन भर में निर्धारित रकम नहीं जमा कर पाता था तो उसे भूखा रखकर तथा शारीरिक शोषण करके सजा दी जाती थी। जब वे अपने अभिभावकों के पास जाने के लिये रोते थे, तब उन्हें रस्सियों से बांधकर छत से उल्टा लटका दिया जाता था। भीख देने वालों की सहानुभूति अर्जित करने के लिये इन बच्चों को सर्द रातों में भी लगभग नंगा रखा जाता था। यदि कोई उन्हें किसी प्रकार के कपड़े या कम्बल भेंट करता था तो गिरोह के लोग उसे फौरन छीन लेते थे। मामूली अपराधों और मादक पदार्थों की तस्करी में बच्चों का इस्तेमाल अभी भी जारी है। यदि वे अपने काम को अंजाम नहीं देते हैं तो उनके मालिक उन्हें कठोर सजा दिया करते हैं। पुलिस द्वारा पकड़े जाने पर भी इन बच्चों का ही बुरा हाल किया जाता है। हिरासत में लिये जाने पर भी उन्हें राहत नहीं मिलती, क्योंकि वहां उन्हें पुराने कैदियों और अपराधियों द्वारा यौन शोषण से बचाना मुमकिन नहीं होता।

मादक पदार्थों की तस्करी में तो इन बच्चों को अपने गिरोह पुलिस तथा प्रशासन से ही नहीं बल्कि विरोधी गिरोहों के हत्थे चढ़ जाने पर भी जीवित ही नरक का सामना करना पड़ता है। मध्य पूर्व में ऊंट की दौड़ के खेल में नन्हें बच्चों को ऊंट को काबू में करना पड़ता है। कुछ साल पहले ही मेरे संगठन ने बांग्लादेश के बच्चों के समूह का मामला उठाया था, जो मध्य पूर्व से लौट रहे थे। सात या आठ साल की लड़की सिरी को घरेलू दासता करने के लिये स्मगल किया गया था। उसने मुझे बताया कि उसने ऊंट दौड़ के दौरान ऊंट की पीठ पर बंधे अपने भाई की मृत्यु होते देखी। उस दुखद दृश्य को याद करते हुए उसने बताया कि किस तरह ऊंट को तेज भगाने के लिये छोटे बच्चों का इस्तेमाल किया जा रहा था। जब ऊंट तेज भागता था तो डर के मारे उसकी पीठ पर बैठे छोटे बच्चे चीखते थे और चीख से डरकर ऊंट और भी ज्यादा तेजी से भागता था, जिससे ऊंट के मालिक बहुत खुश होते थे। जो बच्चे इस ऊंट दौड़ के दौरान बेहोश हो जाते तो दौड़ के शौकीन उनके मां-बाप को कोसते।

उन्होंने धर्म के नाम पर छोटे बच्चों के दुरुपयोग की दिल दहला देनेवाली हकीकत बयान करते हुए कहा कि मजहब के नाम पर बच्चों

को कट्टरपंथी मजहबी संस्थानों को आतंकवाद की तालीम, प्रशिक्षण तथा इस काम में लगे लोगों के यौन मनोरंजन आदि के लिये देने का भी चलन कई देशों में चल रहा है ।

उन्होंने तालिबान के गठन का जिक्र करते हुए बताया कि किस तरह नन्हें बच्चे आतंकवादियों की गुलामी करने को मजबूर हैं और किस तरह आतंकवादी संगठन तथा अपराधी गिरोह अपने लक्ष्यों की प्राप्ति के लिये इन बच्चों के नन्हें हाथों में बंदूक थमा कर उनका बेरहमी से इस्तेमाल करते हैं। बेशक कुछ बच्चों का तो सुनियोजित ढंग से ब्रेन वाश करके कम उम्र में उन्हें दुर्दांत आतंकवादी बना दिया जाता है। इसी प्रकार का एक और उदाहरण दक्षिण तथा पश्चिम भारत के कुछ भागों में प्रचलित देवदासी प्रथा है, जिसमें छोटी बच्चियों को बिना उनकी मर्जी के मंदिरों में देवताओं की दासता करने के लिये नियुक्त कर दिया जाता है। वास्तविकता में तो उन बच्चियों का पूरे जीवन यौन शोषण उनके तथाकथित गुरुओं और महंतों द्वारा करते हुए एक प्रकार से उन्हें बाल वेश्याओं की तरह इस्तेमाल किया जाता है।

कैलाश सत्यार्थी ने बताया कि किस तरह से देवदासियों को भी तमाम तरह की यातनाओं, मारपीट, शारीरिक और मानसिक शोषण तथा भुखमरी के कारण लगभग मौत के मुंह से गुजरना पड़ता है। यदि इस दौरान कोई बच्ची गर्भवती हो जाए तो उसका गर्भपात कराके उसे वापस उसके घर भेज दिया जाता है, जहां उसका सामाजिक बहिष्कार, पारिवारिक तिरस्कार और बाद में वेश्यावृत्ति या भिखारी के रूप में जीवन बिताना लगभग पहले से ही तय हो जाता है।

उन्होंने कहा कि वैश्वीकरण के युग में मध्य वर्ग की बहुत तेज रफ्तार से उन्नति अपने आप में एक बड़ी घटना है, जिसमें परिवार के ज्यादातर वयस्क सदस्य कमाते हैं और अपनी घरेलू आवश्यकताओं की पूर्ति के लिए किसी-न-किसी प्रकार से घरेलू सेवक की तलाश किया करते हैं। अक्सर घरेलू सेवा के लिए छोटे बच्चे सबसे सस्ते, आज्ञाकारी, शारीरिक एवं मानसिक रूप से आसान माने जाते हैं। उनका शोषण और उनको यातना देना आसान होता है। अशरफ उन लाखों बच्चों में से एक उदाहरण है जिनका सामान्य बचपन छीन लिया गया।

बाल दासता के इन विविध स्वरूपों की जड़ों में बच्चों की तस्करी जैसा भी एक भयावह अपराध छिपा है, जिसकी बहुत से लोगों ने कल्पना तक नहीं की होगी। संयुक्त राष्ट्र संघ ने 23 अगस्त को दासता व्यापार

और उसकी उन्मूलन की याद में मनाने का फैसला किया है, लेकिन इससे उन बच्चों और बड़ों के जिंदगी में कोई फर्क नहीं पड़ा, जो आज भी देह व्यापार, घरेलू दासता, जबरिया भिक्षावृत्ति तथा शोषण के अन्य स्वरूपों का सामना कर रहे हैं। हर साल लगभग सात लाख लोगों की दुनियाभर में तस्करी की जाती है, जिनमें नन्हें बच्चों की भी बहुत बड़ी संख्या होती है। आज अटलांटिक महासागर के पार दासता का व्यापार उपलब्ध आंकड़ों से दस गुना ज्यादा है। खुद अमरीकी सरकार के आंकड़ों के अनुसार अगर मानव तस्करी का यही चलन रहा तो दस साल में इतने अवैध लोग अमरीका में घुस चुके होंगे जितने कि पिछले 400 साल में नहीं आ पाए।

बच्चे तस्करों के लिये सबसे आसान शिकार होते हैं। पिछले अप्रैल महीने में पूरी दुनिया यह जानकर हैरत में आ गयी, जब पश्चिमी अफ्रीकी तट पर 43 नन्हें गुलामों को लेकर एक जहाज को सुरक्षा एजेंसियों ने पकड़ लिया। संसार के अनेक देशों में एक छोटे बच्चे के जिस्म की कीमत सर्वाधिक है, क्योंकि उसका अनेक प्रकार से शोषण आसानी से किया जा सकता है, तीन हजार से ज्यादा अल्बानियाई बच्चों को पिछले दिनों इटली

यूनेस्को प्रमुख इरीना बोकोवा के साथ कैलाश सत्यार्थी

और ग्रीस में स्मगल किया गया, जहां उनसे जबरिया भीख मंगवाने और कारों की सफाई करवाने का काम लिये जाते हैं। हर साल पांच से सात हजार नेपाली लड़कियों को जिनमें से कुछ तो नौ से दस साल की होती हैं, स्मगल करके भारत की देह व्यापार मण्डियों में बेच दिया जाता है। बेनिन के कई भागों में छः में से एक बच्चा घरेलू दासता का जीवन बिताने के लिये विदेश भेजा जाता है। यह कोई छोटी चुनौती नहीं है। हमेशा की तरह लालच से ही दासता का व्यापार चलता है।

उन्होंने बच्चों के शोषण, उनकी तकलीफदेह जिंदगी और यातनाओं के बारे में विश्व स्तर पर अब तक कोई ठोस कदम न उठाये जाने पर अफसोस जताते हुए कहा कि यह सब इसलिये चलता रहता है, क्योंकि हम आलोचना करते हैं, प्रस्ताव पास करते हैं, हम इसे मीडिया में उठाते हैं और इसके बाद हम अपने रोजमर्रा के काम में लग जाते हैं। आखिर क्यों नहीं हम दुनिया भर में इस तरह की शर्मनाक परिस्थितियों पर काबू पाने के लिये ठोस कोशिशें करते? क्या सिर्फ इसलिये कि हमें कोई जल्दी नहीं है, क्योंकि मुसीबतों का शिकार बच्चे ही हमारी जैविक संतानें नहीं हैं?

अपने मार्मिक भाषण का समापन उन्होंने अंत में 11 साल के एक प्रतिभावान और स्कूल जानेवाले बच्चे प्रदीप के उद्धरण से करते हुए जब उसकी कहानी बताई तो सब अचंभित ही रह गए। प्रदीप उनके ही संगठन द्वारा संचालित पुनर्वास केंद्रों में से एक में रहता है। पिछले ही साल उसे तब बचाया गया था, जब उसे एक देवी मंदिर में बलि देने के लिये ले जाया गया था। उसके परिवार और गांव के लोगों को उसके जन्म के बाद से ही बीमारियां और सूखे का सामना करना पड़ रह था। सब लोगों ने यकीन कर लिया कि वह बच्चा ही बुरी आत्मा है और सबके भले के लिये उसकी बलि दिया जाना जरूरी है। जिस दिन देर रात उसका वध होनेवाला था, तब अचानक वह जाग गया और उसने यह देखने के लिये सिर उठाया कि क्या चल रहा है? इस एक लम्हे ने उसकी जिंदगी बचा ली, क्योंकि वधिक की तलवार बजाय प्रदीप की गर्दन पर लगने के उसके सिर पर पहनाये गये मुकुट से जा टकराई। इसके बाद उन लोगों ने बेजान प्रदीप को मरा जानकर सड़क के किनारे फेंक दिया। उस बच्चे को बाद में हमारे पुनर्वास केंद्र लाया गया। भयंकर आघात में जी रहे उस बच्चे को किसी पर भी विश्वास नहीं था।

कई महीनों के इलाज और देखभाल के बाद उसमें दूसरों के प्रति भरोसा जागा। प्रदीप ने एक दिन एक गीत की कुछ पंक्तियां कैलाश सत्यार्थी को सुनाई, जिनका भाव था कि यदि आपने हम जैसे बच्चों को जन्म नहीं भी दिया, यदि आप भगवान को हम सबका पिता मानते हैं, तब भी हम आपके ही बच्चे हैं। हम आपके बच्चे इसलिये भी हैं, चांद और सूरज तथा जहां हम रहते हैं वह धरती मां हम सबकी है। कोई भी हमारे घरों के बीच बहने वाली उस हवा को रोक नहीं सकता, जो मेरे आंसुओं, मेरी मुस्कुराहट, मेरे गुस्से से और प्यार से भरी हुई है। कोई भी व्यक्ति इस हवा के असर से बच नहीं सकता।

भाषण के अंत में कैलाश सत्यार्थी ने कहा कि अर्थशास्त्र, बाजार, सूचना प्रौद्योगिकी और आतंकवाद के वैश्वीकरण के इस युग में भी उस नन्हें से बच्चे की कविता में छुपी चेतावनी और मानव जाति के भविष्य को बचाने के नजरिये को नजरअंदाज नहीं किया जा सकता। आइये, हम सब मिलकर, सिर्फ जुबानी ही नहीं बल्कि अपने कार्यों से भी बाल दासता को हमेशा के लिये कब्र में सुला दें ।

बच्चों पर विशेष संयुक्त राष्ट्र संघ का सत्रः

विश्व के सर्वोच्च संगठन संयुक्त राष्ट्र संघ ने न्यूयॉर्क में बाल अधिकारों पर बोलने के लिए 10 मई 2002 को आयोजित विशेष सत्र में कैलाश सत्यार्थी को बुलाया। उनके भाषण के पहले पांच मिनटों में ही लगभग सभी श्रोताओं की आंखें भर आयीं, ऐसा क्या कहा था उन्होंने?

कैलाश सत्यार्थी ने कहा कि यह दुनिया राजा-रानियों और किसी भी तरह से ताकतवर या धनवान उन लोगों के बच्चों के लिए कभी भी बुरी नहीं रही है, जिनके हाथों में ताकत और दौलत का किसी भी तरह से नियंत्रण रहा है। उन्होंने हैरत जताई कि ऐसा तब है जबकि हर मजहब अपनी शिक्षाओं में बच्चों को सर्वोपरि महत्त्व देता है। ईसा मसीह कहते हैं- मेरी नजर में संसार में बच्चे सर्वोपरि हैं। वेदों में घोषित किया गया है कि बच्चों की आत्मा सबसे पवित्र होती है, वे ईश्वर के सर्वाधिक निकट होते हैं। इस्लाम ने हमें सिखाया है बच्चों के चेहरों में अल्लाह का नूर (प्रकाश) देखो। मुझे नहीं लगता कि हम सब जो आज यहां मौजूद हैं, हमारे लिए दुनिया बहुत बुरी है। हमारे बच्चों को कोई छूकर, उनकी तरफ उंगली उठाकर तो दिखाए।

ये दुनिया बुरी है सिर्फ उन बच्चों के लिए, जो जानवरों की तरह खरीदे बेचे और इस्तेमाल किये जाते हैं। जो खदानों और ईंट भट्ठों में गुलामों की तरह काम करते हैं, जो फैक्ट्रियों और घरों में बंद फुटबॉल सिलने, जवाहरात पालिश करने, लकड़ी तराशने, कालीनों की बारीक गांठें लगाने, कांच की भभकती भट्ठियों के पास, घरेलू मजदूरों, दयनीय बाल भिखारी बनाने के लिए अंग भंग करके धंधे में झोंके जाते, जो विकास के नाम पर अपने घर से खदेड़ दिए जाते हैं और सशस्त्र संघर्ष की आग में ईंधन की तरह झोंके जाते हैं। ये दुनिया कतई सही नहीं है उन बच्चों के लिए भी, जो देह व्यापार में कीड़े मकोड़े जैसे मसले और मार दिए जाते हैं, खाड़ी देश में बच्चे ऊंटों की दौड़ में ऊंटों की पीठ पर बांध दिए जाते हैं। डरे हुए बच्चे की चीख से ऊंट घबराकर और तेज भागता है, जिससे बच्चा डर कर और ज्यादा तेज चीखता है। वह और तेज भागता है, तो लोग खुश होते हैं, उनको मजा आता है। ये दुनिया उन सभी बच्चों के लिए बुरी है, जिनको ये जलालत, तकलीफ, भूख और बीमारियों के सिवा कुछ नहीं देती। जिनके पास स्कूल में पढ़ने और फीस देने लायक धन नहीं है। हां ये दुनिया अगर बुरी है तो हम सब भी उन बच्चों के गुनहगार हैं। हम सभी सामर्थ्यवान लोग जिम्मेदार हैं बाल दासता के इन नरकों के, हम सब... सभी!

यूएन की किसी बैठक में किसी भी वक्त ने इतना तीखा, इतना सच और इतना भावमय भाषण नहीं दिया था, जैसा उस दिन कैलाश सत्यार्थी ने दिया। उन्होंने आगे कहा कि हम देख रहे हैं कि यहाँ आज उत्तर के नेता मौजूद हैं। हम जानते हैं कि अगले महीने वे कनाडा में होंगे, जब जी-7 वित्त मंत्रियों की बैठक हैलीफैक्स में होगी और जब जी-8 देशों के प्रमुख कनानस्किस में होंगे। हम उन्हें देख रहे होंगे। दक्षिण के बच्चे उन्हें देख रहे होंगे। उन्होंने आगे कहा कि ये दुनिया उनके लिए इसलिए नहीं है कि वे पापी हैं बल्कि इसलिए कि संसार पर हुकूमत करनेवालों ने सभी मौकों पर जानबूझ कर कब्जा कर लिया है और संसार के गरीब बच्चों के लिए कोई जगह ही नहीं छोड़ी है। स्वतंत्रता और सीखना प्रत्येक मानव के दो जन्मसिद्ध अधिकार हैं। इन अधिकारों को छीननेवाली कोई भी गतिविधि कुदरत और मानवता के विरुद्ध जुर्म है। वजह कोई भी हो अगर एक बच्चा अपनी आजादी और तालीम की कीमत देकर काम करने

को मजबूर किया जाता है, उसका शोषण करनेवालों के लिए तो शर्म की बात है, मगर ज्यादा शर्म की बात उनके लिए है जो उनके लिए जुबानी हमदर्दी दिखाते हैं, मगर उनके वादे खोखले होते हैं। नेल्सन मंडेला ने इसे चुनौती देते हुए सही कहा था, 'क्या हमारी विरासत टूटे वादों के सिलसिले के सिवाय भी कुछ होगी?'

2002 हमारे बच्चों के लिए ऐतिहासिक साल होगा, अगर बच्चों से अब तक किये जा चुके वादों का हम सम्मान कर सकें। यह वह साल है जब सौ से अधिक सरकारों को बाल दासता, देह व्यापार के कलंक, सशस्त्र संघर्ष और खतरनाक कार्यों में बच्चों का इस्तेमाल मिटाने की दिशा में कुछ ठोस करके दिखाना है। यह वह साल है जब विश्व समुदाय सबके लिए शिक्षा के लक्ष्य को हासिल करने के लिए ठोस और समयबद्ध कार्य योजनाएं बनाने के लिए वचनबद्ध है। यह वह साल है जब औद्योगिक विकास संपन्न देशों को विकासशील देशों के सभी बच्चों, खासतौर से लड़कियों के लिए मुफ्त और गुणवत्तापूर्ण शिक्षा सुनिश्चित करने को अतिरिक्त संसाधन जुटाने के अपने वादे पूरे कर दिखाने हैं।

उन्होंने कहा कि संसार के सभी बच्चों के लिए इस संसार को वाकई अनुकूल बनाने के लिए मैं पांच उपायों पर जोर देना चाहूंगा। सर्वप्रथम सामाजिक न्याय, समानता और गरीबी उन्मूलन की कुंजी के रूप में सभी के लिए गुणवत्तापूर्ण निःशुल्क शिक्षा। दूसरे विश्व आय में गरीबों के लिए अधिक हिस्सा। तीसरे वैश्विक व्यापार ईमानदारी से हो। चौथे प्राकृतिक संसाधनों की सुरक्षा के प्रयास करके उन पर निर्भर गरीब लोगों की आजीविका और गरिमा के निरंतर बढ़ते नुकसान से बचाया जाए।

उन्होंने बताया कि समृद्ध देशों की आमदनी का कम-से-कम 0.1 प्रतिशत अन्य देशों के बच्चों के विकास अनुदान के रूप में खर्च हो। उनका संगठन ग्लोबल मार्च संसार में यह अभियान चला रहा है। यह सबसे कम-से-कम योगदान है, जो संसार उनके लिए कर सकता है। उन्होंने कहा कि विश्व आय के मुकाबले 25 से 30 खरब डॉलर की यह रकम बेहद मामूली है, लेकिन संसार के बच्चों की स्वतंत्रता, स्वास्थ्य और शिक्षा सुनिश्चित करने को बहुत काफी होगी। विश्व व्यापार का आधुनिक चलन गरीबों को हाशिये पर धकेल रहा है और उनकी जमीनें, आजीविका, आजादी और गरिमा उनसे छीन रहा है। इस अन्यायपूर्ण प्रक्रिया

के सबसे खराब शिकार बच्चे हो रहे हैं। यही नहीं सैकड़ों हजारों बच्चे अंतर्राष्ट्रीय बाजारों के लिए सामान बनाने में बर्बाद हो रहे हैं। शिक्षा के मामले में हम विकासशील राष्ट्रों से मांग करते हैं कि सिविल सोसाइटी को शामिल करते हुए 2002 के अंत तक एक विश्वसनीय, समयबद्ध और ठोस राष्ट्रीय योजना बनाकर नागरिकों के प्रति अपना दायित्व निभाएं, जैसा कि उन्होंने दो साल पहले डाकर में विश्व शिक्षा फोरम में वायदा भी किया था। सीखने पर किसी भी प्रकार का कर होना ही नहीं चाहिए। शिक्षण शुल्क, किताबें, स्टेशनरी और स्कूल से सम्बंधित अन्य प्रकार के खर्चों को प्राथमिक शिक्षा से एकदम खत्म कर देना चाहिए। शिक्षा पर्याप्त और प्रासंगिक उच्च गुणवत्ता की होनी चाहिए। सबसे गरीब बच्चों, वंचित समुदायों और लड़कियों के साथ ही बाल श्रम जैसी विशेष परिस्थितियों के शिकार अन्य बच्चों की पहुंच पब्लिक स्कूलों जैसी गुणवत्ता की शिक्षा तक बढ़ाने पर अधिक संसाधन खर्च किये जाने चाहिए।

बड़े कारोबारों का सामाजिक दायित्वः

नेपल्स, इटली में 24 अक्टूबर, 2002 को आयोजित एक संगोष्ठी में कैलाश सत्यार्थी ने कार्पोरेट सोशल रिसपोंसिबिलिटी (सीएसआर) यानी बड़े कारोबारों की सामाजिक जिम्मेदारी का मुद्दा बहुत ही सधे और शानदार अंदाज में उठाया। उन्होंने ज्यादातर मुनाफे की सोच पर टिकी कार्पोरेट्स की दुनिया की वजह से बढ़ती समस्याओं पर कई सवाल खड़े किये और समाधान भी सुझाए। उन्होंने शीत युद्ध के बाद पनपी मौजूदा दुनिया में तीन नए चलनों (ट्रेंड्स) के उदय का संदर्भ देते हुए कहा कि पहले स्थान पर, बाजार की जबरदस्त ताकत और प्रभाव है, जो अनेक देशों में कानून के राज और सुशासन तक को प्रभावित कर रहा है। दूसरे स्थान पर सत्ता की ताकत का सिमटना जिसके चलते हो रही सौदेबाजी में कुछ देशों में तो राष्ट्रीय हितों तक का संतुलन गड़बड़ा गया है। तीसरे स्थान पर एक प्रकाश की किरण की तरह नागरिक संगठनों की ताकत के उदय और उपभोक्ताओं, समाजसेवी संगठनों, ट्रेड यूनियनों, युवा समूहों तथा मीडिया में सामाजिक, पर्यावरणीय तथा मानवाधिकारों के मुद्दों से जुड़ी तथा निरंतर बढ़ती चिंता।

कैलाश सत्यार्थी ने इस संगोष्ठी में कारोबारी घरानों की जिम्मेदारी क्या है? इससे जुड़े बहुत से बिन्दुओं पर सारगर्भित विचार रखने के दौरान बताया कि किस तरह पिछले तमाम वर्षों में रगमार्क द्वारा अपना व्यावसायिक

सामाजिक दायित्व सही तरह से निभाने के कारण उसकी अभूतपूर्व सार्वजनिक छवि, अनुकूल जनमत, कारोबार और निर्माताओं में उपलब्धियां हासिल करने से संतुष्टि की भावना बढ़ी। इसके साथ ही मांग बढ़ने और ग्राहकों द्वारा सुविचारित खरीददारी के कारण पांच साल से कम समय में रगमार्क लेबलवाले 25 लाख कालीन केवल भारत से ही निर्यात किये जा चुके हैं।

इस उभरते परिदृश्य में सर्वशक्तिमान बाजार प्रभावित हुए बिना रह ही नहीं सकता। जागरूकता बढ़ने से व्यवसायिक व्यवहार में भी तेजी से बदलाव आ रहा है। इसके अतिरिक्त उपभोक्ता द्वारा सामान का बहिष्कार किये जाने और मीडिया द्वारा बदनाम किये जाने का खतरा कठिन व्यापारिक प्रतियोगिता के दौर में उत्पादन और मार्केटिंग में मानवाधिकारों का सम्मान किये जाने का दबाव बनाता है। इन सभी ने मिल कर पिछले दो दशकों में एक नयी बहस को जन्म दिया है। इस परिस्थिति के ठोस नतीजे के रूप में कारोबारी नैतिकता से संबंधित व्यापारिक समझौतों, आंतरिक और बाह्य आचार संहिताओं, सामाजिक अनुश्रवण और लेबलिंग, द्विपक्षीय तथा बहुपक्षीय व्यापारिक शिष्टाचरण तथा इससे मिलते-जुलते अन्य उपाय आज कार्पोरेट सामाजिक जिम्मेदारी (सीएसआर) का हिस्सा बन गए हैं।

सीएसआर के पीछे बुनियादी विचार यह है कि कारोबार और समाज एक ही सिक्के के दो पहलू हैं या यूं कहिये कि परस्पर अविभाज्य हैं। जनता और प्रकृति का सम्मान सीएसआर के बुनियादी सिद्धांतों का आधार हैं। इसका सीधा रिश्ता सार्वभौमिक मानवाधिकारों के संरक्षण, संवर्धन और टिकाऊ विकास के मानकों पर प्राकृतिक संसाधनों के उपभोग से भी है। उन्होंने भारत का उदाहरण देते हुए कहा कि एक सप्ताह बाद ही हम प्रकाशोत्सव दीवाली मनानेवाले हैं। इस दिन पूरा देश प्रकाश, दीयों और रंगबिरंगी आतिशबाजियों से जगमगा उठता है। हालांकि हममें से बहुतों को मालूम है कि ये पटाखे छोटे बच्चों से बनवाये जाते हैं और अक्सर उनकी मृत्यु की वजह भी बन जाते हैं। आतिशबाजी उद्योगों में दुर्घटनाएं आम बात हैं और सैकड़ों बच्चे उसमें जान गवां देते हैं। उनकी तकलीफ से बेचैन होकर मेरे संगठन साउथ एशियन कोलिशन ऑन चाइल्ड सर्वीट्यूड (साक्स) ने एक दशक पहले सैकड़ों हजारों स्कूली बच्चों को बाल श्रम के खतरों के जागरूक करने तथा पटाखों का इस्तेमाल छोड़ने के लिए आतिशबाजी का बहिष्कार आन्दोलन आरम्भ किया।

वह आन्दोलन आग की तरह फैला और जल्दी ही अनेक पर्यावरण प्रेमी भी हमारी पहल से जुड़ गए। मुझे यहां मौजूद आप सभी लोगों को यह बताते हुए हर्ष है कि हमारे इन अभियानों में हमें बेशुमार सफलता मिली है। आतिशबाजी निर्माताओं ने उपभोक्ताओं के अपार दबाव के कारण बचाव के उपाय किये हैं, अपने व्यापार के तरीके बदले हैं और बाल मजदूरों से काम लेना यथासम्भव बंद-सा कर दिया है। आज के जमाने में कारोबारी सामाजिक जिम्मेदारी का निर्वाह समाज सेवा, वैधाानिक दायित्वों की पूर्ति, उपभोक्ताओं की चिंता और आयात पर प्रतिबंध सहित व्यापारिक मामलों पर सतर्क निगाह रखने से प्रेरित है। सदियों से व्यापार नेकी करने और नेक-नीयती दिखाने के सिद्धांत पर टिका है।

मैं इस बात पर जोर देना चाहूंगा कि कारोबारी सामाजिक दायित्व मानव प्रेम से बढ़कर है हालांकि स्थानीय समाज, समूहों अथवा विभिन्न कार्यों के लिये दान देना भी कम महत्त्वपूर्ण नहीं है मगर सामाजिक दायित्व निभाना इनसे बढ़कर है। सामाजिक अपेक्षाओं ने हमेशा कारोबारी दुनिया को अच्छा बना रहने की प्रेरणा दी है और बदले में उन्हें वह नेकनामी दी है जिसकी बदौलत यह जिम्मेदारी निभाने वालों का कारोबार भरोसेमंद माना जाता है और उनके ब्रांड की कद्र की जाती है।

बहुत ही आसान तरीके से कैलाश सत्यार्थी ने कारोबारी सामाजिक जिम्मेदारी और उसके नाम पर हो रहे नाटक के बखिये उधेड़ते हुए कहा कि आज परम्परागत परिभाषाओं, दायरों और व्यापारिक व्यवहार की सीमा से बाहर निकलकर व्यापक सामाजिक और पर्यावरणीय दायित्वों में भी अपनी जिम्मेदारी निभाने के स्तर पर आ चुकी है। इस स्थिति को कोई व्यावसायिक घराना नजरअंदाज नहीं कर सकता। अच्छी बात यह है कि हम इस बदलाव को देख रहे हैं हालांकि यह कुछ बड़ी कम्पनियों तक ही सीमित है।

इसका एक सकारात्मक पहलू यह भी है कि कम्पनियां अपने आंतरिक आचार-विचार के साथ ही मानवता और पर्यावरण तक की सोच लेकर काम करने लगी हैं और उनकी इंसानियत को लेकर सोच सिर्फ दान देने, जनाधिकारों की चिंता करने और पर्यावरण सुधार तक ही सीमित नहीं रही हैं। अब कारोबार का चरित्र बदल रहा है, हालांकि इसका एक अंधकारपूर्ण पक्ष भी है, कई कम्पनियां सामाजिक दायित्वों का नाटक करके दरअसल मुनाफे की मार-काट में लगी होती हैं। दिखावे के लिये भले ही वह कितना

भी पारदर्शी और स्वतंत्र रूप से मानवता की पक्षधर नजर आए, हकीकत में उन्हें केवल अपनी कम्पनी और उसके हितों से मतलब होता है।

सामाजिक दायित्वों का नाटक वह अपने जनसम्पर्क अभियान के हिस्से के रूप में करती हैं, अपनी इमेज सुधारने के लिये करती हैं और बिक्री बढ़ाने के लिये करती हैं। कार्पोरेशनों को अगर सामाजिक जिम्मेदारी से बढ़कर किसी चीज से मतलब होता है तो वह उनके वैधानिक और कानूनी दायित्व होते हैं, जिनकी वे दिन-रात फिक्र करते हैं। वे जिस देश में होते हैं वहां के कानूनों, अधिकारियों और प्रक्रिया के साथ ही अंतर्राष्ट्रीय श्रम संगठन द्वारा निर्धारित मानकों का भी पालन करने में लगे रहते हैं। यह उनके तौर-तरीकों और सोच-विचार तक में घुस जाता है लेकिन कारोबारी सामाजिक दायित्व निभाना बहुत से कार्पोरेट्स की दिलचस्पी का विषय नहीं होता है, क्योंकि उसमें पैसा खर्च होता है समय लगता है और उनका प्रत्यक्षतः कोई फायदा होता नजर नहीं आता। कानूनी प्रक्रिया का पालन करना उनके लिये इसलिये भी जरूरी होता, क्योंकि ऐसा न होने पर इंस्पेक्टर-राज उन्हें चैन से सांस भी नहीं लेने देगा। सो यह कानूनी और वैधानिक जिम्मेदारी निभाना उनकी मजबूरी है।

सरकारों द्वारा कारोबारी घरानों पर कमजोर कानूनी निगरानी और नियंत्रण के कारण पिछले कुछ वर्षों में खास-तौर से असंगठित क्षेत्रों में कई बड़ी समस्याओं का कारण बनी हैं। संविदा और ठेके पर मजदूरी का चलन इतना बढ़ गया है कि बहुराष्ट्रीय कम्पनियों और कार्पोरेट्स भी अपने उत्पादन का काम छोटी कम्पनियों को ठेके पर उठा देते हैं और इस प्रकार न केवल कार्पोरेट्स से बल्कि किसी भी मुल्क के श्रम कानूनों तक से बच निकलते हैं। श्रम संगठनों यानी मजदूर यूनियनों के कम होने तथा कमजोर होते जाने से भी यह स्थिति बिगड़ी है और कारोबारियों की मौज आ गयी है। कोढ़ में खाज की तरह अपर्याप्त, अप्रशिक्षित, अदक्ष और भ्रष्ट लेबर इंस्पेक्टरों राज के कारण कारोबार में नियम कानूनों के पालन पर कठोर नियंत्रण या निगरानी रखना भी नामुमकिन सा ही हो गया है। अंतर्राष्ट्रीय प्रावधानों के बावजूद बड़े पैमाने पर बाल श्रम का पनपना इसी निकम्मेपन का नतीजा है।

उन्होंने एक तरह से कालीन बुनाई उद्योग, खिलौना निर्माण उद्योग और वस्त्र उद्योग में बाल श्रम के खुल्लमखुल्ला इस्तेमाल को विश्वव्यापी कारोबारी सामाजिक दायित्वों का उल्लंघन बताते हुए बताया कि किस तरह

हाल ही में आईवरी कोस्ट क्षेत्र में कोका-उत्पादन उद्योग में बाल दासता के निर्लज्ज इस्तेमाल की खबरों ने पूरी दुनिया को हिला कर रख दिया था।

कैलाश सत्यार्थी पर विदेशी कम्पनियों के दलाल होने और उनके ऊपर अमरीका की शह पर काम करने के तमाम ऊलजुलूल आरोप लगाने वालों को यह जानकर हैरत होगी कि तकरीबन 12 साल पहले दिये गये इस भाषण में उन्होंने खुले तौर पर अमरीकी कम्पनियों की मनमानी और तौर-तरीकों की कटु आलोचना करते हुए कहा था कि इस तरह की भी रिपोर्टें हैं कि अमरीकी तेल कम्पनियां ज्यादा धन बचाने और कमाने के लिये म्यंमार में अपनी पाइप लाइनें बिछाने में खुल्लमखुल्ला बंधुआ मजदूरों का इस्तेमाल कर रहीं हैं।

ऐसे न जाने कितने मामले होंगे, जो मीडिया को दबाव में लेकर दबा दिये गये हैं। उन्होंने कहा कि वर्तमान समय में जितने भी परिवर्तन हुए हैं उसका सारा श्रेय उपभोक्ताओं की सामाजिक चिंताओं और जागरूकता को देने के साथ ही कारोबारी सामाजिक दायित्वों को निभाने वाली वास्तविक सोच रखने वाली कम्पनियों के प्रयासों को दिया जाना चाहिए, जिनकी बदौलत पर्यावरण-बाल-जीव जन्तु हितैषी उत्पाद बनने लगे। लेकिन यह तो कारोबारी सामाजिक दायित्वों की शुरुआत भर ही है। उन्होंने आगे कहा कि उपभोक्ता केवल अच्छे और सुरक्षित उत्पाद ही नहीं चाहते बल्कि यह जानना भी चाहते हैं कि उन उत्पादों के निर्माण की प्रक्रिया में भी सामाजिक जिम्मेदारी का निर्वाह किया जाता है या नहीं। आज के समय में उपभोक्ता तो ऐसे उत्पादों पर ज्यादा धन खर्च करने तक को तैयार है। जिन मुद्दों की उपभोक्ताओं को सर्वाधिक फिक्र है, वह किसी कम्पनी की कार्य प्रणाली तथा मार्केटिंग तक में श्रमिकों के स्वास्थ्य और सुरक्षा तथा मानवाधिकारों का सम्मान किये जाने से जुड़े हुए हैं।

हमने विभिन्न अभियानों में उपभोक्ताओं की इसी शक्ति के प्रभावी इस्तेमाल से ऊर्जा पाई है। बाल श्रम विरोधी कालीन उपभोक्ता अभियानों और स्वच्छ वस्त्र अभियानों की कामयाबी से कार्पोरेट दुनिया में आये बड़े बदलाव दरअसल उपभोक्ताओं की सहानुभूति की इसी ऊर्जा का नतीजा हैं। हम आंख मूंदकर कालीन के बहिष्कार का आह्वान नहीं करते, क्योंकि हम मानते हैं कि कालीन उद्योग में बाल श्रम से मुक्ति पाने की क्षमता है। इस मामले में पारदर्शी, प्रभावी और प्रमाणित प्रक्रिया अपनाने की क्षमता

है। हमारी प्रमुख चिंता कालीन उद्योग में लगे बच्चों के स्थान पर मजदूरों के श्रेष्ठ विकल्प उपलब्ध कराने और उनके सदुपयोग को लेकर भी है।

इसलिये हमारे अभियानों में बाल मजदूरों के पुनर्वास, शिक्षा और व्यावसायिक प्रशिक्षण को भी शामिल किया गया है ताकि स्वस्थ बचपन बिताकर जब ये बच्चे बड़े हों और काम करने लायक हो जाएं, तब तक उनके भीतर छुपी कुदरती प्रतिभा को इतना निखार दिया जाए ताकि जिस उद्योग में भी वे जाएं, वहां बेहतर मान-सम्मान और आमदनी हासिल करने के साथ ही बाल श्रम का प्रभावी विरोध भी कर सकें। यह सुनिश्चित करना भी एक तरह की दूरगामी सामाजिक जिम्मेदारी है। 'रगमार्क' पुनर्वास, व्यावसायिक प्रशिक्षण और औपचारिक शिक्षा के ऐसे सैकड़ों केंद्रों का संचालन करता है, जहां हजारों बाल श्रम से मुक्त कराये और क्षमतावान बच्चे भारत, नेपाल और पाकिस्तान में स्वतंत्र और आत्मनिर्भर जिंदगी बिताने का तरीका सीखते हैं।

इन कोशिशों में होने वाले खर्च की प्रतिपूर्ति करने के लिये रगमार्क ने एक छोटी लाइसेंसिंग फीस भी प्राप्त करनी शुरू की है। कैलाश सत्यार्थी ने अपने भाषण में अन्य कई मुद्दों को भी उठाया। उन्होंने कहा कि वैश्वीकरण और सूचनाओं के आदान-प्रदान की इस दुनिया में सतर्क और जागरूक उपभोक्ताओं को यह अहसास बखूबी है कि वास्तव में वे ही किसी भी कारोबार के असली मालिक और राजा हैं। यह पूर्णतः जागरूक उपभोक्ता जानते हैं कि वे अगर अपनी पर आये तो किसी भी उत्पाद की प्रतिष्ठा

बाल दासता की मुक्ति के लिए सफर जारी है

बढ़ाने, घटाने या एकदम से तबाह कर देने में क्या भूमिका निभा सकते हैं। कारोबारी दुनिया भी जानती है कि उपभोक्ताओं की भावनाओं को ठेस पहुंचाने का अंजाम क्या हो सकता है।

कई मामलों में तो ढीठ-से-ढीठ कार्पोरेट्स इसी डर के मारे भले ही अनमने मन से मगर अनेक प्रकार के कारोबारी सामाजिक दायित्व निभाने पर मजबूर हो जाते हैं। उन्होंने आगे समझाया कि दूसरी ओर सरकारें वोटों से चलती हैं और उनकी नीतियां जनमत से बनती-बिगड़ती और प्रभावित होती हैं। इस नाते सामाजिक आंदोलन उपभोक्ताओं का मिजाज बनाते और बदलते हैं और उसे भांपकर ही सरकारें कानून तथा प्रतिबंध लागू करती हैं। दूसरी ओर विश्वव्यापी व्यापारिक प्रतिबंधों की ताकत भी किसी भी कारोबार, कार्पोरेट या उद्योग के घुटने तोड़ सकती है। यह जानते-बूझते कोई कार्पोरेट बरबाद होने का जोखिम नहीं लेना चाहेगा।

कई मामलों में तो कई प्रकार के उद्योगों ने तो इसी नजरिये से अपने फैसले लिये हैं। सियालकोट कार्यक्रम का उल्लेख करते हुए उन्होंने बताया कि नब्बे के दशक में जब खेल का सामान बनाने वाले उद्योग में बाल मजदूरी का मुद्दा मीडिया ने उछाला, तब दुनिया के सबसे बड़े निर्यातकों में से एक, सियालकोट में खेल का सामान बनाने वाले उद्योग के सामने पश्चिम में अपने सामान को बेचने का सबसे बड़ा खतरा पैदा हो गया। नतीजतन उद्योग के पास अपने तौर-तरीकों में बदलाव के अलावा कोई और तरीका बचा ही नहीं था। इसी ने सियालकोट समझौते को जन्म दिया, जिसके कारण पाकिस्तान के फुटबॉल निर्माण उद्योग में बाल श्रम समाप्त हुआ। वर्ष 1997 में सियालकोट चैम्बर ऑफ कॉमर्स एण्ड इंडस्ट्री को बाल श्रम समाप्त करने के लिये अंतर्राष्ट्रीय श्रम संगठन और कई अन्य संगठनों के साथ साझेदारी करनी पड़ी। इस समझौते ने पहली बार बहुराष्ट्रीय कम्पनियों और उनके स्थानीय आपूर्तिकर्ताओं को अंतर्राष्ट्रीय संगठनों के साथ सहयोग करने का मौका दिया। बाल श्रम से बचाव और उसकी निगरानी के इस कार्यक्रम के दो भाग थे। एक तो बाल श्रमिकों की पहचान, उनका पुनर्वास तथा दूसरा यह कि किसी उद्योग से जुड़ी उत्पादन प्रक्रिया में बच्चों से कोई काम नहीं लिया जा रहा था।

अंतर्राष्ट्रीय श्रम संगठन का दायित्व इस कार्यक्रम की निगरानी करना था इसलिये एक तरह से इस पर श्रम विभाग के भ्रष्ट इंस्पेक्टरों का कोई

नियंत्रण नहीं था। इसके कारण अंततः पाकिस्तान के फुटबॉल निर्माण उद्योग में बाल मजदूरों की भर्ती ही बंद हो गयी और उनके पुनर्वास तथा शिक्षा कार्यक्रमों में तेजी आई। हालांकि कई दूर-दराज के और दुर्गम क्षेत्रों में इस कार्यक्रम को प्रभावी ढंग से लागू करना आज भी बाकी है। एक बहुत ताजा उदाहरण मैं आपके साथ बांटना चाहूंगा, वह है चॉकलेट उद्योग में कारोबारी सामाजिक दायित्व। जैसा कि मैंने कुछ देर पहले कहा था कि पिछले साल पूरी दुनिया को कोको उद्योग में हजारों बाल श्रमिकों के काम करने की खबर ने हिलाकर रख दिया था, जो पड़ोसी गरीब देशों से दुनिया के सबसे बड़े कोको निर्माता देश आइवरी कोस्ट में कोको की खेती का काम करने के लिये लाये जाते थे।

उस खबर ने कोको उत्पादन और मार्केटिंग की दुनिया को दहलाने के साथ ही अमरीकी संसद में भी बहुत हंगामा कराया। दबाव और कोको उद्योग के ऊपर मंडराते अंतर्राष्ट्रीय प्रतिबंध खतरे को भांपकर चॉकलेट मैन्युफैक्चरर्स एसोसिएशन (सीएमए), जिसके सदस्यों में विश्व की सबसे ज्यादा कोको इस्तेमाल करने वाली कम्पनियां जैसे नेस्ले, कैडबरी, एम एण्ड एम और हर्शे शामिल हैं, ने पिछले मई में एक संकल्प पत्र पर हस्ताक्षर किये, जिसमें कोको उत्पादन से बाल श्रम की समाप्ति की वचनबद्धता प्रदर्शित की गयी थी। इस संकल्प पत्र पर हस्ताक्षर करने वालों में चॉकलेट उद्योग के दिग्गज, अमरीकी सांसद व कांग्रेस के नेता, अंतर्राष्ट्रीय श्रम संगठन, मजदूर यूनियनों तथा समाज सेवी संगठनों के पदाधिकारी शामिल थे। इस प्रयास की बदौलत अंततः अंतर्राष्ट्रीय कोको फाउण्डेशन का जन्म हुआ और उसने बाल श्रम के उन्मूलन तथा उनके पुनर्वास एवं शिक्षा पर काम करना बाकायदा शुरू भी कर दिया है। स्वच्छ प्रतिस्पर्धा और व्यापार को बढ़ावा देने के लिये मेरे संगठन सॉक्स द्वारा उपभोक्ताओं की प्रेरणा और सहयोग से तैयार अभियान ट्रेडवाच का ब्यौरा मैं आपके साथ साझा करना चाहता हूं।

इस पहल का उद्देश्य भारत और विदेश में उपभोक्ताओं की शक्ति के इस्तेमाल से उद्योगों में हर तरह के शोषण को समाप्त करना है। यह घरेलू और अंतर्राष्ट्रीय बाजारों के लिये सामान के उत्पादन तथा अन्य देशों से उनके आयात का ध्यान रखेगा। हम विभिन्न प्रकार के तरीके अपनाकर सामाजिक न्याय के लक्ष्य को प्राप्त करने में मदद करेंगे। उन्होंने

ट्रेडवाच की कार्य प्रणाली का विवरण देते हुए बताया कि बाल श्रम का उपयोग करने वाली तथा श्रम कानूनों-प्रावधानों और अंतर्राष्ट्रीय मानकों का उल्लंघन करके उत्पादन करने वाली कम्पनियों- कार्पोरेट्स पर ट्रेडवाच किस प्रकार से निगरानी तथा मुक्त कराए गये बाल श्रमिकों का पुनर्वास करेगी।

यूनेस्को में भाषण

19 जुलाई, 2006 को उन्होंने यूनेस्को मुख्यालय में विश्वस्तर के संगठनों और प्रमुखों को मुख्य वक्ता के रूप में सम्बोधित करते हुए सबके लिये शिक्षा मुद्दे पर अपने विचार रखे। कैलाश सत्यार्थी ने कहा कि समाज के उपेक्षित और हाशिये पर ढकेल दिये गये लोगों में सर्वाधिक तादाद उनकी है, जो गांवों में रहते हैं और जिनके सामने बेहतर शिक्षा पाने के सबसे कम विकल्प हैं। उन्होंने कहा कि सबके लिये शिक्षा की योजना बनाने वालों ने उसमें बाल श्रम में फंसे बच्चों को शिक्षा देने का तो ध्यान रखा ही नहीं है।

स्कूल न जाने वाले इन बच्चों की संख्या आज 10.30 करोड़ है, जो संसार भर में प्राथमिक स्कूल आयु वर्ग के बच्चों की संख्या का 18 प्रतिशत है। लेकिन आंकड़े आते कहां से हैं? जाहिर है, इन्हें सरकारें देती हैं। अब सरकारें देती हैं तो अपने आंकड़े बढ़ाकर तो बताएंगी नहीं। आप समझ सकते हैं कि यह आंकड़े स्कूल न जाने वाले बच्चों की असली संख्या से बहुत कम होंगे और हर साल बढ़ते रहेंगे। स्कूल न जाने वाले यह बच्चे वह बालक नहीं हैं, जो घर में खाली बैठे हैं, मस्ती कर रहे हैं या जिंदगी का मजा ले रहे हैं इसलिये स्कूल नहीं जा रहे। ये आंकड़े उन बच्चों के हैं जो दासता में फंसे हैं, जबरिया मजदूरी कर रहे हैं, देह व्यापार के दलदल में धंसे हैं, खेतों, कारखानों और खदानों में जान जोखिम वाले काम करने को मजबूर हैं। यह वे बच्चे हैं, जो सही मायने में अभागे हैं।

कैलाश सत्यार्थी ने मार्मिक अंदाज में कहा कि हमें यह नहीं भूलना चाहिये कि स्कूल न जाने वाले इन बच्चों में से 94 प्रतिशत बच्चे विकासशील देशों से हैं और उनमें से भी 35 प्रतिशत दक्षिण एशिया, 40 प्रतिशत अफ्रीका के सहारा इलाके के आसपास से तथा चौंकानेवाली बात है कि बाकी संसार के विभिन्न विकसित देशों के उपेक्षित इलाकों से हैं। यह आंकड़े इन बच्चों की जिंदगियों के दु:ख, दर्द, घुटन और अपमान को

बयां करने में काफी नहीं हैं। यह आंकड़े इन बच्चों की जिंदगी की कीमत और तबाह होती क्षमता के आंकड़े नहीं हैं।

यह आंकड़े शिक्षा से वंचित रह गये इन बच्चों के साथ हर रोज हो रहे शोषण, अन्याय और दासता की दर्दनाक कहानियां कतई बयां नहीं करते। शिक्षा किसी एक व्यक्ति से नहीं, बल्कि पूरे समाज से संबंधित होती है। सबके लिये शिक्षा इंसानियत के सामने मौजूद चार अत्यंत महत्त्वपूर्ण उन प्रक्रियाओं में से एक है, जिनसे विश्व और खासतौर से बच्चों का भविष्य बदला जा सकता है।

शिक्षा, गरीबी, बाल श्रम और असुरक्षा इन चारों पर ध्यान देकर कोई समाज अपना भविष्य संवार सकता है, आगे बढ़ सकता है, खुशहाली पा सकता है, आत्मनिर्भर बन सकता है। शिक्षा चन्द लोगों के हाथों में सिमटा कोई औजार नहीं है, बल्कि स्वतंत्रता, विकास के अवसर, सम्मानजनक जीवन और सुरक्षित भविष्य का जरिया है शिक्षा। शिक्षा लाखों लोगों को दासता, खरीद-फरोख्त, जबरन भिक्षा-वेश्यावृत्ति और बाल सैनिकों के रूप में मरने से बचा सकती है। निःशुल्क गुणवत्तापूर्ण सबके लिये शिक्षा ही सामाजिक न्याय की असल कुंजी है, समानता, सुरक्षा और समाज की गरीबी से स्थाई मुक्ति का मंत्र है। पिछले 25 साल से जमीनी स्तर पर बाल श्रम मुक्ति का युद्ध लड़ने के दौरान अर्जित अपने अनुभव के आधार पर मैं यह कह सकता हूं कि शिक्षा और बाल श्रम से मुक्ति एक ही सिक्के के दो पहलू हैं।

उन्होंने कहा कि बाल श्रम शिक्षा के लक्ष्यों को हासिल करने में सबसे बड़ी बाधा रहा है। गरीबी उन्मूलन, सार्वभौमिक प्राथमिक शिक्षा के लक्ष्य को हासिल करने, लैंगिक समानता और एड्स से मुक्ति के कार्य में लगे लोगों को मालूम होना चाहिए कि उनके लिये भी बाल श्रम का उन्मूलन दरअसल एक अदृश्य लक्ष्य है जिसे हासिल किये बिना कुछ भी मुमकिन नहीं है। कभी-कभी हम यह स्वीकार करने में चूक कर जाते हैं की अगर विश्व में 20 करोड़ बच्चे किसी न किसी प्रकार से मजदूरी का जीवन बिता रहे हैं, तो आखिर वे शिक्षा किस तरह से पा सकेंगे और अगर इन बच्चों को शिक्षा नहीं दी जा सकेगी तो क्या सबके लिये शिक्षा का लक्ष्य हम कभी भी हासिल कर पाएंगे? क्योंकि यह आंकड़े तो बढ़ते ही रहेंगे।

यदि किसी दबाव से इन बच्चों को स्कूलों में घुसा भी दिया गया तो

क्या वे अपनी तालीम पूरी कर पाएंगे? जाहिर है कि बाल श्रम के दलदल में घुसे हुए बच्चों को निकालने के साथ ही इस बात की भी कोशिश करनी होगी कि वे दोबारा से बाल श्रम के नर्क में न फंसें। उन्होंने अमरीकी कांग्रेस द्वारा पिछले अप्रैल शिक्षा पर एक सम्मेलन के दौरान एक बाल श्रमिक द्वारा पूछे गये सवाल का उल्लेख करते हुए कहा कि उस बालक ने अमरीकी सांसदों से बड़ा मासूम सा सवाल किया था, 'आप यह कैसे मान सकते हैं कि मैं एक ही समय में एक साथ दो जगह मौजूद रहूंगा। स्कूल में भी और काम की जगह भी?' उन्होंने कहा कि अंतर्राष्ट्रीय और राष्ट्रीय योजनाओं के निर्माण में हमें इस बात का ध्यान रखना होगा कि अगर शिक्षा की कार्य नीतियों के निर्माण में अभी ध्यान न दिया गया तो दुनिया भर के जिन लाखों बाल श्रमिकों ने कभी स्कूल नहीं देखा है, शायद भविष्य में भी कभी देख नहीं पाएंगे।

कैलाश सत्यार्थी बेबुनियाद नहीं बोलते। उनके विचारों में आंकड़े और तथ्यों के साथ ही बाल श्रम, बाल देह व्यापार, बाल तस्करी और बाल दासता के अविश्वसनीय स्वरूपों की सच्चे दृष्टांत अनिवार्य रूप से मौजूद रहते हैं। उनकी विचार शैली दुनियाभर के बच्चों के लिये दोस्ती की भावना रखने वाले, एक संवेदनशील व्यक्ति द्वारा महसूस किये गये दर्द से भी बनी है। अपने भाषण में उन्होंने कहा कि बाल श्रम के मामले में शिक्षा की दोहरी भूमिका है।

एक तरफ तो यह उनके पुनर्वास और सामाजिक एकरूपता में मदद करती है और दूसरी ओर फिर से बाल श्रम में पड़ जाने की सम्भावनाओं से उन्हें बचाती भी है। उन्होंने बाल श्रम के आंकड़ों में आई विश्वव्यापी कमी का श्रेय चीन, थाईलैण्ड और ब्राजील की सरकारों की राजनीतिक इच्छा शक्ति को देते हए कहा कि इन देशों में गरीबी उन्मूलन और शिक्षा का प्रचार-प्रसार को बहुत महत्त्व दिया गया है। चीन में नवम्बर 2005 में आयोजित गोलमेज सम्मेलन को यूनेस्को ने व्यापक समर्थन दिया था।

विभिन्न सरकारों और देशों के सामाजिक संगठनों ने अशिक्षा और बाल श्रम से संघर्ष में अन्तर्राष्ट्रीय श्रम संगठन, यूनेस्को, यूनीसेफ, विश्व बैंक और ग्लोबल मार्च अगेंस्ट चाइल्ड लेबर जैसे संगठनों की मदद से एक कार्यबल का गठन किया है। जो राजनीतिक शक्ति तथा विभिन्न अभियानों के माध्यम से इस बुराई की सफाई में लगा है। इस टास्क फोर्स

की रणनीति बहुत लचीली है और प्रभावी भी। उन्होंने कहा कि आरम्भिक तौर पर टास्क फोर्स ने संयुक्त रूप से दो गतिविधियों की पहल की। घरेलू बाल श्रम और शिक्षा के क्षेत्र में टास्क फोर्स ने लगभग एक करोड़ बच्चों, जिनमें सर्वाधिक लड़कियां थीं, को बंद घरों में घरेलू मजदूरी के दौरान शोषण, स्वास्थ्य जोखिम और हिंसा से बचाने के लिये व्यापक प्रयास शुरू किए। दूसरी ओर बाल श्रम गरीबी उन्मूलन और शिक्षा से जुड़ी नीतियां बनाकर स्कूल न जा सकने वाले उन बच्चों को बचाने का प्रयास किया, जो अन्ततः गरीबी के कारण बाल श्रमिक बन जाते थे।

बाल श्रम का एक कुप्रभाव बड़ों की बेरोजगारी पर भी पड़ता है। बच्चों से काम लेना सस्ता और आसान होता है और इसलिये कार्पोरेट्स किसी भी तरह से उन्हीं पर निर्भर करना चाहते हैं। गरीबी से बच्चे मजदूरी करते हैं और बड़ों की बेरोजगारी का कारण बनते हैं और अंततः बड़ों की बेरोजगारी फिर से गरीबी को बढ़ाती है। इस तरह यह सिलसिला खत्म ही नहीं होता। इसलिये सरकारों को गरीबी उन्मूलन और बड़ों को रोजगार देने की योजनाओं पर भी शिक्षा के साथ-साथ काम करने के लिये इस टास्क फोर्स ने प्रेरित किया। चौंकाने वाली बात यह है कि गरीबी नियंत्रण की कार्य नीतियों में अंतर्राष्ट्रीय श्रम संगठन ने भी बाल श्रम का उल्लेख नहीं पाया है। विश्व बैंक ने अगस्त-सितम्बर 2005 की समीक्षा रिपोर्ट में बताया है कि इस प्रकार की 70 देशों की रिपोर्टों में से केवल 12 में बाल श्रम का उल्लेख था।

ग्लोबल टास्क फोर्स बाल श्रम के क्षेत्र में जो काम कर रही है, उसमें ग्लोबल सिविल सोसाइटियों (वैश्विक नागरिक संगठनों) का भी भरपूर सहयोग मिल रहा है। उन्होंने अंत में कहा कि सरकारें, विभिन्न सरकारी संस्थाएं और सिविल सोसाइटी अपने स्तर पर अच्छे कार्य करने और फैसले लेने में कोई कमी नहीं कर रही हैं। जरूरत इस बात की है कि बाल श्रम के उन्मूलन और शिक्षा क्षेत्र को उसी प्रकार वित्तीय सहायता दी जाए जिस प्रकार से गरीबी उन्मूलन कार्यक्रमों को दी जाती है।

विश्व बैंक और अंतर्राष्ट्रीय मुद्रा कोष

विश्व बैंक और आईएमएफ की 4 अक्टूबर, 2009 को आयोजित बैठक में उन्होंने अफ्रीकी देशों द्वारा गरीब देशों, गरीबों और शिक्षा के बारे में लिए गए फैसलों और पहल की तारीफ करते हुए कहा कि पिछले नौ साल में शिक्षा के क्षेत्र में जो भी मामूली सफलताएं मिली हैं, पहली नजर

में उनका कारण राजनीतिक इच्छा शक्ति और इन कार्यों के लिये दिया गया ज्यादा अनुदान नजर आता है। अफ्रीका, एशिया और लैटिन अमरीका ने शिक्षा के क्षेत्र में निवेश बढ़ाया है, जिससे ज्यादा बच्चों को स्कूल और सीखने के अवसर मिले हैं। कैलाश सत्यार्थी ने इन प्रयासों को जारी रखने की हिमायत करते हुए कहा कि जैसे ही यह वृद्धि धीमी होगी तो बजट सिकुड़ते जाएंगे, शिक्षा के क्षेत्र में प्रयासों को भी धक्का लगेगा, जो बहुत शर्म की बात होगी, क्योंकि शिक्षा केवल एक अधिकार ही नहीं है, यह एक समाधान है।

गुणवत्तापूर्ण शिक्षा गरीबी से लड़ने में मदद करती है, लोगों और राष्ट्रों की आमदनी बढ़ाती है। गुणवत्तापूर्ण शिक्षा जिंदगी बचाती है, क्योंकि शिक्षित लड़के-लड़कियों के एड्स जैसी बीमारी से बचने और परिवार बनाने की ज्यादा संभावना है। शिक्षा लोगों की और अंततः राष्ट्रीय आमदनी को भी बढ़ाती है। गुणवत्तापूर्ण शिक्षा जिंदगी का रूपांतरण करती है और समाज को निखारती है, इसलिये सबके लिये शिक्षा मानवता के भविष्य को सलामत रखने का सबसे बेहतर उपाय है। यह समय हर बच्चे को उसकी क्षमता निखारने, स्कूल जाने और सीखने का समय देने का मौका है।

अंतर्राष्ट्रीय मुद्रा कोष ने कहा है कि वह कई उपाय कर रहा है, जिससे विभिन्न देशों में वाणिज्यिक गतिरोध समाप्त होने के कारण सार्वजनिक क्षेत्र का निवेश बढ़ेगा। इसका प्रभाव मजबूत और स्थायी शिक्षा व्यवस्था का ढांचा बनाने में दिखेगा। उन्होंने कहा कि संसार में सबके लिये शिक्षा के सभी लक्ष्यों को हासिल करने के लिये 16 खरब डॉलर की धनराशि की जरूरत है। इस मामले में अभी तक जर्मनी, जापान और अमरीका अपने वायदे की पूर्ति के नजदीक तक भी नहीं हैं। उन्होंने उम्मीद जताई कि सभी अंतर्राष्ट्रीय प्रयासों की ताकत से इन चुनौतियों के बावजूद 2010 में सबके लिये शिक्षा को विकास के एजेण्डा में सर्वोच्च स्थान मिल सकेगा।

लोकतंत्र का रक्षक सम्मान

कैलाश सत्यार्थी अपनी किसी भी उपलब्धि या कार्य का श्रेय अकेले नहीं लेते। वह किसी मौके पर अपने साथियों को नहीं भूलते। यह बात उन्हें इस संसार में तमाम तरह के आंदोलन चलाने वाले के अहंकार से अलग करके एक महानायक के रूप में बेशक स्थापित करती है। विगत 20 अक्टूबर, 2009 को जब उन्हें अमरीका में लोकतंत्र का रक्षक सम्मान

दिया गया, तब उन्होंने अपने भाषण में कहा कि मुझे कुछ समय पहले जब यह जानकारी मिली थी कि पार्लियामेंटेरियंस फॉर ग्लोबल एक्शन ने मुझे अमरीका का प्रतिष्ठित डिफेंडर ऑफ डेमोक्रेसी सम्मान देने का फैसला किया है, तब मुझे लोकतंत्र की दुनिया के महानायकों के बीच अपना नाम पाकर वास्तव में आश्चर्य हुआ था। लेकिन मुझे एक गुलाम बालक के रूप में पत्थरों की खदान में पैदा हुए तथा बाल दासता में फंसे 11 साल के अमर लाल से अपने सवालों का जवाब मिल गया। आज वह स्कूल जाता है और मेरे भारत में कार्यरत संगठन 'बचपन बचाओ आंदोलन' के बाल आश्रम के पुनर्वास केंद्र में रहता है।

कुछ महीने पहले देशभर के 160 बाल सांसदों की हमारी वार्षिक राष्ट्रीय बाल संसद का आयोजन किया गया था। उन सभी का चयन गांव के बच्चों की बाल पंचायत ने किया था। अमर लाल को भी इन्हीं बाल सांसदों ने गुप्त मतदान के जरिये अपना राष्ट्रीय अध्यक्ष चुना था। उसने कहा कि वह डिफेंडर ऑफ डेमोक्रेसी अवार्ड हासिल करेगा, क्योंकि हम बच्चे बाल मित्र गावों के जरिये लोकतंत्र को मजबूत बनाने का काम कर रहे हैं।

बाल मित्र गांव एक ऐसा समुदाय है जहां बाल श्रम से मुक्त कराये गये बच्चों को स्कूल में भर्ती कराया जाता है और यह लड़के-लड़कियां जो समाज की छोटी और ऊंची, हिन्दू, मुस्लिम और इसाई समुदायों का प्रतिनिधित्व करते हैं। खुद अपनी बाल संसद का गठन लोकतांत्रिक चुनावों के जरिये करते हैं और आखिरकार उनकी आधिकारिक बाल ग्राम पंचायत बच्चों की संसद के जरिये गांव में बाल विकास के विभिन्न कार्यक्रमों के जरिये काम करती है। इसलिये मुझे लगता है कि यह सम्मान ऐसे सभी बच्चों का सम्मान है।

मैं यह मानता हूं कि यह सम्मान इस बुनियादी सत्य का प्रतीक है कि लोकतंत्र शांति और स्थायित्व सभी बच्चों को उच्च्च गुणवत्ता की निःशुल्क शिक्षा और बराबरी का अवसर दिये बिना संभव नहीं है। यह सम्मान नौ साल के मोहम्मद का सम्मान है, जिसे पिछले महीने 95 अन्य बालकों के साथ मुक्त कराया गया था। जब मैं इन बच्चों में यह कहकर आजादी और आत्मविश्वास की भावनायें जगाने की कोशिश कर रहा था कि अब आप लोग आजाद हैं और आप सभी स्कूल जाने लगेंगे, तब बालक मोहम्मद ने किसी बड़े की तरह जवाब दिया, 'मैं एक बुनाई मजदूर हूं और अब कोई

बच्चा नहीं हूं। मैं कैसे स्कूल जा सकता हूं?' कुछ हफ्तों बाद जब हमने उस बच्चे को उसकी मां को सौंपा, जो उसके वापस लौटने की सारी उम्मीदें गवां चुकी थी। उसने मोहम्मद को अपने आलिंगन में भरकर आनंदातिरेक में रोना शुरू कर दिया। बाद में उसने कहा, 'मैं तो अपने बच्चे के वापस न लौटने पर अल्लाह तक पर भरोसा खो चुकी थी। मेरे आंसू इस बात का सबूत है कि जिंदगी पर मेरा यकीन और अल्लाह में भरोसा लौट आया है।' तब वह बालक मुस्कुराया और बोला, 'हां, मैं स्कूल जाना चाहता हूं।'

यह सम्मान मोहम्मद और उन 78,000 अन्य बच्चों का सम्मान है, जिन्हें मेरे संगठन ने बंधुआ मजदूरी से आजाद कराया और उन तमाम माताओं और पिताओं का सम्मान है, जिन्होंने अपने बच्चों को फिर से पाया है। लेकिन यह सम्मान उन 21.8 करोड़ बाल श्रमिकों और 7.50 करोड़ लड़के-लड़कियों का भी है, जो कभी स्कूल नहीं गए। यह सम्मान बचपन बचाओ आंदोलन के मेरे सभी साथियों और जान गंवा चुके हमारे दो नायकों का भी सम्मान है, जिन्होंने भारत में बच्चों को आजाद कराने के लिये अपना जीवन दांव पर लगा दिया था। यह शहीद जिन्होंने अपनी जान गंवाई, वे थे धूमदास और आदर्श किशोर और यह सम्मान उनका भी है जो दुनियाभर के बच्चों की मुक्ति और शिक्षा के लिये ग्लोबल मार्च अगेंस्ट चाइल्ड लेबर, ग्लोबल कैम्पेन फॉर एजुकेशन, रगमार्क तथा आईसीसीएलई के लक्ष्यों को हासिल करने में हमें दिन-रात मदद दे रहे हैं। लेकिन मैं पूरी ईमानदारी से यह भी कहना चाहूंगा कि यह सभी कार्य एक व्यक्ति के बेमिसाल समर्थन के बिना मुमकिन ही नहीं था, जिन्होंने पिछले 20 साल में मेरी जिंदगी खतरे में आने पर कोई भी प्रयास करने में कभी कसर नहीं छोड़ी।

उनके निजी और राजनीतिक समर्पण, नेतृत्व के बिना कृषि, कालीन, वस्त्र उद्योग, फुटबॉल, कोको, कपास और अन्य तरह के जोखिम वाले उद्योगों में लगे लाखों बच्चों को कभी भी शोषण से आजाद नहीं कराया जा सकता था। मेरे जीवन में यह व्यक्ति तमाम आशाओं और दुनिया के लाखों बच्चों की उम्मीदों का प्रतीक है। वह और कोई नहीं खुद मेरे बड़े भाई सांसद टॉम हार्किन हैं। टॉम के साथ ही हमेशा खुद को पर्दे के पीछे रखकर काम और मदद करने वाली उनकी साथ ही रोजमेरी गुटीरेज हैं। कृपया इन दोनों का जबरदस्त तालियों से स्वागत कीजिए।

यह नाइंसाफी होगी, यदि मैं अपने साथियों के जीवन और उपलब्धियों में, इस कक्ष में बैठी दो बहादुर महिलाओं का जिक्र न करूं। इनमें से पहली मेरी पत्नी सुमेधा हैं, जिन्होंने एक सच्चे साथी के रूप में तमाम कठिनाइयों और उपलब्धियों में हमेशा मेरा साथ दिया है और दूसरी हैं मेरी बेटी अस्मिता, जो अपने पिता, परिवार और अपनी जिंदगी पर हमेशा खतरे के बीच पलकर बड़ी हुई। आज के दिन मैं अपनी वचनबद्धता और बच्चों को हर तरह के शोषण से बचाने तथा उन्हें शिक्षा दिलाने की प्रतिबद्धता को फिर से दोहराता हूं।'

इस व्यक्ति को बच्चों से किस कदर मुहब्बत होगी इसका अनुमान इस बात से लग सकता है कि संसार के सबसे ताकतवर देश के भाग्य और विधान निर्माता सांसदों द्वारा खुद को अंतर्राष्ट्रीय सम्मान दिये जाने मौके पर भी उनकी आंखों में आंसू थे और वह तरह-तरह की विपरीत परिस्थितियों तथा खतरों के बीच रह रहे दुनिया भर के बच्चों को भी इस मौके पर याद करना नहीं भूले।

अपने भाषण के समापन में उन्होंने कहा कि मैं आपको याद दिलाना चाहूंगा कि बच्चों के परम्परागत आर्थिक शोषण के बावजूद उन्हें विभिन्न प्रकार की हिंसा का सामना करना पड़ता है। 1990 से अब तक संसार में सशस्त्र संघर्षों में 20 लाख बच्चे जान गंवा चुके हैं।

दुनियाभर में करीब दस लाख बच्चों को गैरकानूनी कार्य में छोटी-मोटी भूमिका निभाने के कारण कैद में रखा गया है। 20 लाख बच्चों को देह व्यापार पोर्नोग्राफी का शिकार होना पड़ा है और 7 करोड़ लड़कियों और महिलाओं को लैंगिक विपत्तियों का शिकार बनाकर इस्तेमाल किया जा रहा है। लगभग 10.20 लाख बच्चों को प्रतिवर्ष तस्कर संसार के विभिन्न कोनों में भेड़-बकरियों से भी कम दामों पर मनमाने ग्राहकों को बेचते-खरीदते हैं। 15 साल से कम उम्र के लगभग 4 करोड़ बच्चों को शारीरिक, मानसिक और यौनिक दुर्व्यवहार और उपेक्षा का हर साल सामना करना पड़ता है। स्कूल न जाने वाले आधे बच्चों को विद्रोह और बलवों का सामना कर रहे क्षेत्रों में जान जाने के खतरों के बीच खेलकूद से दूर घरों में कैद जिंदगी बितानी पड़ रही है। भावपूर्ण शब्दों में उन्होंने कहा कि दुनियाभर के बच्चों को हिंसा, शोषण और दुर्व्यवहार से बचाया जाना चाहिये। उन्हें मृत्यु, बीमारी, खराब शारीरिक-मानसिक स्थिति, जानलेवा

बीमारियों, अशिक्षा, बेघर होने, भूख तथा उपेक्षा से बचाया जाना चाहिए। उन्हें खुशी-खुशी आगे बढ़ने के अवसर और एक आनंदमय बचपन जीने का मौका मिलना चाहिए। दुनिया के कई देशों में रोज सुनने में आ रही अनेक दिल दहलाने वाली सच्ची कहानियों से पता चलता है कि संसार में बच्चों के साथ क्या नहीं हो रहा है।

इन कहानियों को सुनने पर कई बार ऐसा लगता है कि इंसानियत मर रही है। अफगानिस्तान, पाकिस्तान, गाजा, हैती, सूडान, ईराक और अनेक देशों में यह स्थिति निरंतर बिगड़ती जा रही है और वैश्विक महंगाई की मार से हालात और बदतर होते जा रहे हैं। इन परिस्थितियों में इंसानियत का भविष्य यह बच्चे सुरक्षित रहें, पनपे और अपने सपनों को पूरा करें इसकी जिम्मेदारी विश्व समुदाय की है। उन्होंने कहा कि हालात कितने भी खराब और जटिल क्यों न हो और समस्यायें कितनी भी अनन्त क्यों न नजर आएं उनका समाधान निश्चित रूप से संभव है, हासिल किया जा सकता है और बेहद किफायती है।

बच्चों के इस मसीहा ने अपने सम्मान में इकट्ठा हुए सांसदों को सम्बोधित करते हुए कहा कि पिछले एक दशक में इस स्थिति में सुधार होना शुरू हो गया है। बाल मजदूरों की संख्या 24.6 करोड़ से घटकर 21.8 करोड़ रह गई है। कम-से-कम 4 करोड़ बच्चे और होंगे, जिनको स्कूलों में इस बीच दाखिला मिल गया है। संसार के 173 देशों ने अंतर्राष्ट्रीय श्रम संगठन के 182वें अधिवेशन के अनुपालन में बाल श्रम के सबसे जघन्य स्वरूपों का विनाश करने की वचनबद्धता व्यक्त की है। यह सब इसलिये है कि पूरी दुनिया अब बच्चों के लिए एक बेहतर जगह बनने की ओर बढ़ रही है। उन्होंने कहा कि शिक्षा, सत्ता, न्याय और समानता की कुंजी है। शिक्षा लोकतंत्र और वैश्विक सुशासन की बुनियाद है। सबके लिए शिक्षा सामाजिक, राजनीतिक और वित्तीय संस्थानों के लोकतंत्रीकरण की शर्त है। उन्होंने कहा कि दुनिया भर में सेना पर ढाई दिन में होने वाले खर्च से पूरे संसार के बच्चों को शिक्षा दी जा सकती है। यह उस खर्च का छठवां हिस्सा है, जो यूरोपियन कास्मेटिक वस्तुओं पर व्यय कर देते हैं। संसार भर में शिक्षा से वंचित बच्चों को उच्च गुणवत्ता की शिक्षा देने पर कुल 11 खरब डॉलर खर्च होगा, मगर क्या यह दुनिया वास्तव में इतनी गरीब है कि इस खर्च को वहन नहीं कर सकती? जरूरत है कि दृढ़ राजनीतिक इच्छा और जिम्मेदारी की भावना से

हम सबसे पहले इस दुनिया के सारे बच्चों को तालीम दिलाना सुनिश्चित कराएं। इस कार्य में आप लोग सबसे महत्त्वपूर्ण भूमिका निभा सकते हैं।

उन्होंने कहा कि मैं दोहराना चाहूंगा कि संसार का कोई भी उद्योग पर्यावरण के विनाश और प्रत्यक्ष या अप्रत्यक्ष रूप में बच्चों की मजदूरी के बूते पनप नहीं सकता। उद्योगों को अपनी जिम्मेदारी समझनी होगी और राजनीतिक ताकत रखने वालों को दुनियाभर में यह साबित करना होगा कि संसार को असल में कौन चला रहा है? उद्योगों को समझना होगा कि आज का उपभोक्ता वास्तव में जानना चाहता है कि चॉकलेट, कालीन, फूलों और अन्य प्रकार के तमाम तरह के धंधों में बाल श्रमिकों या बंधुआ मजदूरों का उपयोग नहीं हो रहा है। वह जानना चाहता है कि श्रमिकों को उनके अधिकार मिल रहे हैं या नहीं। आज का उपभोक्ता प्रत्येक उद्योग-कारखाने में अच्छे कानूनों, सामाजिक दायित्वों के निर्वाह और श्रमिक कल्याण के प्रयासों के बारे में जानना चाहता है। कोई भी उपभोक्ताओं को विश्वास में लिये बगैर और कार्यस्थलों पर बेहतर वातावरण बनाये बिना आज पनप नहीं सकता।

12 

संघर्ष जारी रहे

क्या नोबल पुरस्कार के बाद कैलाश सत्यार्थी का संघर्ष पूरा हो गया अथवा भविष्य में मानवता उनके किसी नए आंदोलन को महसूस करेगी? यह सवाल मेरे मन में था। उनसे संपर्क हो ही नहीं पा रहा था। अचानक दो नवम्बर, 2014 को अपरान्ह मेरे फोन पर कॉल आयी। कैलाश सत्यार्थी खुद बोल रहे थे मैंने आपका मेल जर्मनी में पढ़ा था। मदर टेरेसा ने आपको जो पत्र लिखा था, वह भी देखा। किताब में आपको जो मदद चाहिए, बताइए। प्रश्न भेज दीजिये, मेरे कार्यालय से कोई व्यक्ति आपको मुझसे बात करके सारे प्रश्नों के उत्तर भेज देगा।' मैंने उनको सम्मान की बधाई, देते हुए कहा कि आपको नोबल मिलना भारत के लिए गौरव का विषय है तो मेरी बात काटकर बोले, 'यह भारत ही नहीं, बल्कि दुनिया के करोड़ों बच्चों का सम्मान है। मैंने मलाला से भी बात की है। हम मिलकर बाल श्रम को मिटाने पर काम करेंगे।'

उन्होंने बताया कि वह सिर्फ भगवान मानते हैं, मगर कट्टर रूप में धार्मिक नहीं हैं। उम्मीद जताई कि शायद अब उनकी बात ज्यादा सुनी जाएगी और शायद वह अब पहले से अधिक काम कर पाएंगे और दुनिया भर में ज्यादा लोगों को बच्चों की गुलामी के खिलाफ संघर्ष में शामिल होने के लिए तैयार कर सकेंगे।

मुझे याद है एक साक्षात्कार में उन्होंने बताया था, 'बच्चों को गुलामी से बचाने के आन्दोलनों के दौरान मैंने बहुत अपमान सहा है। मेरी माँ ने भी मुझे पिटते देखा है। जब मैंने इस ध्येय के लिए इंजीनियर की नौकरी छोड़ी, वे बहुत रोयीं थीं, पर वे मेरी लड़ाई को समझती थीं और मेरा उत्साह

बढ़ाती थीं।' एक अन्य मौके पर उन्होंने कहा था कि आज मैं विशेष रूप से अपने उन दो सहयोगियों को याद करता हूं, जिन्हें इस संघर्ष के दौरान जान से हाथ धोना पड़ा। एक को गोली मारकर और दूसरे को पीट-पीट कर खत्म कर दिया जालिमों ने। खुद मेरे सारे बदन पर चोटों के निशान हैं अपने जीवन की सबसे बड़ी खुशी का जिक्र करते हुए उन्होंने कहा था कि जब मैं बच्चों को गुलामी से मुक्त करवा कर उनकी माताओं को सौंपता हूँ तो उनकी आंखों में खुशी के आंसुओं को देखकर खुद अपने को आजाद महसूस करता हूं।

समाज के लिए कैलाश सत्यार्थी का सन्देश बेहद स्पष्ट और दिल में उतर जानेवाला है। वह कहते हैं कि उपभोक्ता के रूप में आप सब उन वस्तुओं का बहिष्कार कीजिए, जिनके उत्पादन में किसी भी रूप में बाल श्रम का उपयोग किया जाता है। दुकानदारों से यह पूछने से ना हिचकें कि क्या उनके यहां भी बच्चे काम करते हैं? जो लोग सोशल मीडिया पर हैं वे भी अपना धर्म निभाएं और हरेक तरह के बाल उत्पीड़न की रोक-थाम में योगदान करें।

मैंने उनसे सवाल पूछा था कि बाल श्रम के विरुद्ध अपने संघर्ष में आप खुद को क्या मानते हैं? उन्होंने एक तीन शब्द बोले, 'बच्चों का दोस्त!' फिर अचानक ही अपने पास किसी से बोले 'इनको ई-मेल दे दीजिएगा।' मैं घबराया कि बात अटपटे ढंग से खत्म हो रही है, कहीं ये बुरा तो नहीं मान गए, लेकिन वह किसी और धुन में थे- 'हां, तो मैंने कहा था, मैं बच्चों का दोस्त हूं, यही मेरी पहचान है। दुनिया में किसी को भी बच्चों को दयनीय नहीं समझना चाहिए। बच्चों से प्यार, सहयोग से पेश आना चाहिए। लोग अक्सर बच्चे के व्यवहार को बेवकूफी या मूर्खता समझ बैठते हैं। इस सोच को बदलने की जरूरत है। मैं तो दुनिया में ऐसी बराबरी चाहता हूं कि खुद मैं भी बच्चों से कुछ सीख सकूं। हम बच्चों से क्यों नहीं सीख सकते? याद रखिये, हम सब मिलकर ही दुनिया के बच्चों को बचा सकते हैं। इस बारे में मेरा प्रिय नारा है- 'हर बच्चे का है अधिकार। रोटी, खेल, पढ़ाई, प्यार।'

जब इस किताब को पूरा करने में अचानक ही अज्ञात कारणों से, सहयोग के सारे सूत्र एकदम से नदारद हो गए तो मैंने इंटरनेट पर उपलब्ध जानकारी और सोशल मीडिया सन्दर्भों का इस्तेमाल करने की ठानी। कैलाश सत्यार्थी के ट्विटर अकाउंट पर उनके कई प्रेरक वाक्यों ने मुझे

आकृष्ट किया। हाल ही में उन्होंने लिखा, 'दासता के सफाए में नाकामी वैश्विक पाप है!' इसके फौरन बाद ही लिखा कि मैं संसद से बाल श्रम पर पूर्ण प्रतिबन्ध की मांग करता हूं। उनका एक और ट्वीट था, 'कई लोग पूछते हैं मेरे मित्र और शत्रु कौन हैं? मेरा जवाब था 'जो बच्चों के दोस्त हैं वे पहले से ही मेरे दोस्त हैं और बाकी एक दिन बन जाएंगे।'

उन्होंने एक और ट्वीट किया, 'शिक्षा बाल श्रम के सफाए के बिना नामुमकिन है।' यूनेस्को प्रमुख इरीना बोकोवा से मिला, जिन्होंने 'बाल श्रम विरोध को अधिक महत्त्व देने का वादा किया।

निश्चित रूप से सत्यार्थी जी किसी अधिक महत्त्वपूर्ण कार्य में व्यस्त हो गए होंगे, इसलिए उनके स्टाफ को मेरी ईमेल के सवालों का जवाब हासिल करने का समय नहीं मिला होगा, न ही किसी ने उनको याद दिलाया होगा। लेकिन कुछ महत्त्वपूर्ण सवालों के जवाब उन्होंने विभिन्न पत्रकारों से बातचीत करते हुए दिए। मेरा काम फिलहाल उससे चल गया ।

हाल ही में उन्होंने अल जजीरा टीवी चैनल से बात करते हुए कहा था कि नोबेल पुरस्कार ने बच्चों से सम्बंधित मुद्दों को महत्त्व देकर इस मुद्दे और दुनिया भर में उस पर काम करनेवालों को मजबूती दी है, लेकिन इसका मतलब यह नहीं है कि युगों से चली आ रही, बाल श्रम की समस्या इससे समाप्त हो जाएगी। हमें संघर्ष जारी रखना होगा । मैंने मलाला से बात की और उससे अनुरोध किया कि हमें मिलकर एक ऐसी स्थिति के लिए काम करना होगा कि कोई बच्चा सशस्त्र संघर्ष, क्रांति, युद्ध, आतंकवाद और हिंसा का शिकार न हो। हमें बच्चों के लिए अमन की दिशा में काम करना होगा। हमें सारी दुनिया के बच्चों को एक नए आंदोलन में शामिल करना होगा- बच्चों के लिए अमन और अमन के लिए बच्चे। नोबेल पुरस्कार की धनराशि से क्या करेंगे? इसके जवाब में उन्होंने कहा कि पुरस्कार की एक-एक पाई बाल श्रम, बाल वेश्यावृत्ति और बाल दासता के हमारे संघर्ष में खर्च होगी । इसका मतलब यह हुआ कि हिन्दुस्तान से कैलाश सत्यार्थी द्वारा 35 साल पहले शुरू की गयी बंधुआ बाल श्रम, बाल वेश्यावृत्ति, बाल दासता, बाल अधिकारों और बाल शिक्षा की जंग भविष्य का मकसद भी पा चुकी है।

अब देखना यह है कि आगे की लड़ाई को कैलाश सत्यार्थी अपने प्रबंध कौशल, अंतर्राष्ट्रीय ख्याति की बदौलत बने नए संपर्कों, अंतर्राष्ट्रीय-राष्ट्रीय

मीडिया में अचानक ही मिली लोकप्रियता तथा विश्वसनीयता के बूते कहां तक ले जा पाते हैं। सारी दुनिया के बच्चों को एक नए आन्दोलन में शामिल करके क्या वह बच्चों के लिए अमन और अमन के लिए बच्चे के अपने नए मकसद को पा सकेंगे? क्या विभिन्न धंधों में बच्चों की खरीद-फरोख्त तथा व्यापार करनेवाले कभी हार सकते हैं? क्या हिंसा, आतंक, युद्ध और तख्ता पलट में खून बहानेवाले बेरहम हथियार माफिया तथा सिद्धान्तहीन राजनीतिबाज उनको कामयाब होने देंगे?

इन सवालों को पढ़कर आपके मन में अगर कोई निराशाजनक जवाब आए तो यह भी सोच लीजिएगा कि क्या आप सही मायनों में बच्चों को अपना दोस्त कहनेवाले इस दीवाने की जिद्दी फितरत को जानते हैं? जब इस शख्स के हाथ कुछ भी नहीं था, तब तो वह शान्ति नोबेल तक जा पहुंचा। अब तो उसके दोनों बच्चे भी जवान हो चुके हैं। अब तो अंतर्राष्ट्रीय पुरस्कार का तमगा और संयुक्त राष्ट्र संघ समेत संसार के 140 देशों का यह व्यक्ति नायक है!

13

उपसंहार

10 दिसंबर, 2014 को वह दिन आ ही गया, जब कैलाश सत्यार्थी को मलाला यूसुफजई के साथ ओस्लो के विश्वविख्यात सिटी हॉल में 1300 विश्वविख्यात हस्तियों की मौजूदगी में नोबेल शांति पुरस्कार प्रदान किया गया। दोनों नोबेल विजेता, पुरस्कार समिति के सदस्य और नोबेल समिति के स्थायी सचिव सहित सामने बैठे शाही परिवार के सदस्यों के सम्मुख ही बने मंच की कुर्सियों पर बैठे थे। उनके पीछे विशिष्ट अतिथियों के बीच शांति के नोबेल विजेताद्वय के परिजन बैठे थे।

नोबेल शांति पुरस्कार पदक, नार्वे के महानतम कलाकारों में से एक मूर्तिकार गुस्ताव वीगलैंड द्वारा एरिक लिंडबर्ग नामक नक्काश की मदद से डिजाइन किया गया था। इससे पहले वीगलैंड ने कभी कोई पदक नहीं बनाया था। वीगलैंड ने मूल रूप में यह पदक 1902 में तैयार किया। पहले यह पदक 23 कैरेट सोने में हुआ करता था, जिसका वजन 192 ग्राम था। 1980 में यह 18 कैरेट सोने और 196 ग्राम वजन का होने लगा। इसका व्यास 6.6 सेंटीमीटर ही रहा। पदक के अगले हिस्से में अल्फ्रेड नोबेल का चित्र, नाम तथा उनके जन्म-मृत्यु के वर्ष अंकित होते हैं। पदक के पिछले भाग में अंतरराष्ट्रीय भाईचारे के प्रतीक एक दूसरे को गले लगाते तीन नग्न पुरुष उकेरे होते हैं।

आपको जानकार हैरत होगी कि जार निकोलस द्वितीय, सम्राट हेल सिलासे, थामस जी मसार्क, एडवर्ड बनेस, नेविल चेम्बरलिन, एंथनी ईडन, क्लेमेंट एटली सहित, रमसे मैकडोनाल्ड, विंस्टन चर्चिल, फ्रैंकलिन डी. रुजवेल्ट, हैरी एस. ट्रूमैन, ड्वाइट डी., चार्ल्स ह्यूज, जॉन फोस्टर डलेस, पियर मेंडेस-फ्रांस, कोनराड अडेनार, जुआन और इवा पैरों, जवाहर लाल

नोबेल पुरस्कार प्राप्त करने के बाद गणमान्य लोगों को मेडल और प्रशस्ति पत्र दिखाते हुए शांति दूत कैलाश सत्यार्थी और यूसुफजई मलाला।

नेहरु और जुहोकुस्ती पसिकिवी जैसे कई प्रसिद्ध राजनेताओं और राष्ट्राध्यक्षों को भी नोबेल शांति पुरस्कार के लिए नामांकित किया गया था, लेकिन उनको यह सम्मान नसीब नहीं हुआ। यहां तक कि बेनिटो मुसोलिनी (1935), एडोल्फ हिटलर (1939) और जोसफ स्टालिन (1945 एवं 1948) जैसे परम शक्तिशाली तानाशाहों को भी नोबेल शांति पुरस्कार के लिए नामित किया गया था, लेकिन उनकी तमाम कोशिशों के बावजूद उनको यह सम्मान नहीं मिल सका।

दोनों विजेताओं ने इस समारोह में नार्वे के राजा हेराल्ड पंचम की उपस्थिति में नार्वे नोबेल समिति के अध्यक्ष से नोबेल शांति पुरस्कार प्राप्त किया। कार्यक्रम की शुरुआत में सफेद कुर्ता, क्रीम कलर का शॉल डाले कैलाश सत्यार्थी और पठानी सलवार-कुर्ता पहने लाल शॉल में लिपटी मलाला के आगमन पर समारोह सभागार में मौजूद लोगों ने खड़े होकर तालियां बजाई।

1901 के बाद से 2014 तक 95 नोबेल शांति पुरस्कार प्रदान किये गये हैं। उन्नीस अवसरों पर; 1914-1916, 1918, 1923, 1924, 1928, 1932, 1939-1943, 1948, 1955-1956, 1966-1967 और 1972 के दौरान पूरे संसार में किसी को भी इस पुरस्कार के योग्य नहीं माना गया। इन वर्षों में किसी को भी क्यों सम्मानित नहीं किया गया? पुरस्कारों के बारे में दिये गये विवरण के बाद कैलाश सत्यार्थी ने नोबल व्याख्यान शुरू किया। उन्होंने आरम्भ में संस्कृत में एक वैदिक श्लोक उद्धृत करते हुए हिंदी में बोलना शुरू किया, लेकिन पांच मिनट बाद अंग्रेजी में अपनी

भावनाएं व्यक्त कीं। भाषण के दौरान उन्होंने मलाला को 'मेरी प्यारी बेटी' कहकर सबका दिल जीत लिया। सत्यार्थी के इस संबोधन के दौरान पूरा हॉल कई बार तालियों की गड़गड़ाहट से गूंजता रहा। बीच में कैलाश सत्यार्थी के भाषण का कोई पृष्ठ खो गया तो उन कागजों की मदद के बिना ही भाषण पूरा किया।

उन्होंने कहा कि शांति और मानवता के इस मंच से मैं प्राचीन ज्ञान के ग्रंथ वेदों से एक मंत्र उद्धृत करते हुए बहुत सम्मानित महसूस कर रहा हूं, जिसमें सभी प्रकार के मानव निर्मित संकटों से मानवता को आजाद कराने की अद्भुत क्षमता है- संगछ्धवं संवदधवम सं वो मनांसि जनताम, देवाभागे यथापूर्वे संजानानाम उपासते। (अर्थात सभी से प्रेम से मिलो, बोलो, ज्ञानी बनो, अपने पूर्वजों की भांति तुम भी कर्त्तव्य का पालन करो।'

उन्होंने कहा कि वह भगवान बुद्ध, गुरुनानक और महात्मा गांधी की धरती से नार्वे तक की अपने सफर को विश्व शांति और मानवता के सबसे प्राचीन छोर से आधुनिक छोर को जोड़ने की यात्रा मानते हैं। कैलाश सत्यार्थी के इतना कहते ही सभागार तालियों से गूंज उठा। अपने भाषण के दौरान सत्यार्थी को कई बार तालियों की गड़गड़ाहट के साथ समर्थन और सम्मान मिला। भाषण के दौरान उनके कहने पर वहां मौजूद हस्तियों ने आंखें बंदकर और सीने पर हाथ रखकर अपने भीतर मौजूद बच्चे को महसूस किया।

नोबेल पुरस्कार प्राप्त करने के बाद समारोह को संबोधित करते हुए कैलाश सत्यार्थी।

सत्यार्थी ने कहा कि बच्चों को पूरी आजादी मिलनी चाहिए। दुनिया के हर बच्चे को स्कूल जाने, खेलने और पढ़ने की आजादी हो। अगर बच्चों को सही शिक्षा नहीं मिलती, तो मानवता का बड़ा नुकसान होगा। उन्होंने सभी को वैश्विक प्रगति के प्रयासों में योगदान की प्रेरणा देते हुए कहा कि इस अवसर से पूर्व से पश्चिम और उत्तर से दक्षिण

तक, संसार के किसी भी कोने में रहने वाला भी व्यक्ति वंचित नहीं रहना चाहिए। 'उन्होंने कहा- 'आर्थिक तरक्की और विकास के रास्ते में दुनिया के दक्षिणी छोर से उत्तर तक और पूर्वी छोर से पश्चिम तक हममें से कोई भी पीछे न रह जाए, हममें से कोई भी बिछड़ न जाए। हम सभी साथ-साथ बोलें, साथ-साथ चिंतन करें और साथ मिलकर ऐसे ज्ञान का सृजन करें, जिससे समस्त विश्व का कल्याण हो सके।'

उन्होंने तालियों की गड़गड़ाहट के बीच कहा- आज मैं अपने माता-पिता को याद करता हूं, अपने देश को याद करता हूं जो स्वर्ग से भी बेहतर है। हर बार जब मैं किसी बच्चे को गुलामी से मुक्त कराता हूं मैं खुद को मुक्त महसूस करता हूं । मुक्ति के बाद बच्चों के मासूम चेहरों पर स्वतंत्रता की पहली मुस्कान में, मैं साक्षात परमेश्वर को मुस्कुराते हुए देखता हूं। मैं अपने आंदोलन की सफलता का सर्वाधिक श्रेय दासता और बच्चों की गरिमा की रक्षा के लिए अपने प्राणों का बलिदान करने वाले भारतीय कार्यकर्ता कालू कुमार, धूम दास, आदर्श किशोर और पाकिस्तानी कार्यकर्ता इकबाल मसीह को देना चाहूंगा। मैं आंदोलन में शहीद हुए साथियों, दुनिया भर में फैले अपने साथी कार्यकर्ताओं और अपने देशवासियों की ओर से विनम्रतापूर्वक यह पुरस्कार स्वीकार करता हूं। भगवान बुद्ध, गुरु नानक और महात्मा गांधी की महान भूमि से नार्वे तक की मेरी यह यात्रा वैश्विक शांति और भाईचारे के प्राचीन और आधुनिक दो केंद्रों के बीच एक सेतु की तरह है।'

उन्होंने कहा कि जिन लोगों की आवाज सुनी नहीं जाती, मैं उनकी खामोशी का प्रतिनिधि हूं। मैं उनकी बेगुनाही का विलाप और अस्तित्वहीन जिंदगी का प्रतिनिधि हूं। मैं यहां हमारे बच्चों की आवाज और सपनों को साझा करने के लिए आया हूं। मैंने उनकी भयभीत और थकी हुई आँखों में झांका है। बीस साल पहले हिमालय की तलहटी में, मैंने एक छोटे, दुबले-पतले लड़के से मुलाकात की तो उसने मुझसे पूछा था कि क्या यह दुनिया इतनी गरीब है कि मुझे एक खिलौना और किताब नहीं दे सकती और औजार या बन्दूक उठाने को मजबूर करती है? एक सशस्त्र उग्रवादियों द्वारा अपहृत एक सूडानी बाल सैनिक से मेरी मुलाकात हुई थी। उसे बुनियादी प्रशिक्षण के दौरान ही अपने दोस्तों और परिवार को मारने के लिए मजबूर किया गया था। उसने मुझसे पूछा था, 'मेरी गलती क्या

है?' बारह साल पहले, कोलम्बिया की गलियों में मुझे एक किशोरी–माता मिली, जिसका अपहरण करके तस्करी की गयी, फिर बलात्कार किया गया, इसके बाद उसे गुलाम बनाया गया था। उसने पूछा था, 'मैंने कभी कोई सपना नहीं देखा। क्या मेरा बच्चा देख पायेगा?' बच्चों को उनके सपनों से वंचित करने से बढ़कर कोई हिंसा नहीं हो सकती।

उन्होंने अपना जीवन उद्देश्य स्पष्ट करते हुए कहा कि मैं दुनिया के सभी बच्चों की पूर्ण स्वतंत्रता चाहता हूं। उनको अपने बचपन का आनंद लेने की आजादी मिले, बढ़ने और उन्नति करने की आजादी मिले, भोजन की चिंता से मुक्ति मिले, भरपूर नींद मिले, वे दिन के उजाले का आनंद ले सकें, खुलकर हंस सकें, रो सकें, मनपसंद खेल खेल सकें, जो सीखना चाहें सीख सकें, उनको स्कूल जाने की आजादी हो और सबसे बढ़कर अपने सपने साकार करने की आजादी हो।

उन्होंने कहा कि सभी महान धर्म समझाते हैं कि बच्चों का ख्याल रखो, उनकी सही से देखभाल करो। यीशु ने कहा है, 'बच्चों को मेरे पास आने दो, परमेश्वर के साम्राज्य में उनके लिए कहीं कोई बाधा नहीं है।' पवित्र कुरान में कहा गया है, 'गरीबी की वजह से अपने बच्चों को नहीं मारो।' मुझे नहीं लगता कि मंदिरों, मस्जिदों, चर्चों और प्रार्थना घरों में बच्चों के सपनों की कोई जगह नहीं है। पूरी दुनिया में सेनाओं के सिर्फ एक हफ्ते के खर्च से संसार के सभी देशों में पढ़ाई से वंचित बच्चे स्कूल लाये जा सकते है। मैं नहीं मानता कि कानून, संविधान, न्यायाधीश और पुलिस हमारे बच्चों की हिफाजत करने में असमर्थ हैं। मैं मान ही नहीं सकता कि गुलामी की जंजीरें आजादी की ताप से ज्यादा मजबूत हो सकतीं हैं।

मुझे जिन अनेक साहसी व्यक्तियों के साथ कार्य करने का मौका मिला है, वे भी यह सब नहीं स्वीकार करते थे। हमने किसी धमकी, किसी खतरे के सामने घुटने नहीं टेके। बेशक पिछले कुछ दशकों में तरक्की हुई है, स्कूल न जानेवाले बच्चों की संख्या आधी हो गयी है। बाल मृत्यु दर और कुपोषण में भी बहुत कमी आयी है। लाखों बच्चों को मरने से बचाया गया है। संसार में बाल मजदूरों की संख्या भी घटकर एक तिहाई रह गयी है। फिर भी गलतफहमी में मत रहिये, अभी भी चुनौतियां खत्म नहीं हुई हैं। उन्होंने असहिष्णुता को पूरे संसार में इंसानियत के लिए भविष्य में खतरा

बननेवाली सबसे बड़ी समस्या बताते हुए कहा कि यह संकट हम सबके दरवाजों तक आ चुका है। हम बच्चों को ऐसी शिक्षा देने में पूरी तरह से नाकाम रहे हैं, जो उनको जीवन का अर्थ, लक्ष्य तथा सुरक्षित भविष्य दे सकें और उनको वैश्विक नागरिक होने की मानसिकता दे सकें। मुझे डर है कि इस विफलता का अंजाम मानवजाति के लिए आत्मघाती और अभूतपूर्व हिंसा के रूप में सामने आयेगा।

अपने भाषण में पूरे संसार में हिंसा के मुकाबले अमन, आतंकवाद के मुकाबले सहनशीलता, भय के मुकाबले साहस को महत्त्व देनेवाले मलाला जैसे युवाओं के उठ खड़े होने की सराहना करते हुए उन्होंने कहा कि दूर बैठकर सम्मेलनों और सुझावों से रास्ता नहीं निकलता, बल्कि समस्याओं से रोज जूझनेवाले दुनिया के लिए अनजाने और बिना पहचान के छोटे समूह तथा स्थानीय संगठन ही समाधान निकाल सकते हैं। अठारह साल पहले, 103 देशों के मेरे भाइयों-बहनों ने 80,000 किलोमीटर की पदयात्रा की थी, जिसका नतीजा बाल श्रम के विरुद्ध एक नए अन्तर्राष्ट्रीय कानून के रूप में निकला था। हमने यह कर दिखाया था।

उन्होंने सभागार में बैठे विशिष्ट अतिथियों से सीधे ही सवाल पूछा कि एक अकेला इंसान दुनिया को कैसे बदल सकता है? फिर एक कहानी सुनायी कि एक जंगल में भयंकर आग लगने पर वहां भगदड़ मच गयी। जंगल के राजा शेर समेत सभी जान बचाकर भाग रहे थे कि शेर ने अचानक ही देखा, एक छोटी-सी चिड़िया आग की तरफ बेतहाशा उड़े जा रही थी। शेर ने पूछा, 'ये तुम क्या कर रही हो?' चिड़िया का जवाब सुनकर शेर भौंचक्का रह गया। चिड़िया बोली, 'मैं आग बुझाने जा रही हूं।' शेर हंसा और बोला, 'तुम्हारी चोंच में कुछ बूँद पानी से आग कैसे बुझेगी?' चिड़िया अपनी धुन में उड़ते-उड़ते बोली, 'कम से कम मैं अपनी क्षमता भर तो काम कर रही हूं।'

कैलाश सत्यार्थी ने आगे कहा कि अगर हम सभी अपनी-अपनी भूमिका सही से निभाना शुरू कर दें तो हालात बदलते देर नहीं लगेगी। हम सब तो तार वैश्वीकरण के दौर में रह रहे हैं और सभी तेज गतिवाले इंटरनेट से जुड़े हैं। हम अपने उत्पाद और सेवाएं भी एक ही वैश्विक मंडी में बेचते हैं। प्रतिदिन पृथ्वी के एक छोर से दूसरे छोर को हजारों उड़ानें जोड़े रखती हैं, परन्तु एक गंभीर कमी हम सबमें आ रही है जो करुणा का अभाव है।

जरूरत है कि हम इस स्थिति से जागें और पूरे संसार में सहानुभूति का वातावरण तैयार करें, जो सबको न्याय, समानता और स्वतंत्रता का अधिकार दिलाये और पारस्परिक सद्भाव से विश्व को बेहतर बनाये।

उन्होंने महात्मा गांधी को उद्धृत किया, 'अगर हम लोगों को असली शांति की शिक्षा देना चाहें तो हमें बच्चों से शुरुआत करनी होगी।' उन्होंने पूरे संसार का आवाहन किया कि मन में बच्चों के प्रति करुणा रखकर एकता स्थापित करें। उन्होंने अनेक सवाल पूछे कि वो किसके बच्चे हैं, जो फुटबॉल की गेंदों की सिलाई करते हैं मगर कभी गेंद से खेल नहीं पाते? वो हमारे बच्चे हैं। वो किसके बच्चे हैं, जो खदानों से पत्थर और खनिज निकालते हैं? वे हमारे बच्चे हैं। वो किसके बच्चे हैं, जो कोको की खेती करते हैं मगर जिन्होंने कभी चॉकलेट चखा ही नहीं? वे सब हमारे ही बच्चे हैं।

उन्होंने कहा, 'हम इस दुनिया में वास्तविक शांति को पढ़ाने के लिए कार्य कर रहे हैं... जो हमें बच्चों के साथ शुरू करने होगा।' महात्मा गांधी की प्रसिद्ध कहावत, के हवाले से उन्होंने कहा कि हमारे बच्चों के लिए दया के माध्यम से दुनिया को एकजुट करने के लिए पृथ्वी के लोगों से पूछो।

उन्होंने एक घटना के बारे में बताया, जिसमें कई पीढ़ियों से फंसी भारत की एक बंधुआ मजदूर बच्ची, आठ साल की देवली ने अपनी मुक्ति के फौरन बाद ही उनकी कार में बैठते ही मासूम-सा सवाल किया था, 'आप पहले क्यों नहीं आये?' कैलाश सत्यार्थी ने कहा कि उस बच्ची का सवाल मुझे आज तक मथता रहता है और यही सवाल पूरे संसार को हिलाने की ताकत रखता है। उसका सवाल हम सबसे है कि हम पहले क्यों नहीं आये? हम किस बात की प्रतीक्षा कर रहे थे? हम कितनी देवलियों को बंधुआ जीवन जीने देंगे? कितनी लड़कियों का अपहरण होने देंगे? कितनी लड़कियों को कैद में देखेंगे और यौन शोषण का शिकार होने देंगे? दुनिया भर में देवली की तरह के बच्चे हमारी निष्क्रियता पर सवाल उठा रहे हैं और हमारे कार्यों को देख रहे हैं।

उन्होंने कहा कि हमें तुरंत सामूहिक प्रयास करने होंगे। इस स्थिति में एक-एक मिनट कीमती है, हरेक बच्चा और उसका बचपन महत्त्वपूर्ण है। मैं बच्चों की स्थिति बदलने के बारे में दुनियाभर की निष्क्रियता और उपेक्षा को चुनौती देता हूं। मैं इस चुप्पी की संस्कृति और तटस्थता को चुनौती देता हूं। मैं सरकारों, सरकारी संस्थाओं, उद्योग जगत, धार्मिक प्रतिनिधियों,

नागरिक संगठनों और प्रत्येक इंसान का आहवाहन करता हूं बच्चों के विरुद्ध प्रत्येक प्रकार की हिंसा, दासता, देह व्यापार, तस्करी, बाल विवाह, बाल श्रम, बाल यौन शोषण और निरक्षरता का समाज से सफाया करने में अपनी भूमिका निभाये।

उन्होंने सुझाव दिया कि सरकारों को बाल हितैषी नीतियां बनानी चाहिये। बाल शिक्षा और युवाओं पर अधिक-से-अधिक खर्च करना चाहिए। व्यवसायी भी अधिक जिम्मेदार और संवेदनशील बनें और सरकारी एजेंसियों को अधिकतर कार्रवाई करने के साथ ही मिलकर काम करना चाहिए।

उन्होंने अपने बचपन की उस घटना को भी याद किया, जिसने उनको वंचित बच्चों के लिए काम करने की प्रेरणा दी। उन्होंने बताया कि लगभग पचास साल पहले अपने स्कूल जाने के पहले ही दिन उन्होंने स्कूल के दरवाजे पर अपनी ही उम्र के एक बच्चे को दूसरे बच्चों के जूते साफ करते देख शिक्षक से दो सवाल पूछे कि वह बच्चा स्कूल के बाहर क्यों बैठा है? वह स्कूल में क्यों नहीं आ रहा है? शिक्षक के पास कोई जवाब नहीं था। एक दिन मैंने हिम्मत जुटाकर उस बच्चे के पिता से ही पूछ लिया तो वह बोला, 'बाबू, हमने कभी इस बारे में सोचा तक नहीं! हम तो पैदा ही सिर्फ काम करने को हुए हैं। यह सुनकर मुझे गुस्सा आ गया। यह सोचकर आज भी मैं गुस्से में आ जाता हूं। मैंने उन हालातों को तब चुनौती दी थी, मैं उन हालातों को आज भी चुनौती देता रहता हूं। जब मैं एक बच्चा था, तब मेरी आंखों में कल का एक सपना था कि मोची का वह लड़का मेरे साथ मेरी कक्षा में पढ़ रहा है। कल का वह सपना आज का सपना बन गया है।

अपने भाषण के दौरान कैलाश सत्यार्थी ने सभी का आह्वाहन किया कि अपनी आंखें बंद करके अपना हाथ दिल पर रखकर कुछ पल के लिए अपने भीतर छिपे उस बच्चे को महसूस करें। उन्होंने पूछा कि क्या आप उस बच्चे को महसूस कर सकते हैं? अब उस बच्चे की सुनिए 'मैं जानता हूं कि आप सुन सकते हैं।'

अपने भाषण के अंत में कैलाश सत्यार्थी ने कहा कि आज मैं हजारों महात्मा गांधी, मार्टिन लूथर किंग और नेल्सन मंडेला को साथ आते देख रहा हूं। लड़के-लड़कियों को बातें करते देख रहा हूं। खुद को देख रहा हूं और हम सब मिलकर आप सबको साथ लेकर चल रहे हैं, यह देख

रहा हूं। अपने बच्चों के लिए आइये, हम ज्ञान का वैश्वीकरण करें। आइये न्याय का वैश्वीकरण करें। आइये मिलकर हम सब करुणा का वैश्वीकरण करें! मैं इस सभागार और पूरी दुनिया में मौजूद लोगों का शोषण से शिक्षा की ओर, गरीबी से खुशहाली की ओर, दासता से मुक्ति की ओर और हिंसा से अमन की ओर दुनिया भर के बच्चों को ले जाने की कोशिशों हेतु कदम बढाने का आह्वाहन करता हूं। आइये अंधेरे से रोशनी की ओर बढ़ें। आइये नश्वरता से देवत्व की ओर बढ़ें। आइये कदम बढ़ाइए।

इस भाषण से ठीक पहले नार्वे नोबेल समिति के अध्यक्ष थार्बजॉन जगलैंड ने नोबल विजेताओं का परिचय देते हुए कहा कि कैलाश सत्यार्थी ने बाल श्रम को खत्म करने के लिए काफी प्रयास किए और मलाला ने अपनी बहादुरी से दुनिया को रूबरू कराया। सत्यार्थी ने बच्चों के अधिकारों के लिए लड़ाई की, जबकि मलाला ने तालिबान से टक्कर लेकर भी बालिकाओं की शिक्षा के हक में आवाज उठाई। शांति के नोबेल पदक दिए जाने के बाद इस कार्यक्रम में भारतीय सरोद वादक उस्ताद अमजद अली खान ने अपने बेटे अमान और अयान के साथ कार्यक्रम पेश किया। इससे पहले, पाकिस्तानी गायक राहत फतेह अली खान ने भी कव्वाली पेश की।

पुरस्कार समारोह के बाद सभास्थल पर ही पुरस्कार विजेताओं, शाही परिवारों, विशेष आमंत्रितों और चयनित मेहमानों के लिए एक दुर्लभ व्यंजनोंवाला शाही भोज आयोजित किया गया था। इस भोज के लिए प्रमुख शेफ क्लास लिंडबर्ग और डैनियल रूस ने गोभी का सूप, रेड किंग क्रेब मोजेक, अचारी मटर, नींबू से सजी गोभी की कलियों की सब्जी, लाल हिरण की मसालेदार रानें, मीठी गाजर की मसालेदार सब्जी, नमक में बेक की गयी शलगम-चुकंदर-शकरकंद, लकड़ियों पर भूनी गयीं सुनहरी प्याज, चीज के स्वादवाला आलू का फीका कीमा, कई तरह का जूस, गोटलैंड की जंगली रसभरी का शर्बत, सेफ्न-पाना-कोटा पेस्ट्री तथा ब्राउन बटर स्पंज केक बनाया था। कई तरह के दुर्लभ पेय पदार्थ भी मेहमानों को परोसे गए। इस तरह एक यादगार समारोह का समापन हुआ किंतु यह कैलाश सत्यार्थी के संघर्ष का समापन नहीं है।

यह सफर तो अभी जारी रहेगा...।